智库丛书
Think Tank Series

国家发展与战略丛书
人大国发院智库丛书

2020全球金融大动荡的思考

Thinking on Global Financial
Upheaval in 2020

王晋斌 著

中国社会科学出版社

图书在版编目（CIP）数据

2020全球金融大动荡的思考 / 王晋斌著. —北京：中国社会科学出版社，2021.3

（国家发展与战略丛书）

ISBN 978-7-5203-7700-3

Ⅰ.①2… Ⅱ.①王… Ⅲ.①金融危机—研究—世界 Ⅳ.①F831.59

中国版本图书馆CIP数据核字（2020）第264202号

出 版 人	赵剑英
责任编辑	马 明 孙砚文
责任校对	任晓晓
责任印制	王 超
出　　版	中国社会科学出版社
社　　址	北京鼓楼西大街甲158号
邮　　编	100720
网　　址	http://www.csspw.cn
发 行 部	010-84083685
门 市 部	010-84029450
经　　销	新华书店及其他书店
印刷装订	北京君升印刷有限公司
版　　次	2021年3月第1版
印　　次	2021年3月第1次印刷
开　　本	710×1000 1/16
印　　张	23
字　　数	286千字
定　　价	118.00元

凡购买中国社会科学出版社图书，如有质量问题请与本社营销中心联系调换
电话：010-84083683
版权所有　侵权必究

序 一

刘元春[*]

欣闻晋斌教授的新作即将出版，我很高兴为他的新作写个序言。晋斌教授是中国宏观经济论坛（CMF）的主要成员。2020年年初新冠肺炎疫情暴发，全球金融市场剧烈动荡，美国股市从3月9号开始，短短十天时间里出现了4次熔断，这是历史上没有出现过的。这也是学者研究国际金融的难得样本。晋斌教授抓住了这样的机遇，以自己的专业知识和敬业精神，开始高频率跟踪研究世界经济和国际金融市场上的热点问题，并取得了不错的成果，产生了积极的社会影响。我为他的刻苦勤奋取得的成绩感到高兴。

中国宏观经济论坛（CMF）是2006年创立的，至今已经走过15个春秋。在这15年里，论坛主要成员积极工作，论坛已经取得了很大的影响力。晋斌教授积极参与论坛的工作，在论坛中磨练、在论坛中成长，在世界经济、国际金融领域颇有建树。这本书也体现了晋斌

---

[*] 刘元春，中国人民大学副校长。

教授在这些领域的专业敏锐性和扎实的功底。写作高峰时期几乎每天写一篇，记录了金融大动荡时期的历史，这是需要毅力的。

　　本书收录了晋斌教授在 4 个月左右的时间主要发表在 CMF 微信公众号上的短文，每篇短文针对热点问题做了时评。尤其是针对国际金融市场变化、汇率变动等问题的研究是比较深入的，我读后觉得有价值，也愿意推荐给读者。晋斌教授用朴素、简单的语言，依靠自己专业知识素养形成的逻辑，时评了国际金融市场上的热点问题，读起来通俗易懂，这是本书写作的一大特点。

　　当今世界正处于百年未有之大变局时期，世界经济格局面临深刻调整，国际金融市场的波动也是常态。这是一个从事国际经济和国际金融等领域研究人员发挥自己研究能力，出成果的时期。希望晋斌教授发挥自己的专业所长，再接再厉，取得更多、更好的研究成果。

2021 年 1 月 24 日于中国人民大学

序 二

杨瑞龙*

    王晋斌教授邀我为他的新书作序，我有点忐忑不安，因为我对他研究的世界经济与国际金融领域不算太熟悉，学术上没有作序的底气。但又有点盛情难却，因为我们在同一个战壕里摸爬滚打十多年，好像应该为他的新作写点"溢美"之词。

    王晋斌教授博士毕业留校在其他学院任教。我于 2002 年初任经济学院院长，上任后为组建一支一流的师资队伍煞费苦心。时任经济学院副院长的刘元春教授向我推荐，说有一个叫王晋斌的年轻老师在《经济研究》及其他重要学术期刊上发表了多篇论文，我拿来一看，觉得质量不错，于是请来一见。办公室一叙，双方都感觉挺投缘，于是经过必要的组织程序开启了引人计划。经过一番周折，王晋斌终于落户经济学院国际经济系，其研究方向也稍作调整，转向世界经济与国际金融。多年来科研成果发表颇丰，特别是在教学上颇为努力，课

---

* 杨瑞龙，中国人民大学中国宏观经济论坛联席主席。

堂教学深得学生欢迎，每次毕业典礼上赢得的掌声也比较大，在经济学院顺利评上教授，并出任经济学院副院长。

2006年在时任副院长的刘元春引荐下，我与中诚信集团董事长毛振华教授相见恨晚、一拍即合，与中诚信集团联合创办中国宏观经济论坛，定期发布中国宏观经济形势分析与预测报告，一办就是14年。在这14年中，王晋斌教授始终是积极的参与者，成为中国宏观经济论坛的核心成员。每年都要写几篇有关世界经济形势、国际金融形势、人民币汇率走势等方面的研究报告，研究水平大有长进，研究成果颇受好评。因在汇率研究方面发表了若干篇颇有影响的论文，被我们团队成员戏称为"汇率王"。

2020年初新冠病毒肆虐中国，在中国政府强有力的防控下，疫情得到了有效的控制。由于疫情在世界蔓延，在美国等国家愈演愈烈，中国为了防止疫情再度暴发，教学改为网上进行，我们的宏观论坛也改变了发布方式，主要在线上召开宏观报告发布会与热点问题讨论会，同时通过我们自己的公众号首发我们关于宏观热点问题的研究文章。目前网上的公众号多如牛毛，能否吸引更多的粉丝，除了必要的推广工作外，很大程度上取决于你的公众号能否推出让网民有阅读兴趣的文章，特别是首发文章。为此，我们号召宏观论坛的研究团队成员踊跃向公众号投送文章。王晋斌教授自告奋勇，说他每周为中国宏观经济论坛的公众号提供一篇原创文章。原来我以为是说着玩的，每周写一篇几千字的文章并不是一件轻松的事情。后来连续几个月每周在公众号上都能看到王晋斌对世界金融热点问题的时评文章，甚至有时每周写两篇以上的文章。过了几个月，我以为王晋斌教授难以坚持下去，没有想到他越写兴致越高，迄今已经写了超过一百篇时评文章。他对国际金融问题的评论文章在网络上产生了越来越大的影响，很多文章被其他网站转载，头条还邀请他去开专栏。现在他把第一批的文章结集出版，他给书起名《2020全球金融大动荡的思考》。

这次新冠肺炎疫情对世界经济造成了巨大的冲击，全球金融也出现了显著的震荡，这种震荡也波及了中国的宏观经济、金融环境、企业行为；因此，及时研究全球金融的震荡及对中国的影响是有重要学术及应用价值的。王晋斌教授的这本文集的及时出版无疑是有重要意义的。我作为中国宏观经济论坛的联席主席，平时对王晋斌教授首发在中国宏观经济论坛公众号上的时评文章也颇为关注。我过去也为媒体写过经济随笔，也曾结集出版，深知写随笔或时评并不容易。写好一篇能吸引读者的随笔或时评，一是要选题好。这需要有敏锐的眼光与独特的研究视角，紧紧抓住读者关心的热点问题。收录在这本《2020全球金融大动荡的思考》中的文章大多非常好地抓住了当时国际金融形势变化的重要热点问题展开讨论，时代脉搏的跳动在这本书中能明显感受到。二是要有扎实的理论功底。其实，在学术研究上要写出一篇让同行都看不懂的文章并不是非常难的，但要写出让不是从事学术研究的人都能看得懂的专业文章是相当难的，这要求写作者能对相关理论相当精通，并能用浅析的语言表达出来。读了王晋斌这本书，发现他对国际金融理论、汇率理论相当熟悉，对国际金融发生的事情也相当熟悉，从而能写出通俗易懂但背后具有明确的理论逻辑的时评。三是要有较好的语言表达能力。随笔或时评是专业人士写给主要是非专业人士看的文章，因此，对写作者的语言表达能力有着较高的要求。王晋斌教授这本书是能让非国际金融专业人士读得懂的一本关于全球金融动荡的书。

据王晋斌教授讲，这本书出版后，他马上要着手整理出版第二本类似的经济时评书。他在我们自己的公众号上推出了一大批热评国际金融变化大事件的文章，以及出版了这本文集，乃至于很快要出版第二本文集，无论是对于他本人，还是对于我们的中国宏观经济论坛都是一件值得庆贺的事情。即使我不是国际金融方面的研究专家，我也斗胆为我的同事王晋斌教授写了这篇序，以示庆贺。

2021 年 1 月 22 日于中国人民大学

序 三

毛振华[*]

王晋斌教授的新书《2020全球金融大动荡的思考》即将出版，嘱我写序。

这本书收录了晋斌教授2020年3月至7月所写的关于全球疫情和国际金融市场的几十篇文章。一开始，晋斌教授是应中国宏观经济论坛的邀请而写的。我是索稿人，自然就成了第一个读者，有时也会把自己的一些看法同晋斌教授分享。晋斌教授的文章在我们宏观论坛的公众号发表后，很快引起了广泛的关注，其他财经媒体和公众号竞相转载，也向他约稿，促进了他的勤奋写作，有时甚至是一天一篇。他结合经济金融的基本理论，全面分析疫情期间各主要国家的应对政策以及金融市场的波动态势。现在他将这些文章结集出版，有助于向读者全面呈现2020年国际金融市场在疫情冲击下的风云变幻。这一系列文章的写作和结集出版，相当于晋斌教授开了一门生动的理论联

---

[*] 毛振华，中国人民大学中国宏观经济论坛联席主席。

系实际的课程，而我恰似这门课的忠实学生，每课必学。因此，我来写序，更恰当地说是写学习体会。

2020年是改变世界格局的一年。突如其来的新型冠状病毒肺炎疫情以前所未有的速度席卷全球，给各国人民带来沉重的灾难和损失。在与病毒的斗争过程中，人们动用了所有相关的医疗和公共卫生资源来挽救生命，各国政府和央行也竭尽所能地动用了相关经济金融资源来挽救受到剧烈冲击的经济。各国几乎不约而同地采取了史上最大规模的量化宽松政策，巨量的货币在短期内投入市场，所产生的效应，除了提高市场信心之外，还带来了金融市场的短期剧烈波动，同时也伴随着专家学者对政策中长期影响的忧虑和争议。在巨量货币投放下，各主要经济体、金融市场都不可避免地受到影响，一时间，股市、债市、金市、汇市和房市同样呈现出不规则的交叉共振。在这个不确定性加大的市场变化中，要做到透过现象看本质，对今后走势和长期趋势发表明确的看法，既需要理论功底，又需要实证能力，更重要的是需要学者的勇气。晋斌教授的分析，阐述原理时像涓涓细流娓娓道来，判断趋势时则方向明确毫不含糊，而利弊分析时更是抓住要害立场鲜明。我和广大读者一样，喜欢他的这些文章，更欣赏他的风格。

如果把视角拉得更长，我们可以发现一些更有趣的现象。2008年的国际金融危机，大体的成因是过度的货币化和金融创新，解决之策似乎应该是抑制货币创造并令金融服务实体经济。为了应对恐慌向市场投放大量的货币以维持流动性，作为短期应急政策是必不可少的，但短暂的恐慌之后似乎应该归于常态。但2008年金融危机后各国的货币政策则完全不是这个思路。实际上，各国都将宽松的政策维持下来，并唯恐美国利用美元世界货币的优势收取"铸币税"，即网络所说的"薅羊毛"。在这个背景下,虽然持续的过量货币投放并未引发通货膨胀和金融崩溃,各国也先后走出了金融危机的阴影,但同时也导致了全球的债务率和资产价格的持续攀升。当然,从中国的角度来看,由于当时中国并未发生金融危机,加之采取了有力的宽松政策加以应对,2008年金融危机实际上使中国获得了一次超常规的错峰发展机会。2008年之后,中国经济总量超越日本,成为世界第二大经济体,并大大缩小了与美国的差距;2019年GDP总量达到美国三分之二的水平;2020年更是突破百万亿人民币,超过了美国经济总量的四分之三。2020年,在疫情全球蔓延的背景下,有效的疫情防控措施使得中国又一次赢得了错峰发展的机会,货币政策也正率先向常态化回归。研究国际金融,特别是各国的货币政策效应,学者的任务还很重,"不要浪费每一场危机",用在这里恰如其分。

我于2006年加入中国人民大学经济学院,无论是带学生还是搞研究,都得到了晋斌教授的支持和帮助,我们还在中国宏观经济论坛的工作中有很好的合作。借此机会,我向晋斌教授表示谢意,并祝他的研究取得更大的成就。

2021年1月22日于北京

前　言

此书的写作具有很大的偶然性。中国人民大学现任副校长刘元春教授、时任经济学院院长杨瑞龙教授和中诚信董事长毛振华先生在2006年联合发起成立了中国宏观经济论坛（CMF），现任中诚信董事长的闫衍博士、时任东海证券研究所所长朱戎博士也直接参与了论坛的发起。我本人有幸在2006年加入CMF，成为论坛的一员。2020年年初，论坛的三位领导刘元春教授、杨瑞龙教授和毛振华教授决定做大做强CMF的微信公众号，在和论坛秘书长杜潇沟通后，我决定试一试，写一写微信公众号的文章。就这样的偶然，开始了我的写作之旅。

2020年突如其来的新冠肺炎疫情肆虐全球，是人类的灾难，也给世界经济和国际金融市场带来了巨大的冲击。2020年3月9日至3月19日美国股市出现了4次熔断，国际金融市场剧烈动荡。在这样一个大动荡的背景下，我开始跟踪研究世界经济和国际金融市场上的热点问题，并尽力阐明自己的观点。这一本书收录了2020年3月13日至7月6日期间我所做的工作。

我给自己的写作定了两个标准。其一，希望自己给出明确的观点。不希望或者尽力减少出现一方面这样，另一方面那样的判断。我知道压力很大，但我觉得看论坛微信号的读者更希望我有明确的观点。其二，我希望非经济学专业人士也能看懂2020年全球金融大动荡的原因以及可能的演变结果。是否达到了自己设定标准，要看读者的评价。幸运的是，不少重大判断至今来看，都是正确的，这也给了我继续写作的信心。

在本书出版之际，感谢论坛三位领导的指导和一贯的支持。毛振华教授不仅是一位成功的企业家，更是一位经济学家，在向他请教的过程中受益良多。三位领导都是著名经济学家，在百忙之中，不嫌弃给拙作写序，我充满感激。

随着论坛影响力的日益扩大和推广的深入，越来越多的媒体转载了部分文章，在此表示感谢。

本书的出版要感谢中国人民大学国家发展与战略研究院的马亮教授和中国社科出版社的马明编辑，没有你们的辛苦工作，本书不可能顺利出版。

高频率的写作对我是个挑战。感谢朋友的激励，没有朋友的激励，我也很难坚持写到现在。未来继续努力，跟踪研究疫情经济与疫情金融相互交织下的世界经济和国际金融市场热点问题，记录下自己对这一段令人难过，但又不得不面对的世界经济金融史上重要事件的看法。

2021年1月23日于中国人民大学

目 录

国际熔断周：全球不会重复2008，A股成为先进 …………（1）
这一天，全球经济政策不再羞涩……………………………（4）
没有全球性金融危机，只有全球性经济疲软………………（7）
用QE政策去应对大疫情的外部冲击 ………………………（13）
用组合政策去确保不发生全球性的金融危机………………（16）
美元指数再破100：美元不跌，动荡不止 …………………（21）
人民币汇率制度：中国经济的助推器和防火墙……………（25）
全球金融市场进入大风险点的定向防控阶段………………（28）
2020年的波音不会成为2008—2009年的雷曼 ……………（31）
警惕新兴市场资本外流风险的升级 …………………………（33）
美元已开启全球金融市场极限压力测试模式………………（37）
这一次，美联储政策的尺度有点大 …………………………（40）
大分化：全球金融市场和全球经济增长的关键词…………（44）
低油价：谁最痛？……………………………………………（49）
"巨震式"反弹之后：我们能看到什么？ …………………（53）

"稳外贸、稳外资"不是应急,是长期战略 …………………… (58)
是不是可以降点息? …………………………………………… (63)
"大冲击"下全球宏观政策的九大特点 ………………………… (67)
金融大动荡:日益增多的外汇市场干预 ……………………… (71)
大疫情下,世界刮起了阵阵"逆全球化"的"冷风" ………… (73)
大疫情下提速亚洲贸易的区域化发展战略 …………………… (78)
新全球化:基于区域合作基础之上的全球化 ………………… (81)
国际金融市场风险:一个极简框架的复盘与思考 …………… (86)
委内瑞拉动荡或许与石油美元体系霸权的扩张有关 ………… (97)
美元货币互换:是门"艺术"也是门"生意" ……………… (101)
这届美联储变了 ……………………………………………… (108)
"稳外贸"要高度重视发达经济体的市场 …………………… (112)
"加码"与"细化"的背后是"两手抓" …………………… (119)
G20汇率波动"大分化":我们读到了什么? ……………… (168)
可以参考一下:凯恩斯+熊彼特的经济政策组合 …………… (172)
政策对冲与美国金融市场风险的释缓 ………………………… (176)
这一次,应该很难见到"大萧条" …………………………… (184)
"大应对"政策将延长全球的低利率时代 …………………… (190)
美联储"爆表",外部市场为什么还这么难受? …………… (195)
故事不同、应对不同,结局也应该不同
——2020全球金融"大动荡"的复盘与未来的思考 ……… (205)
美国金融市场的"大动荡"或许已经过去 …………………… (224)
新兴市场要高度重视金融市场资产价格的变化 ……………… (230)
零利率+无上限宽松货币政策下的强美元 …………………… (238)
美国财政部二季度的新借款计划 ……………………………… (243)

疫情冲击下，人民币成为区域货币里的强势货币是

  大势所趋……………………………………………………（248）

聚焦服务于中国实体经济发展战略的人民币汇率…………（251）

等风来？边看边做？还是率先复苏？………………………（259）

不分享技术但分享产品的疫情后全球化……………………（264）

疫情金融与疫情经济大脱离刷新了我们的估值观？………（268）

新兴市场的风险会逐步释放出来……………………………（275）

人民币贸易汇率和金融汇率的小背离………………………（280）

疫情冲击下美国居民资产负债表的选票经济学……………（285）

美股强行"V"形反弹？………………………………………（291）

国际金融市场：大类资产价格走势的复盘与解读…………（296）

纳指破1万点：美联储非对称关注资产价格？……………（303）

追求极限博弈：疫情政策的政治经济学……………………（307）

买企业债：美联储政策与市场的博弈还没有结束…………（312）

稳健的人民币汇率有助于全球产业链的稳定与安全………（316）

美股已经进入高估值风险调整区……………………………（319）

金融助力中国经济更高水平的开放与增长…………………（327）

美国股市靠政策刺激来提高风险偏好？……………………（331）

2020全球金融大动荡及未来金融变局的思考 ……………（335）

国际熔断周：全球不会重复2008，A股成为先进

3月13日

一周之内美股两次熔断，美股有了熔断机制后至今也就3次。人生就是这么奇迹。不经意中我们就看到了巴菲特一生至今才遇到3次熔断景象中的两次，也看到了2016年初A股的熔断机制4天存活期中的两次熔断景象。这一周全球多个国家的股市出现了熔断。可以说，2020年3月中旬开始的这一周是全球股市熔断周。但这一周，A股成为先进。

全球不会出现2008年那么严重的金融危机。我们清晰地看到了引发美国股市暴跌的起因，去严格区分社会公共卫生可能的危机和金融危机。新冠肺炎疫情对全球经济的负面冲击是显著的：隔离措施的实施必然阻碍经济生产活动的交流，带来经济下行的压力。社会公共卫生可能的危机引发经济危机或者金融危机的基本条件是：经济活动的大面积停滞或者市场资金杠杆链的大面积断裂。从目前的情况来看，这两个条件似乎都不具备。难以预测的是，新冠肺炎疫情在某个国家或局部区域出现难以控制的情形，那么社会公共卫生危机就会引发某个国家或局部区域的经济危机或者金融危机。

这次由原油份额和价格之争引爆、新冠肺炎疫情发酵引起的国际股市重挫，本质上属于外部负面冲击，这与经济金融内生性的杠杆断

裂引发的金融危机完全不同，前者持续的时间将远远短于后者。因为债务杠杆这种经济内生性的危机链很长，不爆发出来难以觉察，修复需要较长的时间。外部负面冲击带来的危机清晰可见，短期冲击迅猛，国际熔断周就表明了这一点。但只要能够采取强力措施切断疫情传染渠道，短期剧烈冲击下的市场本身会逐步校正这种过度反应。除非疫情不可控，持续的时间足够长，才会进一步引发大危机。从目前可以接触到的信息来看，新冠肺炎疫情在未来几个月之内是可控的。

国际股市的重挫与投资者预期紧密相关。即使没有新冠肺炎疫情，按照国际货币基金组织（IMF）等国际机构的预测，全球经济也存在放缓的压力。这本身也含有估值过高的股市有下降调整的风险，只不过在这个特定的时期被外部冲击引发，以迅猛的方式爆发出来了。

南美洲亚马孙河热带雨林中的一只蝴蝶扇动几下翅膀，就可以在两周后引起美国得克萨斯州的一场龙卷风。这即是所谓的"蝴蝶效应"。金融市场也存在"蝴蝶效应"。国际原油市场份额和价格争夺战充当导火线引发的股市重挫，在新冠肺炎疫情全球蔓延叠加经济增长预期不乐观的双重背景下，金融市场的"蝴蝶效应"开始放大。但现在的经济金融体系管理对于这种外生性的冲击有丰富的历史教训和经验。只要经济、金融内生的杠杆不是足够高、市场有足够的流动性，市场就不会出现持续的重挫。各国央行在提供反流动性恐慌这一问题上应对越及时，"蝴蝶效应"引发的"羊群效应"就会消失得越快。

因此，新冠肺炎疫情国家或区域要面对的首要问题是隔断社会公共卫生可能的危机和金融危机之间的联系。央行的重点是提供足够的流动性，不要让正常情况下不会自我发生断裂的杠杆出现问题，并提供更低成本的流动性来缓解杠杆的压力；财政政策尽力确保社会民生之稳定；对于波动过大的金融市场，管理当局可以出台应急限制或禁止"恶意"大规模卖空的严格管制措施。在此基础上，集中力量应对新冠肺炎疫情。

古人云："覆巢之下，安有完卵。"这话本身没错，但如果你拥有相对健康坚硬的外壳，你受的伤就要小些。全球股市暴跌无疑会有传染效应，A股也难以独善其身。这一周，上证A股指数下跌了3.3%（周五收盘和周一开盘的对比）。A股这次惊艳的抗跌表现，在全球股市的一片暴跌中称得上先进了。这样的结果事后看也反映了中国经济和社会发展健康向上的基本面：供给侧改革的持续推进优化了资源配置、化解了特定的风险；以"新基建"为代表的技术产业发展进入了新平台；人均GDP达到1万美元步入了消费的新阶段；2020进入全面小康的决胜年；疫情防控成效显著，基本进入了关键的扫尾期；等等。从股市本身来看，近一年围绕2800中枢上下10%左右的波动成为投资者接受的价值区域；从股市杠杆本身来看，两融余额在1万亿元左右，也属于比较正常的状态。

当然，中国经济也存在地方债务风险等问题，但如果以"既要又要"的思维去看待经济增长，现实中没有完美的经济增长状态，完美的经济增长状态只存在于经济增长的理论模型中。如果我们以知道不完美、努力在完善和相对的思维去看待全球经济和股市，那么你就不难理解国际熔断周中A股的先进性了。

这一天，全球经济政策不再羞涩

3月14日

国际熔断周的最后一天，全球政策不再羞涩。"反流动性恐慌"和"禁止做空"这两个关键词成为政策不再羞涩的标志。政策的目标非常清晰：隔断新冠肺炎疫情外生冲击对金融市场造成系统性风险的传递路径。

"反流动性恐慌"成为央行应对疫情带来不确定性的核心手段。自3月初开始，美联储（3月3日）、澳大利亚（3月3日）、加拿大（3月4日）、英国（3月11日）等重要经济体纷纷降息。尽管目前全球银行业具备了比2008年更大的资本和更好的流动性缓冲，银行体系应对冲击的弹性更强，但多个重要的经济体还是采取了进一步向市场提供流动性和降低利率的办法来宽松金融状况，防止出现信贷挤压。

3月13日欧洲央行管委维勒鲁瓦表示，欧洲央行正为银行提供无上限的流动性，让银行可以提供贷款。3月13日中国央行再次定向降准，释放长期资金。全球主要经济体的央行大多在酝酿是否要进一步加大实施宽松的货币政策。

"禁止做空"是应对新冠肺炎疫情外生冲击对金融市场造成系统性风险的利器。3月13日，意大利、德国、英国、西班牙、泰国等多国的证券市场禁止做空或者加大投资者做空市场的成本，在证券市场的发展历史上是极其罕见的。多国证券市场"禁止做空"的集体行动,向市场传递了三大清晰信号。

信号1:从市场微观政策设计的角度来说,"禁止做空"向市场传递了这样的清晰信号:政策的设计和使用在高危时刻会发生急剧逆转,政策设计者可以通过"禁止做空"打消做空者通过"火上浇油"的做空方式谋取利益,防止给市场带来崩塌式的系统性风险。1992年英国被迫退出欧洲汇率机制、1998年东南亚金融危机等历史的教训已经被监管者吸纳。

信号2:从市场微观价格发现机制来说,"禁止做空"向市场传递了这样的清晰信号:理论模型中的做空机制具备市场价格的发现功能,具有纠错机制,但理论上做空机制展示的美好必须要充分考虑现实世界的承受能力。因为快速、猛烈的做空带来的剧烈价格校正,一方面包含了过度校正的价格偏离,带来标的资产价格本不该有的调整部分;另一方面,快速的校正不给市场释缓风险的时间,以"休克"的方式去终结资产价格的逐步调整,对市场投资者信心打击极大。

信号3:从金融微观机制与宏观金融目标之间的关系来看,"禁止做空"向市场传递了这样的清晰信号:做空机制的微观价格发现功能和宏观金融系统性风险之间存在内生的冲突。因为做空不需要众多投资者参与,一个或几个投资者就可以通过杠杆去"发现价值",甚至带来价格的过度调整,引发宏观金融的系统性风险。

熔断周不再羞涩的全球经济政策是组合式的经济金融政策。在经典的教科书中,央行的货币供给是外生的;在市场交易中的卖空行为是市场投资者内生的。因此,"反流动性恐慌"和"禁止做空"这一政策组合也是内外并用的政策组合,用明确的单个工具去实现单个目标。

为什么这一次政策如此快速迅猛？最直接的原因是要尽快防止金融市场由于外部冲击出现崩塌式的系统性风险；另外一方面是全球经济本身就已经在各种摩擦中步履蹒跚。部分新兴经济体，如巴西、智利、阿根廷等国家本来就存在一定外债风险，稍有不慎，就会有债务爆发的风险，对世界经济进一步造成下行压力。在这样的背景下，各国的政策制定者几乎是不约而同地、快速地从自己可用的工具箱中拿出针对性的政策工具。

3月13日美股报复性的大幅反弹，三大股指收盘涨幅均超9%，但目前市场仍然怀着一颗忐忑的心，市场过大的波动就是最好的诠释。因为全球疫情防控还存在不确定性，各国的应对措施差异很大，效果有待观察。期待随着越来越多的疫情国或区域进入新冠疫情防控紧急状态后，集中力量防控疫情，全球疫情应该可防可控，中国经验提供了经典的样板。

请我们记住2020年3月13日，这一天全球"反流动性恐慌"和"禁止做空"并用的政策将改写人类防控甚至是反金融危机的历史，管理当局用政策的决心和力度去帮助市场投资者超越"贪婪与恐惧"，隔断新冠肺炎疫情风险传染给金融市场，通过风险防控管理的区域化和模块化来尽力守住不发生系统性金融风险的底线。

没有全球性金融危机，只有全球性经济疲软

3月15日

全球化大幕拉开的30年来，世界上爆发的金融危机不算少。20世纪90年代的拉美危机、1992年的英镑危机、1997—1998年的东南亚危机、2014年的俄罗斯卢布危机等。当我们在谈论及反思这些危机的时候，都要在危机二字前面加一个国家或者区域的定语。唯一例外的是，2008—2009年的美国次贷危机，虽然危机二字之前也有定语，但却是30年来唯一一次全球性的金融危机。

非中心的区域性金融危机一般情况下不会演进成为全球性的金融危机。原因很直接：你是世界最重要的金融中心，那么你的金融危机就是全球性的金融危机。当然，金融危机发生在非全球金融中心区域，对全球金融市场的负面外溢效应是存在的。发生在某个国家或者区域的金融危机能够引爆成为全球金融危机，必须至少具备两个基本条件中的一个：你是世界上最重要的经济体之一，你对全球经济影响很大；或者你不是世界上最重要的经济体之一，但金融中心国家或者区域的经济基本面很差，受到你的传染之后，就可能出现"星星之火、可以燎原"的样子。

如果以这样的逻辑，我们看一下全球基本状态。3天前特朗普宣布美国进入疫情防控紧急状态，提出了疫情防控的思路和办法，上周五的市场作为回应，美国三大股指收盘涨幅均超过9%。美国东部时

间14日下午，白宫总统医生表示特朗普新冠肺炎病毒检测呈阴性。应该说，美国进入疫情紧急状态和特朗普新冠肺炎病毒检测呈阴性的消息极大地缓解了新冠肺炎疫情对美国金融市场带来的负面冲击，有助于平稳股市投资者的情绪。同时，一个月以来美国股市三大指数从最高点下跌的幅度已经超过20%（年初到上周五DJ下降18.76%，NASDAQ下降12.23%，S&P 500下降17.31%。来自Wind数据），3月13日的市盈率水平与过去五年的平均水平基本相当。可以这么看，前期股市脱离经济基本面带来的估值上升得到了一定的向下调整。

从美国经济的基本面来看，保持着相对比较健康的状态。依据美联储网站公布的最新数据，我们看到2019年一至三季度美国居民家庭还本付息和财务负债占可支配收入的比例处于30年以来的最低位，而次贷危机爆发的2007—2008年，两者均处于历史高位（见图1）。

受2017年底减税等因素刺激投资的影响，美国企业债务率有一定的上升，但仍处于可控的财务杠杆区间。如果我们换一个角度去思考，采用破产案件的数量这一衡量经济活力的、最重要的最终指标去衡量，就会发现美国经济中投资破产申请案件的数量在2019年也是处于几十年来的最低位。依据Wind提供的数据，2019年一至四季度美国经济中投资破产申请案例数量的均值只有2000—2007年季度均值的46.15%，也只有2010—2018年季度均值的61.25%。从这个指标倒推回去看，美国经济中微观主体的财务基本面还是相对稳健的。因此，考虑到未来几个月由于疫情防控带来的企业盈利下滑，但在一系列刺激政策的作用下，美国股市进一步大幅度持续下挫的概率很小。

英国作为全球第二大金融中心，规模和影响力已经无法与美国相提并论。在脱欧等问题的影响下，2019年经济增速从一季度的同比

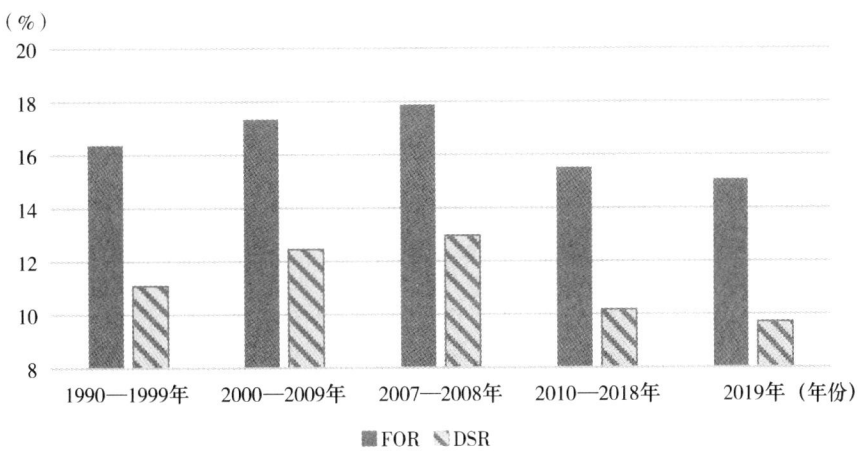

图1 1990—2019 年美国居民家庭还本付息（DSR）和财务负债（FOR）占可支配收入的比例

资料来源：Household Debt Service Payments and Financial Obligations as a Percentage of Disposable Personal Income；Seasonally Adjusted，FRB。2019 年是 1—3 季度的均值。

增速近2%下降到四季度的约1%（Wind 数据）。经济下行有压力，疫情防控又陷于"群体免疫"原则的激烈讨论中，这种边讨论、边防控的办法对市场的影响很大。年初至今英国富士指数已经下跌了28.85%，下跌幅度显著大于美国股市的下跌幅度。英国如果不对新冠疫情的防控采取严厉有效的办法，英国作为全球第二大金融中心会对全球金融市场溢出产生负面影响。

从欧洲来看，欧洲疫情严重。意大利、西班牙、法国和德国等疫情开始暴发。本来欧洲经济已经疲软了多年，整个欧元区经济增速2019 年四季度不变价的同比增长率为1.0%。欧洲的火车头德国在2019 年四季度不变价同比增长率只有0.3%，法国为1.0%，意大利则只有0.11%。欧洲火车头经济增长的疲软注定了欧洲经济将进一步疲软。年初至今，法国 CAC40、德国 DAX 股指下降的幅度均超过

30%，成为全球股市中大经济体板块里下跌幅度最大的。幸运的是，欧洲部分国家开始采取严厉的疫情防控措施，意大利的"封国"，西班牙、法国宣布进入紧急状态以及德国的学生全面停课，将有助于消除疫情恐慌，对金融市场起到了安抚作用。

新加坡、香港和上海三个城市也是全球金融中心。新加坡富时指数年初至今下跌了18.27%，恒生指数下跌了14.75%，上证指数只下降了5.33%。虽然说下跌的幅度与基数是否处于高位甚至是否存在泡沫有关，但疫情防控的决心、力度和效果是股市投资者信心的重要支撑。此刻，全球的股市成为疫情防控的"照妖镜"。

全球新冠疫情很严重。截至北京时间今晨8点，据美国约翰斯·霍普金斯大学发布的实时统计数据，全球新冠肺炎累计病例数已突破15万例，欧洲等区域还处于暴发上升期，这无疑会带来全球经济的进一步下滑，全球经济的疲软在所难免，这会在一定程度上打击投资者信心，但还不至于出现全球性的金融危机。其原因有以下几点。

第一，即使没有新冠肺炎疫情，市场投资者对全球经济的下行压力已经早有预期，估值过高的股市自我调整也是正常状态。原油市场份额和价格战尤其是新冠肺炎疫情的暴发带来的恐慌引爆了上一周的国际熔断周。在重挫之下，估值合理甚至已经偏低的市场，长期投资者会慢慢进入，这对于市场来说有平稳作用。

第二，全球开始了新冠肺炎疫情的严控，这对于市场有安抚作用。美国昨天将英国和爱尔兰纳入了欧洲旅行禁令名单。欧洲新冠肺炎疫情严重的几个国家也进入国家紧急状态。英国在全球新冠肺炎疫情防控的措施中已经被孤立。别人严封，你不封，也相当于被严封。英国由此成为当前全球金融市场的重要风险点。如果英国不采取严控的办法，靠"群体免疫"去长期抗击疫情，留给英国的将是一场巨大的赌博。赌博一旦失败，英国在全球的经济地位和目前第二的国际金融中心地位会加速下降。全世界都在看英国目前的办法能扛多久，只能等待时间去验证。

第三，财政政策和货币政策对于"反流动性恐慌"和社会稳定将起到关键作用。我们看到，部分国家政府已经免费为居民提供新冠肺炎疫情防控，政府财政赤字的加大在所难免。在大疫情的冲击下，再去固守政府财政风险警戒线的死板观念，无疑是本末倒置的做法。

第四，美国股市逐步趋稳和中国股市的表现为全球股市稳定注入了信心。全球股市在未来会出现分化，不会出现全球连续多个交易日一片下跌的景象。在股市出现多国"禁止卖空"的集体行动下，局部市场大动荡的风险依然会存在，甚至不排除局部关闭证券交易所、暂时停止交易的做法。

第五，中国是全球抗击新冠肺炎疫情的重要力量。中国采取的隔离防控经验已经被全球大部分国家和区域采纳；随着中国经济的复工复产，中国完善的产业链将尽可能为世界抗击疫情提供防控物资，非常有利于全球的疫情防控。

第六，全球性的疫情防控和经济政策合作将会变多，这有助于遏制疫情进一步扩散。病毒不分国界，尽管目前仍有我行我素的国家或者区域，但随着欧洲等地疫情的暴发，相信全球性的大合作正在路上。

第七，主要经济体的银行体系比2008年之前要稳健，并更有弹性。再加上央行提供充足流动性的支持，稳住银行体系也是确保不会发生大规模金融危机的关键因素。

因此，只要美国金融市场能够稳定，中国的产业链能够加速运行，金融市场有充足的流动性，就大概率保证了不会出现全球性的金融危机。

全世界都在翘首以盼疫苗那一针。那一针能使全世界经济社会生活恢复常态，但不会改变全球经济疲软状态的持续。因为在那一针之前，全球疫情防控越来越多的强制性隔离所消耗的时间放在那里，毕竟1年只有12个月；那一针也解决不了全球化几十年累积的种种矛盾和困难。大概率是：没有全球性金融危机，只有全球性经济疲软。

用QE政策去应对大疫情的外部冲击

3月16日

3月15日,美联储甩出"王炸",联邦基金利率几乎一步到位,下调1个百分点,维持在0—0.25%的水平,基本回到反次贷危机时期的状态。同时,鲍威尔表示:有空间采取任何需要的措施。这一次鲍威尔一反过去纠结是否要降息以及降多少的常态,比正常的FOMC会议提前4天就发布了这一重磅政策。

美联储迅猛的货币政策目标就是要最大限度地守住不发生流动性风险的底线。尤其是在美国微观经济基本面尚可的背景下,不能任由新冠肺炎疫情的外部冲击带来的恐慌引起美国金融市场出现流动性金融危机。美联储的政策也说明了美联储防止系统性金融风险的决心:你需要的钱,我都有。

而且,我们会看到随着疫情的发展,越来越多的国家或者区域的央行会进一步出台宽松的货币政策,全球进入政策竞争的时期,也是疫情冲击下的自保政策带来了彼此之间的政策合作。

从美国货币政策的历史来看,伯南克在施瓦茨和弗里德曼等对1929—1933年"大萧条"货币政策反思的基础上,对"大萧条"进行了进一步的反思:货币政策是防止出现流动性危机,维护金融体系稳定,帮助经济恢复增长的核心工具。伯南克对"大萧条"的反思促成了他在2008年反次贷危机中实施的零利率货币政策，实施QE，并直接进入市场购买金融资产，稳定市场情绪。从事后看，美联储的政策对于防止高杠杆引发的金融危机的进一步恶化起到了重要的作用。

从货币政策的理论来看，次贷危机时期实施的量化宽松政策（QE）和今年美联储再次实施的QE，是对现代货币理论（MMT）的实践。MMT的核心要点是：政府不会破产，政府可以用创造货币的方式进行支出，财政支出先于收入。这种产生于20世纪90年代初的货币理论至今一直充满争议，其效果究竟如何、有什么样的副作用只能等待长期的实践去检验。

与2008年相比，这次是不一样的场景，美联储却开出几乎一样的药方。但目的只有一个：短期中尽最大努力去阻止出现由于疫情带来的市场恐慌情绪，进一步引发的金融市场流动性危机。这次市场的恐慌和2008年不一样：2008年是杠杆，这一次是新冠肺炎疫情。如果市场由于疫情带来了流动性金融危机，那么任何一个经济体都承受不了两个大危机的叠加：社会疫情危机＋金融危机。两个危机同时出现在任何一个经济体，该经济体的社会经济都会倒退数年，会在下一轮的全球竞争中被时代抛弃。因此，对疫情国或者区域来说，此次防金融市场流动性危机就是城池保卫战。

有人说美联储的政策是"饮鸩止渴"。不可否认，全球化几十年来，尤其是次贷危机以来，全球经济增长疲软，出现了长期低利率、低通胀、低贸易、低劳动生产率等不利于经济增长的因素。经济学家也以"大平庸""大停滞"理论加以描述，令人印象深刻。全球化几十年累积出一些深层次的问题：全球债务总量攀升、杠杆上升、居民收入不平等加大、贸易摩擦、民族主义带来了分裂等经济和社会问题，这些问题不可能在短期加以解决。在这样的逻辑下，受到未来疫情冲击带来巨大不确定性的美联储等央行迅猛出手，努力缓解市场的恐慌情绪，就不难理解了。因为按照凯恩斯的话来说，从长期来看，我们都将死去。当下货币政策要做的工作就是避免还没有到长期，短期市场就死了。谁也不想重复杜甫那句悲怆的诗句描述的场景："出师未捷身先死，长使英雄泪满襟。"

政策的工具箱依然丰富。货币政策只是一种，美联储几乎没有降息的空间，并不代表货币政策工具结束了。特殊时期，比如进入市场购买金融资产的政策并不是不可用。财政政策也有作用空间。特殊时期，进一步减税、帮助困难群体、维持社会稳定也是可行的办法。超级疫情下全球政策的大合作也是有空间的，跨国的债务免除等办法也有助于实现不爆发全球性金融危机的决心，这要取决于国际之间是采取真合作的态度，还是采取自保的残酷竞争态度。

需要我们注意的是：从历史上看，美元主动放弃20世纪70年代初的"物本位"采用"信用本位"，主要原因之一是越战等消耗了大量的财力，"物本位"已经无法满足美国国内需要的资金。因此，即使是美元主导了全球货币体系，但美联储货币政策的出发点是解决美国国内面临的问题。美元是美国的，问题是世界的。2008年美国应对次贷危机的QE就对全球产生了显著的负面溢出效应。2013—2014年间我们看到美国在逐步处理完次贷危机的主要问题后，美元加息的货币政策导致不少新兴经济体出现了货币危机。资产价格的变动带来了财富的转移，我们也看到了在美国国际收支平衡表上，美国是一个净债务国，但投资收益却是正的。

因此，美国用QE政策去应对大疫情的外部冲击，外部国家，尤其是新兴经济体的经济政策更应该未雨绸缪。

用组合政策去确保不发生全球性的金融危机

3月18日

2008年美国次贷危机是一次全球性的金融危机。其主要标志是过多的次贷产品、过高的杠杆率引发了大银行的倒闭以及多家中小银行倒闭，整个金融系统有崩溃的风险。华盛顿互助银行的倒闭成为美国有史以来最大的银行倒闭案。投资银行中雷曼兄弟、贝尔斯登倒闭。美林证券被美国银行收购，美国国际集团（AIG）被美联储接管。花旗、摩根大通由于受到美国政府的救助而避免了倒闭的风险。

2008年美国股市经历了17个月的熊市，标普500最大跌幅58%。仅次于1929—1933年"大萧条"时期的34个月熊市、86%的最大跌幅和二战时期62个月熊市、60%的最大跌幅。标普500的最大跌幅在美国"大萧条"以来的十大股灾中排名第三。

对于美联储迅猛的货币政策，市场也存在这样的解读：美联储迅猛的货币政策惊吓到了市场，美联储可能看到了背后的什么。美股从次贷危机至今涨幅高达300%，多头状态下高位技术性的回调在疫情冲击下迅速放大，导致美股指数的上下反复"熔断"，一方面急剧释放了市场风险，另一方面也会加剧市场的进一步恐慌。因此，股票价格的巨震还会持续一段时间，直到市场确认风险释放得差不多了。

美国时间3月15日下午，由于新型冠状病毒的流行，摩根大通、美国银行、花旗集团等美国最大的八家银行宣布将在今年第二季度停止股票回购，用资金去支持企业信贷。今年以来，摩根、花旗的股价下跌的幅度已经比较大了（30%左右）。在这个特殊的时期，美国八大银行放弃回购这一行动本身也暗示了这样的信息：放弃回购无疑会对自身股价产生向下的压力，导致自身股价有进一步下跌的风险，但把回购省下的资金用于信贷就说明这些大银行不惧出现流动性危机，因为背后有美联储的支持。

美联储的底线是坚决守住美国金融系统不发生系统性风险的底线，也是守住全球不发生系统性金融风险的底线，也是守住不发生全球性金融危机的底线。这次石油地缘政治博弈触发股市重挫，接着新冠疫情的全球大暴发成为影响全球经济和金融巨变的主角。其逻辑是：疫情冲击带来市场投资者对未来经济衰退的担忧，迅速在股票市场上表现为多个"熔断"，资产价格剧烈震动。如果不守住不发生系统性金融风险的底线，就会出现这样的演进路径：疫情危机到经济危机预期再到金融危机。因此，防全球性金融危机（或者说系统性金融风险的爆发）其实是最后一道防线。如果这道防线塌陷，美国经济将重现1929—1933年的"大萧条"，全球经济也将进入深度衰退的漫长时期。

这一次故事的演进逻辑不同于以往全球性金融危机爆发的逻辑。2008年是由美国经济体内部，尤其是金融市场本身过多的次贷衍生品、过高的交易和过高的杠杆率引发的，是金融市场投资者本身贪婪的结果。其逻辑是：金融危机到经济危机再到社会危机（高失业率，美国最高失业率约12%）。1929—1933年的大萧条的逻辑是：经济危机到金融危机再到社会危机（高失业率，美国最高失业率约25%）。

为了防止出现系统性金融风险，除了货币政策以外，我们会看到

MMT货币理论在美国货币政策实践中的进一步延伸。除了提供进一步的办法，如商业票据贴现等提供流动性以外，美联储这次将股票资产纳入借款人抵押物，建立联邦储备资金入市的通道。如果疫情存在的不确定性持续冲击，美国会进一步加大财政政策的救助力度，包括经济刺激计划以及社会救助计划。比如进一步减税甚至为中低收入者发钞票来保证其基本的生活需求，维持社会稳定。这些综合措施的实施，通过结合疫情防控措施的进一步升级快速形成疫情可控的预期，对于稳定美国的金融市场至关重要。疫情防控是根本。如果政策失误导致疫情防控失控，那就什么也别说了。

对于其他国家来说，美国股市的剧烈震荡也是对你的金融市场在进行压力测试。依据 Wind 数据，截至3月17日，年初至今 DJ 下降了 25.58%、NASDAQ 下降了 18.25%，S&P 500 下降了 21.72%。在股指上下剧震中，美国三大股指均出现了较大幅度的下跌。除了中国股市外，全球主要股市的下跌幅度均超过美国股市的下跌幅度，个别国家 2019 年上涨过快的股市几乎腰斩，比如希腊。

外汇市场也慢慢在开启压力测试模式。美元指数年初至今上涨超过了 3%，全球主要货币中，人民币对美元保持相当稳健的态势，年初至今贬值了 0.7% 左右。但欧元对美元贬值了接近 3%，英镑对美元贬值了接近 9%，日元大约贬值了 1.4%。

压力测试对于其他国家和地区来说，本质是一个风险成本的分担问题。在3月13日多国的证券市场"禁止做空"的集体行动后，15日意大利、17日比利时、18日希腊等都采取了"禁止做空"的市场交易机制。限制做空就约束了市场卖空的投资者与持有多头之间的博弈，就剩下多头被迫卖出和持有现金的投资者低位补仓之间的博弈，市场向下的压力就会减缓。做空机制在长期中挡不住资产价格高估带来的股市向下压力,但至少可以消除使用杠杆对市场造成剧烈下跌的压力,争取缓解的时间。同时,多头市场,尤其是对于融资买入的多头,证券监管机构应该及时评估多头的融资成本,做好市场风险底线的测度。

最理智的是菲律宾。菲律宾从3月17日起暂停外汇和固定收益交易,一刀割断外汇市场的压力测试渠道。因为在全球化的过程中,你需要谨慎权衡资本市场全球化的成本和收益:扛得住就扛,扛不住就暂时关了。暂时割断外部冲击压力测试是一些新兴经济体减少全球金融风险成本分担最彻底的办法。

其他国家金融市场通过增加做空者成本和暂停交易的办法,整体上在一定程度上降低了美国金融市场带来的外溢性,反过来也有利于美国金融市场的稳定。一旦进入这种模式,美国金融市场的多空两方就会出现这样的博弈:在美国政府不愿意看到金融市场进一步下挫的背景下,进一步卖空的投资者与持有现金的投资者低位补仓自救之间的博弈;进一步卖空的投资者与融资持有多头之间的博弈。他们彼此博弈一段时间之后,放眼一看,外部市场可捞的东西不多,就会出现一种"拔剑四顾心茫然"的感觉,这有助于未来全球金融市场的稳定。

其他国家采取这种隔离美国金融市场冲击的办法,是限制和打击投资者跨境套利的有效办法,是减少本国经济体分担来自金融中心冲击成本的有效策略。这样可以免受金融波动过大带来的烦恼,集中精力抗击新冠。

只有组合式的政策守住不发生系统性金融风险的底线,才能尽力避免本来已经疲软的经济进一步急剧下行,引发重大经济衰退的风险。疫情防控是当前全球的头号任务,只有全球疫情防控取得整体上的重大进展，全球经济才会在政策的刺激下，慢慢自我修复。只有这样，才能避免在疫情过后，银行业由于持久的经济下行甚至衰退内生出的银行业财务状况的恶化，才能避免内生出的系统性金融风险，才能守住抗疫情迅猛的组合政策的成果。

一句话：先扛住大疫情的冲击，不出现全球性金融危机再说，其他的事情以后再来处理。

美元指数再破100：美元不跌，动荡不止

3月19日

北京时间3月19日美元指数再破100。美元指数从3月11日开始一路上扬，差不多一周时间上涨了约5%！美元指数在这一周时间的涨幅差不多可以相当于美元指数今年年初至今的所有涨幅。与此同时，美国三大股指在这一周出现了历史首次"熔断周"，股票价格在巨震中急剧向下调整。美元指数走势与美元资产价格走势"冰火两重天"。

上一次美元指数破100还是在2016年11月底，美元指数盘中在2017年1月31日达到最高的103.8，但收盘落入100区间内，收盘99.57。2016年美元指数上扬是在美国经济尚好，美联储还处在加息通道上，这一次反而处在美联储大幅度降息通道上。虽然说美国历史上每一次加息不见得一定会带来美元走强，但在联邦基金利率降至几乎为零的状态下，美元指数走强就显得很特别了。任何传统的汇率理论在此刻已经难以解释美元指数这种短期的剧烈波动性。

按照美元指数的构成，美元指数中欧元占57.6%、日元占13.6%、英镑占11.9%、加拿大元占9.1%、瑞典克朗和瑞士法郎分别占4.2%和3.6%。年初至今，欧元对美元贬值了大约2.8%，日元微跌基本持平，英镑贬值了大约13%，加元贬值了12%，瑞郎也微跌基本持平。因此，英镑和加元对美元贬值幅度是最大的，欧元贬值

幅度也不算小，由于欧元占据了很大的比重，对美元指数的影响很大。从欧元区、英国上一年的经济增长态势和疫情防控面临的问题综合来看，美元本身是有一定升值的动力。

问题是，上面这样一个基本面难以解释过去一周时间里美元指数的突然大幅度上扬。可能的原因有以下四个。

首先，美元指数走强的直接表现应该是市场上需求美元的人太多。虽然说美联储放水，但如果市场投资者存在储备美元现金，以应对新冠疫情后的经济下行带来风险的行为，美联储放水的效果就打了折扣。

其次，美联储降息和放水并没有完全降低市场上所有的利率水平。或者是传递机制存在问题，放水还没有放到最需要的人手中的缘故。依据美联储网站最新公布的数据，可以发现商业票据中非金融类商业票据的1—3个月的利率水平反而是上升的（见表1）。

表1　　商业票据中非金融类商业票据的短期利率　　（%）

Nonfinancial	11日	12日	13日	15日	17日
1 – month	1.13	1.19	1.22	1.29	1.47
2 – month	1.05	1.18	1.12	1.28	1.73
3 – month	0.91	1.17	1.11	1.34	1.65

注：表中的时间是美国时间。

资料来源：美联储，Selected Interest Rates，Release date：March 18, 2020。

再次，外汇市场的换汇压力也推高了美元指数。美股跌，外围市场跟着跌。美国金融市场流动性问题没有解决，外资机构不得不由于风控的原因，抛售外部市场流动性较好的资产来回补流动性，外汇市场换汇的压力也推高了美元指数。我们看到，在中国股市基本处于历史价值低位区间的情况下，北上资金出现了连续多日较大规模的净流出。

最后，由于全球金融市场开启了"比惨"模式，投资者还是倾向于追逐美元。即使暂时不买美元资产，但其他国家的货币更惨，与其这样还不如追求美元，先来避个险。

美元持续走强揭示出的最重要信息，还是代表市场美元流动性紧缺问题没有得到根本解决。从政策视角看来，简言之，美联储可能面临以下三个问题：一是美联储的放水还不够，还要继续放水；二是美联储的放水还没有能够有效到达市场美元需求者的手中，要理顺原有的传递渠道，或者拓展新的流动性释放渠道；三是两者兼而有之。至于是哪一种只有美联储自己去决断了。

美元不跌，动荡不止。由于全球大宗商品价格大多以美元计价，在全球经济疲软的背景下，沙特阿拉伯较大幅度增加了原油产量。美元指数走强，油价就会跌得很惨。尽管从中长期视角来看，油价是成本，对中长期经济增长是好事，但短期油价的剧烈下挫，一方面会引发全球资产价格的共振性下挫；另一方面急剧恶化其他国家原油及相关能源企业的财务状况，带来市场悲观预期的进一步发酵。

从地缘政治的角度来看，作为OPEC代表的沙特阿拉伯和作为非OPEC代表的俄罗斯，还有那个产油能力最大的美国，看谁能够挺住。本来现在及未来一段时间世界经济的疲态甚至衰退对原油的需求也会大幅度减少，沙特阿拉伯原油产量的增加就是在比谁的成本低；在比谁是这个世界上能够影响国际油价最厉害的那个。如果美国与沙特阿拉伯能就原油产量和俄罗斯等达成一致，去削减产量，对于原油及能源价格的上涨无疑具有重要作用，也会缓解国际金融市场进一步下挫的压力。

现在，全球金融市场进入了极限压力测试阶段。美元指数的持续走强，为全球金融市场的极限压力测试又添了一把火。在当前的态势下，美元指数走强这把火烧得越旺，全球资产价格就会越冷。

人民币汇率制度：中国经济的助推器和防火墙

3月20日

过去一周多时间，美元指数大幅度上扬。截至目前，美元指数上涨幅度超过5%。与此同时，过去一周多全球主要货币都处于较大的贬值状态。在全球主要货币中，欧元兑美元贬值大约5%、日元兑美元贬值超过7%、英镑兑美元贬值约10%，加元兑美元也贬值超过6%。相比之下，人民币兑美元的汇率表现要稳健很多，一周多的时间里，人民币兑美元贬值大约2.5%。

当然，一周多时间里，人民币兑美元汇率贬值超过2%，在汇率波动中已经属于较大波动了，引起市场上关于人民币再次"破7"的热议。但如果你比较一下全球主要货币兑美元的贬值幅度，你会发现人民币兑美元汇率的波动相对要小很多，在全球外汇市场上的表现已经很优秀了。

在美元还在主导国际货币体系的背景下，全球美元流动性冲击对任何其他外汇国家来说，都会引发波动，这是美元体系内生的过度弹性所致。经济学家在过去的研究中曾多次批评美元体系的过度弹性，这是客观事实。美国的货币政策是为了解决美国国内的问题，国内流动性不够，外部美元就回流，对其他国家的外汇市场会产生冲击。这周为了缓解部分国家美元的流动性不足，美联储与澳大利亚、巴西、丹麦、韩国、墨西哥、挪威、新西兰、新加坡、瑞典等九国央行建立临时美元互换机制（美联储早先已经和欧洲央行、日本央行、英国央行、瑞士央行、加拿大央行建立此类机制），为外部美元流动性提供支持，这会在一定程度上缓解这些国家货币贬值的压力，也反过来有助于全球金融市场的稳定。

人民币汇率表现相对稳健的底气在于：中国疫情防控进入了关键性的扫尾阶段；复工复产比例大幅度提升；经济基本面和金融体系的健康状况在全球属于佼佼者。再加上中国拥有全球美元外汇储备的大约25%，美元流动性充足。即使过去一个月时间里，北上资金流出大约100亿美元，对外汇市场美元流动性的供给冲击很有限。

从技术上说，人民币汇率是一篮子货币汇率，是在保持一篮子汇率基本稳定基础上的汇率。本质上是一个贸易货币汇率（一篮子货币汇率）倒推出来的人民币兑美元的双边汇率。由于全球是美元主导的货币体系，人民币兑美元的双边汇率实际上是市场上的金融汇率。这样的汇率制度安排一方面可以稳定一篮子贸易货币汇率，有助于贸易价格的稳定性。另一方面需要辅助性的政策：由于货币篮子的构成问题，一篮子货币稳定汇率倒推回去的人民币兑美元汇率有时候会出现不理想偏差，那么就需要加入"逆周期因子"来降低这种不理想的偏差，从而平稳市场上人民币兑美元的双边汇率。

随着人民币离岸市场的逐步发展，在岸市场已经是一个非完全人民币汇率定价中心。离岸市场的汇率波动也会影响在岸市场的汇率波动。因此，防止离岸市场恶意做空人民币是维持在岸市场人民币汇率稳定的重要手段。在过去的经历中，我们有时候会看到央行发行离岸人民币票据去抽空离岸市场人民币的流动性，给离岸市场明确的反做空人民币的信号。当然，这也是人民币国际化进程中面临的核心问题之一：人民币国际化，要求离岸市场的人民币越来越多，但离岸市场越来越多的人民币也给了离岸市场投资者做空人民币的筹码。

人民币一篮子货币汇率的稳定，说明中国是一个负责任的大国，不会依靠货币贬值手段去刺激出口。人民币一篮子货币汇率的稳定就稳定了贸易价格，就避免了出口受汇率波动过大的冲击，从而带来贸易波动过大的风险。在这个意义上，人民币汇率是中国经济的助推器。而人民币兑美元双边金融汇率的相对稳定，有助于消除国际金融市场短期套利资本（也称"热钱"）对中国经济的不利冲击。在这个意义上，人民币兑美元汇率又是中国经济的防火墙。

人民币汇率采取的是防御性的汇率政策：依托大量的外汇储备，结合资本账户的管理手段，来共同防止人民币兑美元汇率波动过大带来的经济金融不确定冲击。人民币兑美元汇率是中国经济的助推器和防火墙。

全球金融市场进入大风险点的定向防控阶段

3月21日

3月20日上午11点，纽约州州长Andrew Cuomo召开新闻发布会，宣布了州长行政令要求：非必要行业，所有企业100%的员工需要离岗。随后不久，特朗普也宣布了纽约州为疫情"重大灾区"。

纽约州的PAUSE意味着美国疫情防控措施进入了高峰阶段。同时也标志着另一场硬仗：防止出现全球性的金融危机的措施进入了新阶段。疫情防控和防止出现全球性金融危机是当前全球面临的两大急迫问题。疫情防控需要较长时间，而金融市场的崩溃不需要那么长的时间。我们看到特朗普上任以来DJ指数上涨了约1万点，在短短的一个月就基本抹平了。

这个全球金融市场风险防控的新阶段，我们可以称之为：全球金融市场进入了大风险点的定向防控阶段。

回放这次国际金融市场资产价格剧烈大幅度下挫的过程，可以看出，原油价格产量与价格战的冲击引爆国际金融市场大宗商品价格剧烈下挫，随后新冠疫情的暴发带来全球经济下行的巨大压力，经济预期的恶化进一步导致全球金融市场资产价格的剧烈下挫。金融市场资产价格共振性下挫进一步引发市场多头和空头的集体抛售行为，加剧了对流动性的需求。因此，当务之急是要打破金融资产共振性下挫的单边趋势，让市场上内生出交易卖出的对手盘。如果市场上的金融资产价格在未来几周持续出现共振性的单边下挫，那么爆发全球性金融危机的风险就会加大，也就急剧加大了疫情之后经济政策竭力减缓经济下行的难度。

美联储持续释放流动性，努力确保市场流动性不出问题，进一步确保银行体系不出问题。为了阻止爆发全球性的金融危机，美国手中仍有牌可出。比如，股票可以作为向美联储融资的抵押品在一定程度上突破了2010年沃尔克法则的约束等。当前还有一个比较明确的定向风险防控点：国际市场的原油价格。沙特阿拉伯3月10日宣布将从4月份大幅度增加原油产量。依据Wind的数据，3月10日到20日ICE WTO原油价格收盘价跌幅为19.1%，ICE布油的跌幅为22.3%；同一时期，美国三大股指DJ下降23.36%、NASDAQ下降17.55%，S&P 500下降20.03%。因此，改变原油价格持续下跌的走势，就成为打破国际市场原油价格与其他金融资产价格共振性螺旋下挫的关键点。

从原油的供给方来说，OPEC的代表沙特阿拉伯、非OPEC的代表俄罗斯和美国三方之间的缠斗，错综复杂。沙特阿拉伯也是难以忍受多年来国际油价市场上频繁的协议谈判、协议撕毁；美国长期对俄罗斯实施制裁，即使到了俄罗斯改变原油美元计价的分上，俄罗斯也没有屈服；美国页岩油几十年的持续努力，在2019年2月改写了历史上60年以来的美国原油是净进口国的历史，成为世界上最大的产油国之一。

国际油价持续重挫，除了沙特阿拉伯外，目前的原油价格世界上主要产油国的成本难以承受，持续下去必然会带来原油生产企业的财务窘境，直至大批生产原油的企业及相关的原油能源替代行业的企业破产。

为了应对油价的持续暴跌，美国在一方面接触沙特阿拉伯的同时，另一方面宣布增加石油战略储备。美国政府宣布了收储7700万桶原油的计划，这在一定程度上短暂提振了金融市场的油价。美国政府提出的收储量尚不足全球一天原油的消耗数量，远不足以逆转当前国际原油市场供大于求的基本态势。在看不到原油需求端出现好转的情况下，只有原油供给端的大幅削减才可能挡住甚至一定幅度逆转油价继续下行的趋势。

主要产油国能否持续忍受过低的原油价格给市场上消费者的价格红利也是主要产油国在考虑的问题，对这一问题的忍耐度也是决定油价走势的重要因素。

我们也许会看到国际原油市场的供给再次发生变动。如果原油供给发生变动，可能会出现以下几种情形中的一种：美国出面协调，给沙特阿拉伯某些承诺，沙特阿拉伯放弃增产计划；美国单方面，或者美国和沙特阿拉伯都宣布减产计划；在美国的调节下，沙特阿拉伯、俄罗斯和美国同时减产。

打破金融市场资产价格共振性螺旋下挫是防止资产价格下跌风险进一步扩散到银行体系的根本措施，也是防止出现全球性金融危机的急迫任务。未来还有不少的大风险引爆点：全球债务是否会出现违约问题；受到疫情冲击严重的大企业的救助问题，如波音公司等；疫情防控隔离措施带来经济活动的急剧萎缩引发的企业财务状况迅速恶化的问题，等等。

区分问题的长短期性质应该是有针对性应对风险的有效办法。从金融市场来说，全球金融市场已进入了大风险点的定向防控阶段。

2020年的波音不会成为 2008—2009年的雷曼

3月22日

随着新冠疫情的大冲击及其隔离措施的不断升级，凡是需要靠人员流动来获得现金流的相关企业都会受到暂时隔离措施带来的极大的负面冲击。航空业是典型的代表。受新冠疫情几个月以来的持续冲击，波音公司的财务状况进一步恶化，引起了市场上关于波音公司是否会倒闭，以及可能会成为次贷危机时期雷曼的讨论。

依据相关财务信息，2019年波音公司净亏损6.36亿美元，其中2019年第四季度净亏损超过10亿美元。主要原因众所周知，波音公司新机型737 Max因飞行事故被迫停飞，新机型订单被取消，造成了重大的财务损失。而进入2020年，又遇到新冠肺炎疫情的巨大冲击，波音公司可以说是"屋漏偏逢连夜雨"。

波音公司不会因为暂时的财务困境倒闭，也不会成为2008年的雷曼，主要原因有以下三点。

首先，资产性质完全不同。波音是什么？是全球飞机制造业顶级的公司之一，在民用商业领域只有欧洲的空客可以与之竞争。因此，波音是美国的战略性资产，是一家超级异质性的企业。雷曼是什么？华尔街甚至是全球的一家顶级投资银行，做金融资产的，且卖过不少与次贷相关的"有毒资产"。而且雷曼是个卖方，卖大规模的与次贷相关的"有毒资产"对市场的破坏性很大。次贷爆发后，雷曼申请破产保护，美国政府也没有救助，因为美国政府不喜欢。

其次，波音是全球顶级制造业的标志性企业，是受到美国国家战略支持的。2009年奥巴马上台后，提出了重振美国制造业的战略。奥巴马8年的任期，基本遏制住了美国制造业下滑的趋势，使得制造业增加值在GDP中的占比保持在12%左右。2017年特朗普上台后更是加大了美国制造业的发展力度。波音是美国制造业的标志性企业，如果波音倒闭了，对美国制造业发展战略是重创，也是自打耳光的行为，对美国制造业的心理打击非常大。

最后，财务问题是可以解决的，而顶级制造业产业链的外移或者破坏带来的对美国经济全球竞争力的破坏是长期的。因此，波音是美国政府喜欢的大企业，不能以暂时的财务窘境来推测波音的未来。

波音暂时的财务问题解决有多种方案。一般来说，有三种主要的解决方式：第一是美国政府成为股东，稀释股东权益，类似2009年美国政府抄底银行资产；第二是美国政府牵线或者银行考虑到波音未来的价值主动作为，以借债的形式提供财务援助，提供较长时间的低成本信贷来缓释波音目前面临的财务风险；第三是市场战略投资者抄底，成为波音的股东。

至于是哪一种，要看波音的股东与美国政府之间或者与市场战略投资者之间的博弈了。但有一点需要注意：美国政府应该不会允许国外的战略投资者参与解决波音公司暂时面临的财务窘境。

简言之，雷曼在投行中有同质性，是造过卖过"有毒资产"的；波音在制造业中很异质性，是造飞机的；尽管波音飞机发生过不幸的空难，但波音公司本身不会从市场中坠落。"屋漏偏逢连夜雨"的波音不会成为那个卖过"有毒资产"的雷曼。

警惕新兴市场资本外流风险的升级

3月22日

在美元主导的国际货币体系下，强势美元最大的问题是外部美元快速向美国回流，从而引发其他国家外汇市场的剧烈动荡，极易引发货币大幅度贬值的危机。同时，强势美元也加重了美元计价的债务，进一步对持有过多美元债务的国家造成经济上的负担甚至创伤。还是那句话：美元是美国的，问题是世界的。

历史上，强势美元周期中外围市场出现货币危机的事件并不少。20世纪80年代以来多次出现过这样的情况。1980—1986年（1985年3月达到顶点），这个期间美元名义有效指数最多时升值了大约45.5%。在这期间爆发的第一次危机是1982年的拉丁美洲债务危机。

另一个强势美元周期是1995年初到2002年初，此期间美元名义有效指数升值了大约41.8%。这期间爆发了两次危机：1994—1995年墨西哥金融危机和1997—1998年的东南亚金融危机。1994—1995的墨西哥金融危机的核心原因在于墨西哥吸收外资比例中的70%左右是短期外国投资，并用其弥补巨额的经常账户赤字，并且为了防止通胀，实行了盯住美元的固定汇率制度。1997—1998年的东南亚金融危机与墨西哥危机有相似之处，也是实行盯住美元的固定汇率制度，也是通过吸收中、短期美元资本或外汇储备来弥补经常账户赤字。一旦市场形成美元步入升值通道的预期，强势美元将诱致美元回流，大量的短期资本外流迫使比索和泰铢等货币大幅度贬值,在外汇市场做空行为的挤压下,进一步加大了本国货币贬值的幅度,并冲击股市,最终带来了墨西哥和东南亚金融危机。

依据国际金融协会的最新统计研究,这一次新兴市场资本的快速回流,其规模和速度都超过2008年次贷危机爆发后的水平①。

历史会再次重演吗?我们需要看一下部分新兴经济体的风险点。依据世界银行国际债务的统计数据,先看一下短期储备的风险抗压能力。就部分大一些的新兴经济体来说,储备几乎不可能涵盖债务,尽管债务存在由于期限配置可能带来的偿债压力缓冲。2018年底土耳其和阿根廷的储备只能涵盖债务总额的16%和23%,巴西这一比例为67%。可见,阿根廷和土耳其的债务压力最大、偿债能力最弱,短期出现债务危机的风险可能性也是最大的(见图1)。

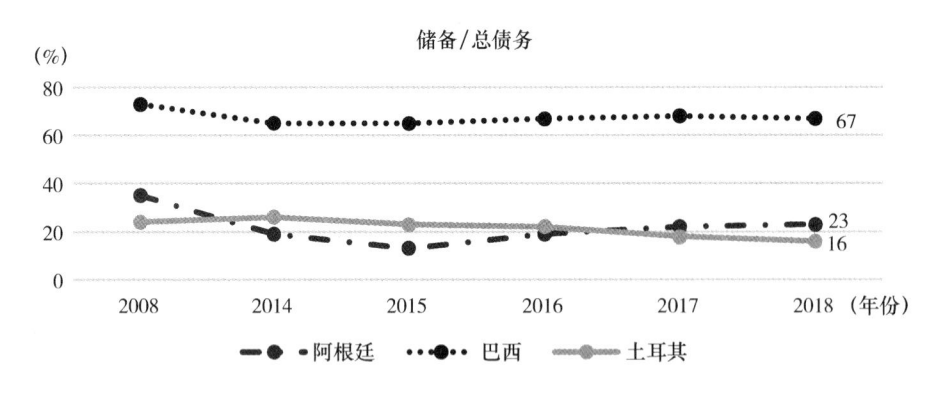

图1 部分新兴经济体储备/总债务的变化(2008—2018)

资料来源:World Bank,*International Debt Statistics*,2020。

---

① Sergi Lanau, Jonathan Fortun, "Economic Views – The COVID-19 Shock to EM Flows", 2020, March 17.

再从中长期贸易的角度来看外部债务风险的压力。自2009年以来，低收入和中等收入国家中，债务与国民总收入比例低于30%的国家所占比例较小（从占42%的国家降至2018年的25%）。在过去的十年里，债务占国民总收入比例超过60%的国家已经上升到30%，债务占国民总收入比例超过100%的国家已经上升到9%。从部分较大的新兴经济体来看，债务压力更大。2018年底，阿根廷、巴西和土耳其的外部净债务占出口的比例分别高达339%、194%和186%（图2）。尤其是阿根廷的债务/出口比2008年上涨了127.5个百分点，巴西和土耳其分别上升了70.6个百分点和24.4个百分点。

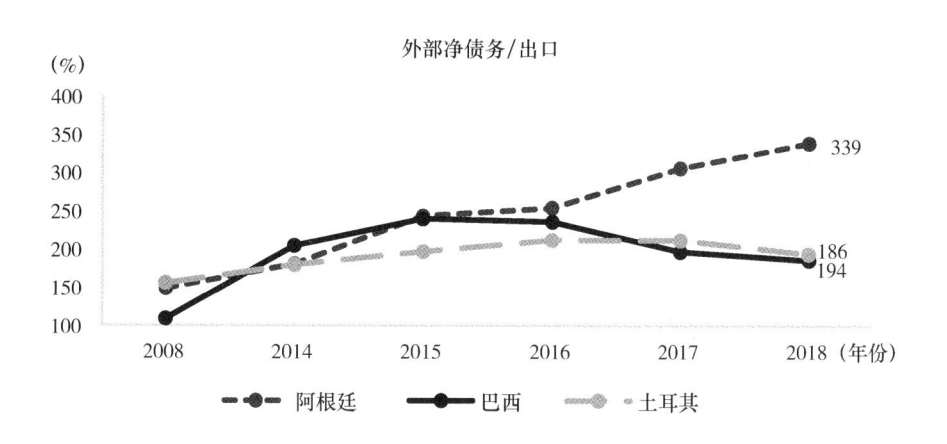

图2 部分新兴经济体外部债务/净出口

资料来源：World Bank, *International Debt Statistics*, 2020。

因此，从中长期视角来看，由于新冠肺炎疫情的冲击，全球经济会出现阶段性的需求急剧萎缩，经常账户也会萎缩，这将大幅度挤压这些经济体靠出口偿还债务的能力。

与此同时，我们还要看到一个问题，有些新兴经济体的出口主要依靠大宗商品的出口，其经济抗风险的脆弱性陡然上升。在美元走强、世界经济需求疲软的态势下，再加上目前尚未停止的油价战，对这些经济体未来的出口来说，无疑是"雪上加霜"。

部分新兴经济体的货币危机风险是否会在 2020 再次演化为货币危机，很大程度将取决于全球性政策合作的诚意和力度。在油价的引爆冲击下，随着疫情防控出现的阶段性变化及其带来的对全球经济未来预期的变化，全球金融市场的大风险点似乎已经逐步浮出水面。

对于新兴经济体美元的快速回流，可以采取有针对性的办法去缓释风险，争取经济金融政策起效的时间。要努力避免部分新兴经济体出现货币危机，进一步对全球金融市场带来传染效应，导致全球金融市场的局势进一步恶化。美国的政策及全球性的合作性政策有不少措施可以考虑：比如美联储采取措施让美元指数向下掉头，减缓直至消除美元不跌、动荡不止的风险；IMF 提供流动性援助；债权国与债务国之间的债务展期甚至部分债务的免除，来减缓新兴经济体当下面临的主权债务风险；新兴经济体也可以采取"壮士断腕"的方式，暂时切断外部金融市场的传染风险；比如像菲律宾 3 月 17 日成为全球首个通过关闭外汇市场交易来自救的经济体。

2020 年全球金融市场会有很多故事。我们更期望看到疫情大冲击下全球性政策的诚意合作和深度合作。只有这样，故事的结局才会不至于令人唏嘘。

美元已开启全球金融市场极限压力测试模式

3月23日

随着海外疫情防控的不断升级，主要疫区国家已开始采取各种"隔离性"的防控措施。虽然说全球疫情日确诊人数的高峰未到，但海外疫情防控失控概率应该不大。如果疫情防控失控，关闭金融市场交易也许会成为现实。在全球流动性方面，美、欧央行采取了坚决的措施，并承诺无上限提供金融机构（主要是银行）的流动性，以防止市场流动性风险演变为金融机构（尤其是银行）的流动性风险，努力防止由于资产价格的剧烈下挫引发整个金融体系的崩溃。

问题在于：3月18—23日美元指数连续4个交易日在100以上，市场美元流动性问题没有得到有效的缓解。市场上美元指数从3月9日出现了"V"形的反转上升，说明市场投资者对美元的需求出现了一个急剧的放大（图1）。

美元指数的不断上升就意味着市场美元流动性紧缺问题没有得到解决，对外部市场的资金回流就带来了外部市场的股市和汇市的下跌压力。从这个角度来看，美元已开启全球金融市场极限压力测试模式。

2008年"次贷危机"爆发的时候，美元指数也经历过一个明显的上升过程，从2008年的7月下旬开始一直上升到2008年的11月

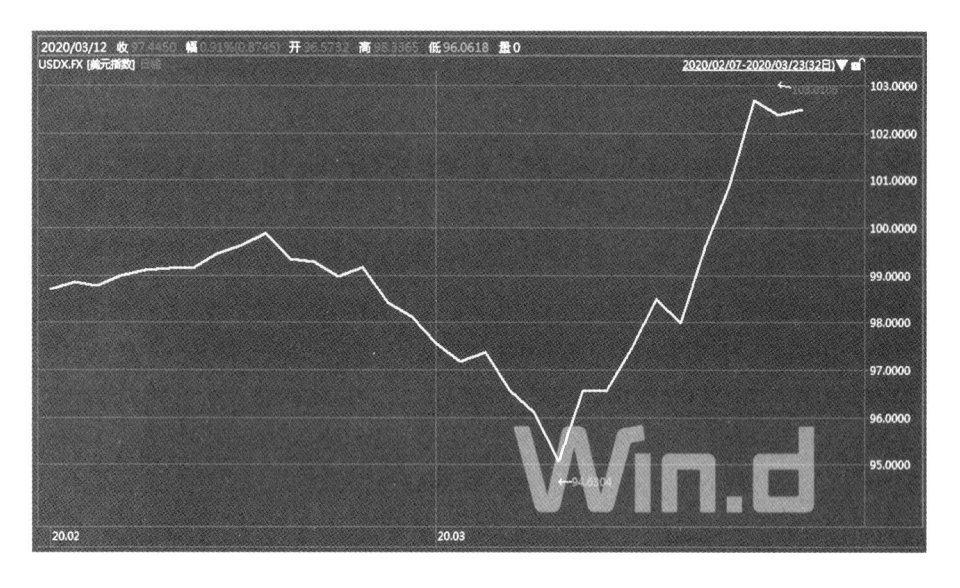

图 1　美元指数走势

底。在 4 个月的上升通道中,美元指数上升幅度达到了 23% 左右。随后经过了几个月的盘整,直到 2009 年的 3 月上旬才出现趋势性的下跌,一直跌到 2009 年年底,美元指数基本回到 2008 年 2 月的水平,也是美元指数近十几年以来的低位(美元指数为 75 左右)。

截至北京时间今天下午 4 时,是美元指数突破 100 的第四个交易日。从 3 月 9 日的阶段性低谷"V"形反转至今只有 11 个交易日。尽管每一次出现金融市场大动荡的原因不同,不具备完全的可比性,但金融市场面临的流动性问题是一致的。而且每一次的金融市场大动荡的历史表明,流动性问题很难在短期得到有效解决。

因此,在全球疫情日确诊人数出现确定的最高峰之前,随着美元指数高位盘整,油价战又没有缓和的态势下,资产价格共振性的螺旋下挫风险不止,全球金融市场的大动荡也就难以停止。

从美元指数来说,美元指数的高位盘整,也意味着外围市场的美元还在不断回流美国，这是美元在对外围金融市场进行极限压力测试。当然，如果市场上的瑞郎等美元指数中的货币能出现反向校正美元指数上升的动力，也是市场自身调节美元指数持续走强的积极信号。如果放任美元指数上涨，对外围的金融市场来说，资产价格的剧烈波动和下挫无疑是一场灾难。

如果市场上的美元指数迟迟不能回到 100 以下，外围金融市场，尤其是新兴经济体市场应该会有更多的"非常规的金融政策"出台。包括建立股票市场平准基金甚至关闭交易所的交易等。

这一轮，美元已开启的全球金融市场极限压力测试模式何时终止，需要等到市场上的美元流动性问题基本得到解决为止。美元不跌，动荡不止。

这一次，美联储政策的尺度有点大

3月24日

美国时间3月23日早晨8：00，美联储发布了关于广泛新措施支持经济的声明（以下简称"新举措"）。"新举措"进一步大幅度地实施宽松货币政策，不设限按需买入国债和符合条件的抵押证券。

"新举措"是一个一揽子计划，并不是简单的"放水"，而是结构性、针对性的"放水"。美联储表示：正在利用所有可能的手段为美国家庭和企业的信贷流动提供强有力的支持。主要内容包括：支持关键市场的运转（购买国债、机构抵押贷款支持证券A－MBS、将机构商业抵押贷款支持证券纳入机构抵押贷款支持证券的购买范围）；设立新工具来支持对雇主、消费者和企业的信贷流动，并利用外汇稳定调节基金（ESF）向这些机构提供300亿美元的股本；设立两项信贷便利支持向大型雇主发放信贷，包括用于发行新债券和贷款的一级市场公司信贷便利（PMCCF）和为二级市场公司债券提供流动性的二级市场公司信贷便利（SMCCF）；建立定期资产支持证券贷款工具（TALF）来支持消费者和企业的信贷流动；扩大货币市场共同基金的流动性工具（MMLF）来促进对市政当局的信贷投放。在此基础上，美联储还宣称，很快推出"大众商业贷款计划"，为符合条件的中小企业提供贷款。按照美联储的话来说，"为广泛的市场和机构提供流动性支持，从而支持经济活动中的信贷活动"。

美联储的"放水"行为直面了市场痛点：流动性问题和可能的经济衰退问题。美联储首先要解决的问题是市场流动性问题。下决心挡住"流动性恐慌"导致的资产市场价格进一步的大幅度下挫，从而引发的对实体经济的伤害。美联储也希望能够解决未来经济衰退风险的问题，但这是个中长期问题。美联储关于市场和机构流动性投放，是为了解决金融市场的流动性需求；对企业和消费者的信贷支持是为了降低美国未来经济衰退的风险。因此，美联储的行为是一个结构性的、针对性的大力度"放水"行为。

当然，美联储说：不设限按需买入国债和抵押证券（MBS），这并不完全代表美联储没有尺度把控，美联储还是有尺度的，原因有以下三点。

第一，告诉美国的金融市场，钱不用担心，是不是真的需要那么多钱，得看市场具体情况。但美联储的表态极其关键，这非常有助于稳定市场情绪。至少会带了市场上空头的那么一丝动摇，说不定还会出现一些空头转多头的情况；而原本打算进一步卖出的多头也会产生纠结，也许觉得低价位卖了可惜，就不卖了。这有助于市场通过动摇和纠结来慢慢趋稳。因为任何金融市场最怕的、最担忧的就是两个字："坚决。"最怕的四个字就是："坚决做空"，或者"坚决做多"。前者导致金融市场崩盘，后者催生泡沫。

第二，美联储也不愿意做亏本"生意"。根据《联邦储备法案》规定，组成美联储的12个联邦储备银行为非营利性法人机构，它们有自己的董事会和股东，作为股东的会员银行是私人银行。作为"非营利性法人机构"并不是说不考虑成本。我们可以看到美联储这次的"新举措"对"不限量"买入的证券是有要求的，不是说什么资产都买。

第三，企业和消费者信贷也是有甄别的。美联储应该会区分商业信贷支持和政府的免费资金救助。我们认为，美联储主要会考虑两种情况：一种是，防止金融市场股权价格暴跌走向大面积的上市公司账面上的"资不抵债"，从而引发真实的破产；另一种是，对于有暂时困难，由于疫情过大冲击出现企业现金流急剧萎缩，从而引发真实的"资不抵债"的情况。至于一部分本来就不怎么样，本来就该倒闭的企业，笔者认为美联储也不会随便给钱。

美联储关于广泛新措施支持经济的声明，我们还可以解析到两个也许具有长期性质方面的信息。

首先，美国出现了"政府控疫情"和"美联储防流动性危机"的分工和合作。"新举措"中有明确的部分是支持美国市政当局信贷投放的。这次美联储与政府之间的配合速度和力度在以往是很难看到的，特朗普过去多次在公开场合表达了对美联储的不满就是例子。难怪这一次，特朗普随后说，他对美联储、对鲍威尔表示很满意。我们知道，在货币政策的理论研究中，有一派专门研究央行独立性和货币政策效果的。这次特朗普与鲍威尔的合作，将会引发研究者关于货币政策独立性的讨论。就是我们通常看到的，美联储货币政策的"节操"问题。

其次，历史经验的反思至关重要。美联储新举措的速度和力度已超过2008年次贷危机时美联储的操作力度和速度。这与历史上两次大危机的反思直接相关。施瓦茨和弗里德曼在《美国货币史》以及伯南克在《大萧条》中都对1929—1933年大危机时期货币政策行动的缓慢甚至是前期反向操作的货币政策做了深刻的研究与反思。后来伯南克在《行动的勇气》一书中进一步阐述了自己的观点，认为2008年美联储行动还是不够快。这才使我们有机会看到这一次美联储应对大疫情和金融市场大动荡表现出来的速度和力度。

令人印象深刻的是，在美联储发布"新举措"之后，美国金融市场并没有立即买账。截至昨天的收盘，美国金融市场三大股指均出现不同程度的下跌。纳斯达克指数微跌、标普指数和道琼斯指数还是下跌了3%左右。也许这一次我们能看到：美国的金融市场有"多纠结"美联储就有多耐心。美联储手中还有牌，我们还可以进一步观察。

美联储的"新举措"带来了美元指数的下挫，这明显给了外部市场一些平抚。我们看到今天的外围股票市场的表现还不错，出现了不同力度的反弹。美元指数下跌是今天外围市场表现良好的重要因素之一。

按照金融市场的有效性原理，金融市场资产价格未来如何走，谁也说不好，更何况在这个金融大动荡时期，投资者的情绪变化快，资产价格的走势更难以推测。

但无论如何，美联储的"新举措"在美国金融市场宣告了这样的信息：美联储我必须是多头了，至于市场上你是多头还是空头，你自己看着办。

大分化：全球金融市场和全球经济增长的关键词

3月25日

这两天，美联储实施了大力度的宽松货币政策以及即将实施大规模财政刺激计划；G7财长会议也宣布要"不惜一切代价恢复信心"等扩张性的政策。这些强刺激政策的预期给金融市场打了一针"强心剂"。这一次，金融市场也以热情的态度回馈了政策的好意。

截至昨天收盘，依据Wind提供的数据，DJ指数狂涨2112.98点，涨幅达到11.37%，创造历史最大单日上涨点数，也是1933年以来的最大单日涨幅，NASDAQ指数和S&P 500分别上涨8.12%和9.38%。欧洲主要股市表现也足够惊艳：富士100涨幅9.05%、法国CAC40涨幅8.39%，德国DAX指数涨幅更是达到了10.98%。

欧美股市的报复性反弹，美元指数也在下行（从3月20日、23日的盘中高点连续两天下跌进入102、101区间），外围股市也表现不错。尽管时间很短，还有待观察，但这一次欧美股市的惊艳表现和美元指数连续两天走软，起码说明了市场上美元流动性问题得到暂时的缓解。也在一定程度上打消了市场投资者"坚决做空"的集体行动，也就因此暂时打破了金融市场资产价格进一步共振性螺旋下挫的风险，整个金融市场的风险瞬间得到了有效的暂时释缓。

但我们要深刻地看到，即使美元流动性得到了暂时的缓解，全球金融市场的企稳还早。金融市场资产价格的巨震，还会伴随相当长一段时间，这要等到新冠疫情大冲击的高峰完全清晰显现，才可能有进一步的推断。

市场投资者在忐忑等待金融市场的企稳。在未来一段时间，全球金融市场和全球经济增长的"大分化"景象会逐一展现在你的面前。

一 全球金融（股票）市场的"大分化"

金融市场的"大分化"将在以下两个层面展开。第一个层面是股市涨幅的"大分化"。最近两天我们已经看到了欧、美股市涨幅与亚太股市涨幅之间的分化。除了日经指数和韩国综合指数表现出大涨幅以外，亚太其他股市的涨幅大多在2%—3%。主要原因可能有三点：首先是政策层面是政策的力度不同；其次是市场层面是前期跌的幅度不同，跌得越惨的股市反弹越大，也符合市场上的"均值回归"原理；最后是关于未来经济预期的不同。第二个层面是各个市场本身标的资产价格波动的分化。金融"大动荡"也是金融"大洗涤"。投资者会在整个市场逐步停止"坚决做空"的集体行动后，去识别有价值但在市场恐慌之下"超跌"的股票，整个市场的标的资产价格会进一步分化。

二 全球外汇市场的"大分化"

截至今天上午10点左右，依据Wind的数据，今年以来美元指数上涨了5.40%，但各个主要经济体的货币兑美元的贬值幅度差异很大（图1）。

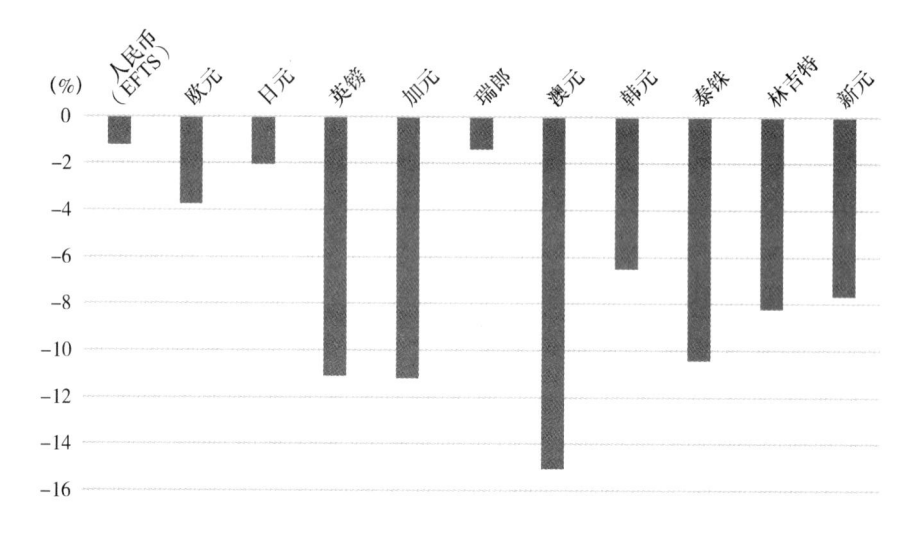

图1 今年年初以来各主要货币兑美元的贬值幅度

美元指数上涨是全球主要货币贬值的直接原因。在这个金融大动荡时期，即使是短期的汇率决定理论也难以去描述汇率过大的波动。著名经济学家多恩布什的汇率"超调"理论很好地解释了当市场受到外部冲击时，货币市场和商品市场的调整速度存在很大差异（商品价格存在黏性，调整得慢），导致短期购买力平价不成立，从而导致了汇率的过度波动（"超调"），长期中购买力平价成立。但从政策制定者角度来说，如果要等到长期购买力平价成立，汇率回归其正常水平的话，外汇市场对本国经济的冲击早就付出了巨大的代价或者成本了。因此，任何一个政策制定者都绝对不能把汇率"超调"带来的成本看作沉没成本。更何况在这个金融大动荡时期，外汇市场上投资者心理波动极大，更容易出现过度"超调"，或者说是"超调"中的

"超调"。

当下,在美元指数还在 100 以上的时候,即使美元流动性问题暂时得以缓解,但外围市场的压力不减。全球外汇市场的"大分化"还会持续。

三 全球各个经济体经济增长预期的"大分化"

在新冠肺炎疫情大冲击之前,IMF、OECD、WB 等国际性机构对 2020 年世界经济增速的预测就出现了少有的分化。预测值的分歧也充分证实了全球经济存在高度的不确定性。去年年底,中美贸易进一步磋商存在的不确定性、英国脱欧存在的不确定性以及中东地缘政治存在的不确定性等因素已经严重影响了市场投资者的预期,对全球经济形成了下行的压力。

进入 2020 年,不确定性持续发酵、升级。3 月上旬 OPEC 的代表沙特阿拉伯和非 OPEC 的代表俄罗斯未达成一致,沙特阿拉伯随后公布的原油增产计划引发了全球金融市场的巨震。原油市场份额和价格战无疑又为不确定性添了一把火。随后,新冠肺炎疫情的全球性暴发、总需求的急剧萎缩又给世界经济带来了不确定性,使得目前对 2020 年全球经济增长率的预测几乎不可能比较准确。

但在大家日子都不好过的时候,全球不同经济体的经济增速大概率会出现经济速度的"大分化"。我们应该会看到 2020 年人们更倾向于以经济体的经济增速是否为 0 来区分经济增长速度的"好坏"。当然,各国应对大冲击政策的时效性将决定分化的程度。

在金融大动荡和新冠肺炎疫情冲击背景下,全球是否开启真诚合作和深度合作模式将是降低金融大动荡和大疫情负面冲击的关键，也是决定2020年全球经济增速的关键。问题在于：全球已经进入高强度的经济增长竞赛期，真诚与深度合作的难度或许将比以往要高。

简言之，"大分化"将是我们解析未来全球金融市场和全球经济增长的关键词。"大分化"是挑战，也是机遇。

低油价：谁最痛？

3月26日

为了维护本国石油资源的价格，1960年亚、非、拉的石油主要生产国为了协调成员国石油政策建立石油输出国组织（OPEC）。OPEC自诞生之日起，为维护石油价格和发展石油工业的本国化起到了重要的作用。但同时OPEC也是具有垄断性质的原油输出组织——卡特尔。从此，OPEC在接下来几十年中的大部分时间里，享受了国际原油价格市场上的价格红利。

次贷危机爆发后，国际原油市场来了另外一个产油大国俄罗斯。2009年俄罗斯日产原油首次达到1000万桶，成为世界上最大的两个产油国之一。俄罗斯原油消费量占其产量不到1/3，是典型的原油资源输出型国家，OPEC的代表沙特阿拉伯更不用说了。至此，国际原油市场的供给方出现了两个大供应商，国际原油市场基本可以看作：从卡特尔走向了古诺双头垄断。

如果沙特阿拉伯和俄罗斯能够默契地采用古诺双头垄断，均衡解不难找到。古诺模型本质上是一个静态均衡解，也就是大家常说的古诺-纳什均衡。但是双方在全球地缘政治格局的看法上差异巨大，彼此之间磕磕绊绊。

随着80年代以来美国页岩油发展成效的不断显现，美国在2019年变成了全球最大的产油国。虽然说目前美国基本是一个能源进出口平衡的国家。但问题在于：美国的能源自给，大幅度压缩了国际上原油市场的份额。国际原油的供给就成为三大产油国之间的博弈：三大产油国的日产量可以达到国际市场日原油消耗量的30%左右，对国际市场上的油价影响举足轻重。从进入原油市场的顺序来看，首先是沙特阿拉伯，其次是俄罗斯，最后是美国。国际原油生产变成了"三巨头"。"两巨头"的时候都不好搞，现在"三巨头"就更难搞了。

历史上，每一次油价的大幅度波动都有令人难以忘记的故事。20世纪70年代，两次中东战争，国际油价从3美元多1桶涨到了30多美元1桶，差不多涨了十倍。美国作为世界第一大原油进口国，油价大涨直接助推了美国经济80年代的"滞胀"，也催生了供给经济学派的诞生。

这一次的故事是，2016年底"OPEC+"达成减产协议以来，沙特阿拉伯减产多、增产少；而俄罗斯是增产多、减产少。沙特阿拉伯发现"OPEC+"的共同减产协议反而伤害了自己的市场份额。比如，2019年沙特阿拉伯减少了产量，但油价仍在震荡下跌。到今年3月份，沙特阿拉伯生气了。3月11日单方面宣布提高产量的计划，并要向欧洲提供优质的轻质原油，价格比布伦特原油价格每桶还有4—6美元的折扣，直接抢俄罗斯的地盘。沙特阿拉伯的增产计划无疑是"风乍起，吹皱一池春水"，但波浪很大，直接引发国际油价重挫，也引爆了金融市场其他资产价格的重挫。

沙特阿拉伯生气后的"抢地盘"的行为使得国际原油定价行为基本从最早的卡特尔模型到古诺模型，再走到现在的伯川特成本比拼模型。几乎是把教科书中的模型在现实中活生生地演了一遍。

依据Wind提供的数据，今年年初以来，布油和WTI原油的价格下跌幅度都超过50%；3月11日沙特阿拉伯阿美发布公告表示增产，从 3 月 11 日开盘到 3 月 26 日收盘总计 12 个交易日，布油和 WTI 原油的价格进一步下挫了 20% 左右（图1）。

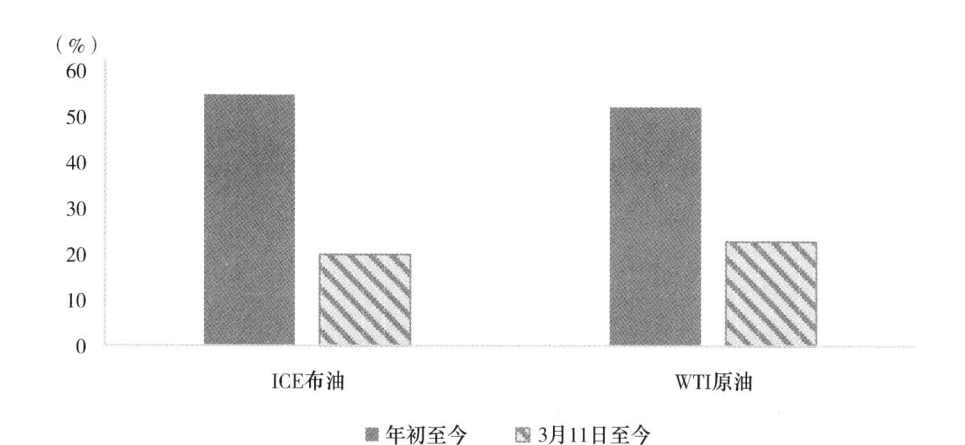

图 1　国际原油市场油价下跌的幅度

问题就来了：油价在 20—30 美元之间的低位运行，谁最痛？我们做了一个高度简化的框架来讨论（参见表1）。

表 1　　　　　三大产油国之间相互博弈的因素简表

	沙特阿拉伯	美国	俄罗斯
对国际市场的依赖度	严重	随意	严重
原油收入对财政的重要性	重要	不重要	重要
外延地缘政治支撑	要地盘想赚钱	想操盘	守住也想扩张
成本承受力	很强	弱	相当强
外汇储备的抗压性	一般	基本不需要储备，自己生产美元	一般
社会失业率的压力	不大	预期严重	不大
筹码	成本和一定程度的原油定价货币选择权	"长臂"法律和操盘能力	强硬和部分稳定的市场

表 1 简单归纳了影响三大产油国之间相互博弈的可能核心因素。就沙特阿拉伯来说，主要是要原油销售地盘，要赚钱，成本低，打价格战有底气，同时手中握有选择石油计价货币的权力。对俄罗斯来说，再苦也扛，强硬而且有部分稳定的市场带来的底气。对美国来说，是最后一个加入原油生产"三巨头"的。一方面通过页岩油实现了能源自给，也减少了过去大量原油进口每年 2000 亿美元甚至 3000 亿美元的贸易逆差问题，也增加了国内的就业岗位。但无奈和沙特阿拉伯、俄罗斯原油成本比起来，美国页岩油的开采成本还是硬伤。美联储达拉斯分行 2019 年年底的调查研究也证实了这一点（Federal Reserve Bank of Dallas, Exploration and Production（E&P）Firms Survey，2019）。

从表 1 归纳的因素来看，特朗普最担心的问题是失业，这会直接影响到他的总统连任大选。考虑到这一点，美国不太可能会通过 NOPEC 法案（禁止石油生产和出口卡特尔法案）来对沙特阿拉伯施加压力，让其减产。原因在于：美国目前很难给出让沙特阿拉伯心动的筹码，同时沙特阿拉伯手中一定程度上握有原油定价计价货币的选择权，看似过去双方达成的"不可动摇"的原油美元计价协议，急了至少可以拿出来做筹码。美国对俄罗斯一直实施制裁，地缘政治上一直挤压俄罗斯，俄罗斯也在看着哪家的油企会先倒，美国应该不会找俄罗斯谈。

当然，美国自己单独宣布自己减产的可能性也不大。可能的原因是：首先，毕竟是沙特阿拉伯和俄罗斯在打油价战，自己能源进出口基本平衡，也没有靠国际市场出口。其次，在国际上面子也过不去，别人打架，劝架没成功，自己先来打自己。最后，特朗普是个生意人，也是个操盘手。

因此，有可能的结果是：非常时期美国做出让步，美国与沙特阿拉伯谈。如果出现了上述结果，低油价，特朗普最痛。

"巨震式"反弹之后：我们能看到什么？

3月27日

过去的一周，是全球宏观政策波澜壮阔的一周：美联储实施无上限的宽松货币政策以及即将可能会实施的大规模财政刺激计划；G7财长会议宣布要"不惜一切代价恢复信心"，坚决实施扩张性的宏观政策；G20联手推出5万亿美元经济计划，等等。G20GDP占全球GDP的85%左右，人口占世界人口的2/3左右。从美国到G7再到G20，在大疫情冲击下，全球实现了宏观政策的大合作。

在美国的刺激计划和全球合作政策的共同作用下，金融市场快速校正了市场前期的过度悲观预期，体现出更多的对政策未来效果的期待。依据Wind提供的数据，以收盘指数计算，3月23—26日的4个交易日全球主要股市中多个股市的反弹幅度都超过了5%（图1）。

反弹力度最大的是美国股市。4个交易日DJ指数反弹了接近4000点，反弹幅度超过20%；英、法、德、日、韩的相关股票指数反弹力度均超过10%，股票市场资产价格出现了"巨震式"反弹。

从CBOE波动率（VIX指数）来看，在3月16日达到高点，到3月26日下降幅度为26.23%，尽管在23—26日的四个交易日中只有微小的下降。

美元指数在3月26日收盘重返100以内，结束了6个交易日收盘

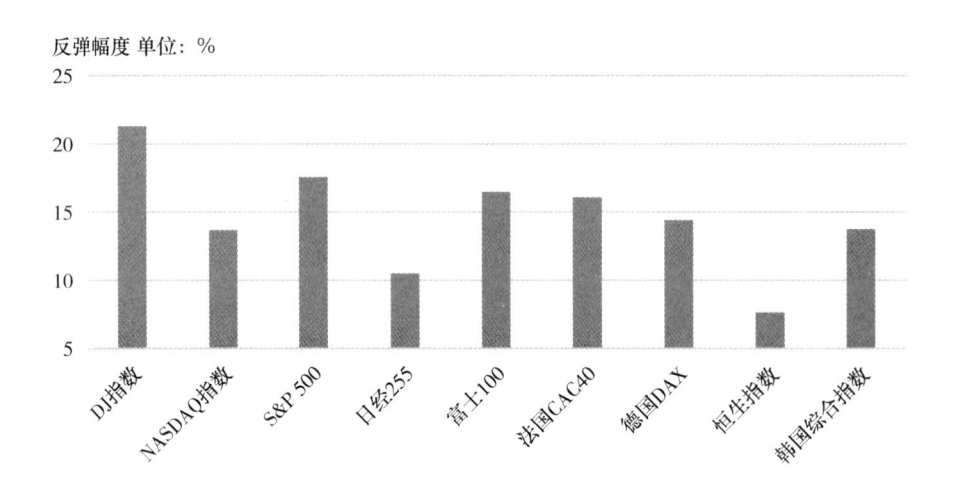

图1　反弹力度超过5%的全球部分主要股市（3月23—26日）

在100以上的局面。这明显降低了外围市场的资金回流压力，外围市场几乎是一片普涨，尽管涨幅存在明显的"分化"。同时，我们看到外围市场货币贬值的趋势也相应发生了逆转，外围金融市场货币贬值的压力得到一次有效的暂时释缓。

在新冠肺炎疫情日确诊人数最高点尚未明确的态势下，国际金融市场之所以会出现"巨震式"反弹，核心原因主要有两个。首先，从政策角度来说，美联储政策坚决、快速做"多头"有给市场"托底"的功效；全球政策的大合作减缓甚至逆转了市场投资者过于悲观的预期。这两者共同校正了市场投资者悲观情绪下带来的市场过度反应。其次，这是一次外部冲击引发的金融大动荡，不是金融市场本身高杠杆、有毒资产引发的，市场本身具备一定的抗压力。最关键的是美联储无上限的宽松货币政策给了市场本身释放自身抗压力的时间和机会！

尽管只有一周的时间，金融市场"巨震式"的反弹远不能代表金融市场的企稳。但这次"巨震式"反弹具有国际金融市场的重要意义：为避免出现全球性的金融危机迈出了坚实的一步。

如果未来全球疫情防控效果好，能够巩固这一次"巨震式"反弹的效果，那么这次国际金融市场"巨震式"反弹其金融市场的重要意义将会被进一步认可。

在看到国际金融市场"巨震式"反弹之后，我们看到金融市场情绪性的负面冲击暂时告一段落，投资者也暂时回归基本面来审视金融市场。但我们更要看到一些重大的问题需要我们去深入思考。

第一，经济学会大步向解决实际问题的经济学方向发展。经济学向"实用"回归如同金融向"服务于实体经济体"回归。历史上大危机之后，人们都会反思未来经济学的发展。"大萧条"催生了凯恩斯经济学；"次贷危机"催生了量化宽松的货币政策理论与实践；美联储这一次的"简单、直接、粗暴"的行动，也说明了实用性的货币政策是解决当下金融市场流动性难题的有效办法，而不拘泥于复杂理论模型的推演。

第二，货币政策的使用可以推到"极限"？现代货币理论（MMT）的研究或许会进一步改变货币政策的理论与实践。MMT中财政政策的使用也是关键。我们看到，次贷危机以来，美国政府通过加杠杆减少居民杠杆和企业杠杆应该是一个在有条件情况下，提高大冲击时市场抗压能力的有效办法。有趣的是，这一次"巨震式"反弹导致市场上即刻质疑美联储宽松的声音小了很多。

第三，不管采用何种经营方式，金融体系内部设置防火墙至关重要。"大萧条"之后美国出台了 Glass-Steagall 法案（1933）实施分业经营。该法案的 Section 16 明确规定全国性银行（national banks）不允许投资股票，限制其作为代理人买卖证券，禁止其承销与交易证券；Section 20：禁止联储成员银行与任何主要（principally）从事证券承销与交易的组织有关联；Section 21：证券公司（投资银行）接受存款视为非法；Section 32：禁止高级成员、董事或雇员在联储成员银行和任何主要（primarily）从事证券承销与交易的组织中兼任职务。从此美国开始了严格的分业经营。但银行控股公司（Bank Holding Companies，BHCs）一直到1956年才出现BHCs法案，BHCs是GS法案之后，美国银行业与证券业分离不彻底的载体。后来不断放松，到1999年美国通过了Gramm-Leach-Bliley（GLB）法案，美国的银行业大体上又基本回到了1933年Glass-Steagall（GS）法案之前的状态。次贷危机后，2013年美国又出台了"沃尔克规则"，禁止存款受联邦保险的银行通过绑架其客户权益为自身收益从事投机性交易，再次给银行业的经营划出了比较清晰的边界。

这次金融市场资产价格的大动荡对美国银行业冲击不大，主要的原因之一就是"沃尔克规则"在金融体系内部设置了"防火墙"。看来即使是采取金融控股公司的形式也需要设置严格的防火墙。

第四，金融市场"杠杆性"的卖方产品要严格监管。现代金融创新与金融监管之间的基本逻辑关系是：金融监管始终滞后于金融创新。金融创新本身对于提高资金使用效率、管理风险和促进经济增长是必要的。监管的目标应该是在实现重要的公共政策目标的同时保持恰当金融创新的收益，但金融创新的某些方面，包括金融工具和交易策略的复杂性、某些明确的或嵌入的杠杆产品可能会给市场埋下重大风险。次贷危机的"雷曼"倒闭对整个金融市场的冲击是一个典型的案例。

随着技术进步的快速发展、创新性的科技金融的兴起，以及市场上"太多金融"（Too Much Finance）意味着需要更多的金融创新来满足资本的获利要求，这两个方面对金融的监管更是提出了严峻的挑战。因此，针对"杠杆性"的卖方产品要严格监管，这是防止金融市场遭遇冲击时出现链条式崩溃的有效监管措施。

第五，"逆全球化"不得人心，合作才有共赢。G20 的全球经济合作计划是一次全球性的大合作，对于提振全球投资者信心很重要。次贷危机之后，"逆全球化"盛行，以美国为首的某些发达经济体各种投资、贸易的摩擦，对世界经济的资源全球配置设置人为的障碍。G20 这次的携手合作对于稳定全球金融市场预期和未来增长都有重要的积极作用。未来怎么走，时间会给出答案。

金融市场，尤其是股票市场不一定是经济的"晴雨表"。但金融市场资产价格是极其敏感的。这一次国际金融市场"巨震式"的反弹应该不是一个普通的现象，它会引发我们思考得更深、看得更远。

"稳外贸、稳外资"不是应急，是长期战略

3月28日

2018年7月31日，中央政治局召开会议部署2018年下半年的经济工作时提出"六稳"，"稳外贸、稳外资"在其中。2020年年初中央再次强调"六稳"，"稳外贸、稳外资"仍然是其中重要的工作。3月10日召开的国务院常务会议，对"稳外贸、稳外资"作出了新部署。

"稳外贸、稳外资"多次被中央强调，说明了"稳外贸、稳外资"的重要性。虽然说"稳外贸、稳外资"是在外部环境有变的情况下再次被强调，但我们应该从更远的视角来看待当前的"稳外贸、稳外资"工作。我们认为，"稳外贸、稳外资"不是应急，是长期战略。其原因有以下几点。

首先，中国必须坚持做成功的出口导向经济体。中国人口众多，但很多资源人均量不足，只有利用好国际市场的要素资源和市场份额，中国的人均GDP才会出现高速、持续的增长。

其次，中国已经找到了具有国际竞争力的发展路径，这就是我们通常看到的"中国造"（Made in China）。中国从20世纪80年代中期开始布局全球"大循环"模式。从1984年开始中国对加工贸易实行优惠进口政策；从1992年开始中国大幅度降低关税，尤其是中间品

的进口关税，对生产出口品中带有技术含量的资本品进口（尤其是FDI所需要的进口品）实施关税免除等激励措施。这些措施在1994年之后使得制造业的出口成为拉动中国经济增长的重要因素。1995年开始中国已经形成了以工业制造业进出口为主导，并附之以初次产品进口的国际分工贸易模式。1995年是一个重要的时点：中国对外贸易出现了制造业顺差、初级产品逆差的贸易格局。2001年加入WTO之后，中国的出口贸易取得了超高速的发展，直到2008年次贷危机爆发，打扰了中国出口高增长的节奏。在世界经济疲软的态势下，2018年特朗普又以外部不平衡为借口，引起了全球贸易摩擦，尤其是中美贸易摩擦持续的时间长、规模大。到目前为止，双方签署了第一阶段的贸易磋商协议。

中国已经深度融入世界，而且已经明确看到了我们在全球的核心竞争力：制造业产业链。按照OECD最近的研究，从2005—2015年全球重要的发展中国家参与全球价值链体系的年度复合增长率来看，中国已经深度融入全球价值链体系，年度复合增长率高达10.1%，仅次于菲律宾的10.4%和越南的16.5%（图1）。但后两者的体量无法与中国相比。

再次，忍受外部需求波动带来的冲击是这种模式相伴的成本。就宏观经济的稳健性来说，一旦形成出口导向型增长模式，一方面对本国的技术进步和经济增长至关重要；另一方面也需要忍受外部需求波动带来的冲击。尤其是在出现全球性的需求急剧萎缩时期，对国内经济增长会产生负面冲击，宏观经济就会因此表现出一定的波动性和脆弱性（图2）。为了减少这种宏观经济的波动性，"稳外贸"工作在外部需求急剧下降时，就显得迫切。

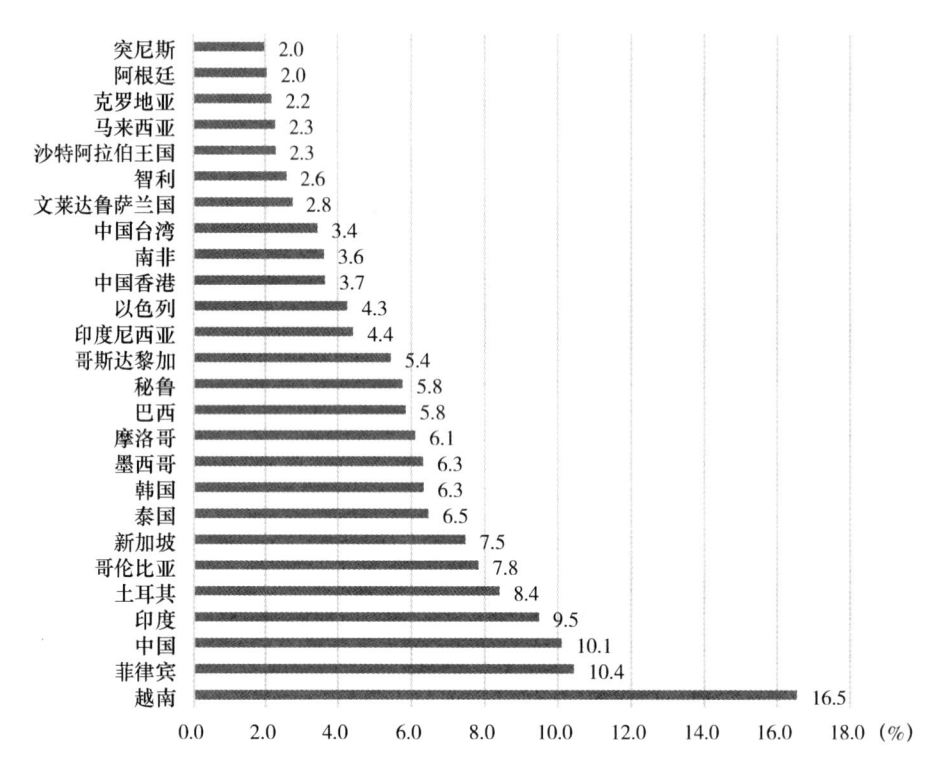

图1 重要的发展中经济体参与全球价值链体系的年度复合增长率（2005—2015）

国家/地区	增长率(%)
突尼斯	2.0
阿根廷	2.0
克罗地亚	2.2
马来西亚	2.3
沙特阿拉伯王国	2.3
智利	2.6
文莱达鲁萨兰国	2.8
中国台湾	3.4
南非	3.6
中国香港	3.7
以色列	4.3
印度尼西亚	4.4
哥斯达黎加	5.4
秘鲁	5.8
巴西	5.8
摩洛哥	6.1
墨西哥	6.3
韩国	6.3
泰国	6.5
新加坡	7.5
哥伦比亚	7.8
土耳其	8.4
印度	9.5
中国	10.1
菲律宾	10.4
越南	16.5

资料来源：OECD TiVA database。

图2 货物和服务净出口对GDP的贡献率

资料来源：中经网统计数据库。

复次，贸易摩擦本身不改变中国出口导向型增长模式的发展战略。全球不平衡本身会带来风险，这是存在的。短期的问题是资本跨国借贷甚至套利会带来金融市场的扰动甚至冲击；中长期的问题是产业的转移和就业。但另一方面，我们也可以看到全球不平衡的时期往往是全球经济增速最好的时期，原因很直接：资本的跨境开放配置比封闭配置的效率要高。因此，不能因为从未停止的贸易摩擦就主动收缩出口导向模式，而是要依据国内发展战略来有意识收缩不需要的出口，同时鼓励需要的出口，"两高一资"外贸的压缩就是好事。因此，贸易摩擦本身不改变中国出口导向型增长模式的发展战略，只能是朝着不断"升级版"的出口导向模式发展。

最后，全球出口导向型模式目前处于下行周期，这对于稳定出口导向模式更加重要。按照研究者认同的划分标准，我们发现，不论是从出口导向型出口增长率还是出口导向型经济体的数量来看，相比2000年前后的水平，两者都有明显的下降。这说明全球出口导向型增长模式处于下行周期。全球的下行周期在平均意义上说明这种发展模式受到了一定的负面冲击，但对于个体的经济来说，不一定完全是这样：在2018年贸易摩擦兴起的时候，依据World Bank WDI的数据，菲律宾、越南和老挝都实现了两位数的出口增长率（基本在11%—14%区间）。这时候"稳外贸、稳外资"对于稳定暂时缩小的外部市场的边际作用是很大的，反过来对国内经济和就业也是至关重要的。

中国经济在全球经济中如何"立稳足"，市场已经给出了答案，那就是"中国造"。中国不可能靠农业在世界经济中立足，人均耕地约束是极限约束，农业的重点在于保证我们"衣食住行"中"食"的安全。金融业要立足国际市场，体现中国金融强大的国际竞争力尚有很长的路要走。这一点，从当下国内金融机构利润中国际业务占比很低就可以看出来。

因此，我们看到的"稳外贸、稳外资"工作，是一个短期迫切的工作，更是一个长期的工作。"稳外贸、稳外资"的各种政策，比如出口退税、引导信贷投放、延期还本付息等措施，能够起到积极的作用。但我们更应该从长期战略来思考"稳外贸、稳外资"：回归要素价格（成本）层面去看待"稳外贸、稳外资"工作，降低长期要素成本去提高外贸企业的竞争力。尤其是资金成本过高已经成为影响中国实体经济企业竞争力的"痼疾"，这需要金融体制深度改革才能获得稳定和持久的、有资金要素支撑的出口竞争力。资金要素价格的下降将是中国经济未来最大的要素红利之一，能不能利用好，直接关乎整个国家未来的发展战略。

一句话："稳外贸、稳外资"中看起来有两个"外"字，本质上也是一个"内"字，关乎我们每一个人未来的GDP。

是不是可以降点息？

3月29日

过去20天，为应对金融大动荡和大疫情的冲击，全球很多经济体密集出台了宽松的货币政策和刺激性的财政政策方案。从货币政策来看，主要发达经济体的货币政策基本是处在极度宽松的状态。尤其是美国的"几乎零利率+无上限流动性额度"的货币政策引人注目。与此同时，全球很多经济体开启了政策性的降息模式。

依据BIS截至3月25日的最新统计，全球重要的发达经济体有降息空间的基本进入了降息模式。美国和英国的政策性利率下降幅度巨大，分别从2月底的1.625%和0.75%骤降为3月的0.125%和0.1%；加拿大央行的政策性利率水平也下降了1个百分点，从1.75%降至0.75%；欧元区、瑞士、瑞典和日本几乎没有下降空间，不是维持在零利率，就是实施负利率；韩国也降息50个基点。主要的新兴经济体中印度央行在G20峰会后宣布降息75个基点，央行政策性利率从5.15%下降到4.40%（图1）。

全球主要经济体都降息的时候，G20也宣布了5万亿美元的经济计划。中国央行并没有立即跟随降息，有自己的节奏，体现了央行货币政策的稳健性。

3月27日，中央政治局召开会议，指出要抓紧研究提出积极应对的一揽子宏观政策措施。其中对货币政策的表述是：稳健的货币政策

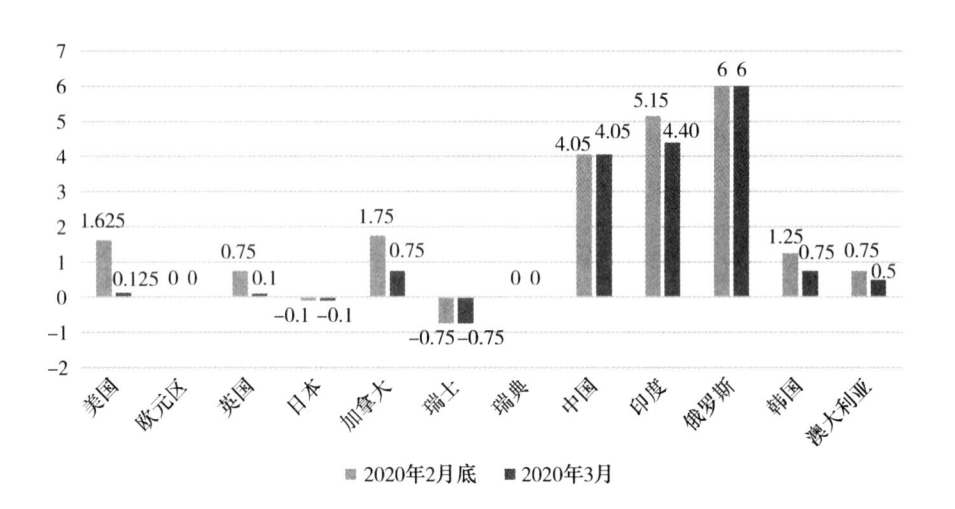

图1 全球主要发达经济体和部分新兴经济体央行的政策性利率变化（%）

注：（1）美国：mid-point of the Federal Reserve target rate。欧元区：official central bank liquidity providing, main refinancing operations, fixed rate。英国：official bank rate。日本：guideline for market operat。加拿大：Central Bank target, overnight rate。瑞士：SNB Policy rate。瑞典：Central Bank fixed repo/reversed repo rate。中国：official lending rate (1 year)。印度：official repo overnight rate。俄罗斯：official key rate。韩国：Bank of Korea base rate。澳大利亚：cash rate target。（2）数据时间：美国和欧元区是3月22日数据；中国、英国和澳大利亚是3月19日的数据；加拿大、瑞士、瑞典和韩国是3月20日的数据；日本是3月23日的数据；印度是G20会议后的最新数据；俄罗斯是3月6日的数据。（3）资料来源：除了印度数据以外，其余数据来自BIS policy rate statistics，Central bank policy rates。

要更加灵活适度。会议同时指出：要适当提高财政赤字率、发行特别国债、增加地方政府专项债券规模、引导贷款市场利率下行，保持流动性合理充裕。

如何理解"稳健的货币政策要更加灵活适度"？这是不是说要降点息呢？我们可以从几个方面来思考一下。

首先，降息需要考虑实际效果，可能觉得财政政策的发力效果比货币政策发力的效果更好。防控大疫情的隔离措施带来了凡是与人员流动相关的经济活动的急剧萎缩甚至停滞，需求的急剧萎缩直接带来企业订单的减少，货币政策解决不了这种经济状态下订单的减少。但可以通过降息降低企业和居民信贷的成本，起码能起到缓解成本压力带来的"休养生息"作用。

其次，降息要考虑外汇市场的变化，而外汇市场是大类资产配置的重要风向标。依据 Wind 提供的数据，从目前美元指数的走势来看，美元指数收盘从 3 月 19 日到 22 日连续 3 天处于 102—103 区间，3 月 27 日跌到 98.34。考虑到大疫情冲击的不确定性，美联储给市场释放"坚决做多"的政策信号，流动性危机应该说得到了短期有效的缓解，美元指数持续走弱一段时间应该是大概率事件。因此，人民币贬值的压力不大。从 CFETS 指数编制的技术来说，同期人民币指数贬值的幅度明显比美元指数要小，核心原因在于人民币指数中有比较多的相对于美元来说的弱势货币，为了维持一篮子货币指数稳定，导致人民币对美元存在反向校正的压力。我们看到美元指数从 102 降到 98，CFETS 人民币兑美元的汇率基本不动，维持在 7.05 左右的水平。因此，这个现象说明了现在的 CFETS 指数编制本身存在改进的空间；另一方面也说明降点息对人民币贬值的压力不大。因此，降点息对人民币外汇市场的影响应该完全可控。

再次，降息要考虑未来的通胀压力。依据国家统计局网站公布的数据，今年 1—2 月全国居民消费价格指数（CPI）平均比去年同期上涨 5.3%。2 月份，全国 CPI 同比上涨 5.2%。其中，2 月份食品烟酒类价格同比上涨 16.0%，影响 CPI 上涨约 4.84 个百分点。对比一下工业生产者价格指数，则出现了相反的情形。1—2 月工业生产者出厂价格平均比去年同期下降 0.2%，工业生产者购进价格下降 0.4%。2 月份全国工业生产者出厂价格同比下降 0.4%，环比下降 0.5%；工业生产者购进价格同比下降0.5%，环比下降0.3%。

因此，从技术上来说，当前的物价水平较高是CPI指数编制的结果，CPI指数中食品类的占比大约1/3，猪肉大涨，CPI就大涨。这种食品结构性的物价水平上涨不是货币政策能够解决的。食品价格上涨需要靠食品本身供给的增加来解决，而受到食品价格上涨带来的社会中低收入阶层的生活困难需要财政的民生政策来解决。

考虑工业生产指数的下降，货币政策也许需要更加集中关注这类更能够反映经济总供给和总需求关系的指标。从这个角度来看，降息有必要性。

最后，从利率传导机制来说，货币市场利率不高，中长期信贷利率比较高。3月27日的会议中央决定发行特别国债，增加地方政府专项债券规模来引导贷款市场利率下行。在性质上，这是一个通过财政政策来引导贷款市场利率下行的政策，严格意义上不属于货币政策本身直接带来的利率下降。对货币政策的好处是保留了货币政策"正常的政策空间"，留有余地，因为还没有使用。

从近期全球银行业的风险监控来看，3月27日，考虑到全球疫情的持续蔓延，巴塞尔监督机构推迟了《巴塞尔协议Ⅲ》的实施时间，降低了这个特殊时期银行服务于实体经济和构建严格监管要求之间的短期冲突，这也是一个鼓励央行采取进一步行动的外部环境信号。

市场看着央行拥有"正常的政策空间"已经有一段时间了。中央政治局提出的"稳健的货币政策要更加灵活适度"，是不是也应该包括降点息？还是央行要等到政府发行债券去引导信贷利率的下降？答案估计不用太久就会揭晓。

"大冲击"下全球宏观政策的九大特点

3月31日

在 IMF Policy Tracker 统计的基础上，我们进一步总结、简化了全球 170 个经济体的财政政策、货币与宏观金融政策、汇率与经常账户政策，通过对全球应对新冠肺炎疫情大冲击和金融大动荡的宏观政策图谱解析，提出 2020 年全球宏观政策的九大特点。

一 "大冲击、大应对"是 2020 年全球宏观政策的第一个特点

除了不丹、布隆迪等极少数经济体外，全球绝大多数经济体和区域都出台了应对疫情大冲击和金融大动荡的宏观政策。因此，2020 年全球宏观政策体现出的第一个特点是："大冲击、大应对。"

二 "万花筒"是 2020 年全球宏观政策的第二个特点

财政政策、货币政策、汇率政策和金融市场机制性政策齐上阵，全球经济体在看了一眼自己的政策工具箱后，能用的都用上。

三 "理性政策"是 2020 年全球宏观政策的第三个特点

为应对金融市场大动荡和疫情大冲击，几乎所有经济体出台了不

同的政策。尤其是美联储以及欧洲央行的无上限宽松政策，是一个"理性政策"，挡住了市场资产价格共振性、螺旋式下挫的风险。全球金融市场资产价格最近一周多的表现证明了这些宏观政策是"理性政策"。

四 "政策极限"是2020年全球宏观政策的第四个特点

从170个经济体的几大政策来看，不同经济体采取的政策有差异，但都是在寻找自己的"政策极限"。在可用资源的基础上，提出自己的有针对性解决问题的措施和方案。

五 "大分化"是2020年全球宏观政策的第五个特点

由于各个经济体现有的禀赋差异和获取可用资源能力的差异，全球宏观政策的力度呈现出"大分化"的特点。为了有助于识别政策的"大分化"，我们可以把全球经济体简单分为"金主""土豪""富裕""一般""贫穷"五个档次。本文的"金主"是指自己不一定很有钱，但有动用自己想要的大量资源的能力；"土豪"是指手里真有钱的那种，处于第二层次，其他的和通常分类的意思差不多。

美国财政有大量赤字，但综合政策力度最猛。"2万亿美元+的财政政策、接近零利率+无上限的流动性支持"是美国宏观政策的主要特点。欧元区要差一些，尽管货币政策可以放到极限，但财政要取决于成员国自身的状况。"土豪"的政策呈现出典型的"买单型"特征，财政政策力度远大于货币政策力度，甚至都有点"嫌弃"货币政策。比如卡塔尔这样的，直接甩出占GDP 13%的一揽子计划，还有沙特阿拉伯、瑞士等。"富裕"和"一般"的大多采取了相对温和的政策组合。"贫穷"的经济体大多出台了相应的财政方案，但需要采取社会捐赠和国际援助来完成，比如利比里亚，等等。

六 "巅峰协作"是2020年全球宏观政策的第六个特点

在财政政策和货币政策组合中，统计的全球170个经济体中只有不足10%的经济体采取的是单项措施，要么是财政政策要么是货币政策。因此，2020年金融大动荡和疫情大冲击背景下财政政策和货币政策实现了"巅峰协作"：财政政策侧重于疫情防控、企业和居民减负以及相关的社会稳定需要；货币政策侧重于提供流动性，当然货币政策提供流动性也是减负的一种方式。

七 "突破约束"是2020年全球宏观政策的第七个特点

在金融大动荡和疫情大冲击背景下，传统的控制财政风险和金融风险的约束等规则得到了突破。我们至少看到了五个方面：第一是财政上限的讨论被突破，不但是美国，欧元区的成员国都被允许突破财政赤字率3%的《马斯特里赫特条约》的约束。第二是银行体系监管的突破，《巴塞尔协议Ⅲ》的延期实施、众多经济体银行逆周期资本缓冲监管的放松等。第三是关于银行坏账的界定标准的放松与突破。第四是监管当局直接出面要求银行缓收企业信贷支付，直接干预市场商业机制。第五是政府直接进入股市买股票，比如卡塔尔，等等。

八 "管制重现"是 2020 年全球宏观政策的第八个特点

金融大动荡必然带来管制，我们看到全球不少经济体对股票市场采取了"禁止卖空"的规则，也看到了对外汇市场进行干预的政策，甚至出现了关闭外汇交易的政策。我们看到 170 个经济体中 50% 左右对外汇市场没有实施任何干预。但要注意：很多经济体不需要自己的干预，比如美元区的经济体，美元就是自己的货币，不需要干预；货币区，典型的是欧元区和 BCEAO 区，是区域货币，不需要自己来干预。剔除上述两种情况，全球大多数经济体的外汇市场都存在力度不同的央行干预行为。

九 "选择性合作"是 2020 年全球宏观政策的第九个特点

在美元流动性紧缺的时候，全球开启了一波货币互换。在 170 个样本中，除了之前存在的美元互换以外，这次的货币互换主要是几个发达经济体与美国的货币互换，包括韩国、澳大利亚、瑞士、加拿大等。

全球宏观政策的九大特点将在很大程度上决定未来全球经济和金融市场的大风险点在哪里，这也是我们未来需要深入思考的。目前疫情日确诊人数仍未出现明显的拐点，因此，全球宏观政策的做多和未来不确定带来的做空将会逐步展现在金融市场上，金融市场的动荡还不会停止。

金融大动荡：日益增多的外汇市场干预

4月1日

在 IMF Policy Tracker 最新统计的基础上，通过简化全球约 170 个经济体的汇率与经常账户政策，我们发现 2020 年全球外汇市场出现了明显增多的外汇干预政策。在约 170 个经济体中，大约 24% 的经济体出台了不同程度的外汇市场干预。

从外汇市场干预的样本来看，除了丹麦、冰岛、以色列、挪威、瑞士 5 个发达经济体以外，其余大约 35 个是新兴经济体和发展中经济体，占外汇干预样本比例的大约 87%。

由于各个经济体汇率制度的差异，对于汇率波动的容忍标准存在差异，很难用唯一的标准去划分外汇市场的干预力度。比如，即使是实施浮动汇率的经济体也会干预外汇市场的波动，而实施有管理的浮动汇率制的经济体也会按照自己设定合意幅度去实施干预。

发达经济体中丹麦主要是保持欧元盯住目标、挪威是通过购买挪威克朗来干预市场。瑞士是限制瑞士法郎的升值，自 2 月初到 3 月 24 日，瑞士央行干预措施总规模占 2019 年 GDP 的 2.9%。冰岛是允许汇率灵活调整但同时干预，从 1 月 1 日到 3 月 23 日，CBI 在 5 天内干预了外汇市场，卖出 5700 万欧元（占 GDP 的 0.3%）；以色列则是通过高达 150 亿美元的外汇互换提供额外的美元流动性来防止汇率的过大波动。

新兴经济体和发展中经济体的外汇市场干预情况要复杂一些。我们看到了几种情况。首先，部分经济体在金融大动荡背景下，宣布自己的货币一次性贬值来防止货币的进一步贬值。比如塔吉克斯坦允许索莫尼一次性贬值 5%，以现金市场汇率调整官方汇率；尼日利亚的货币官方汇率已经调整了 15%。其次，扩大汇率波动的容忍区间。比如摩洛哥宣布有序过渡到更加灵活的汇率制度，并在 3 月 6 日将迪拉姆的波动区间从 2.5% 扩大到了 5%。再次，实施外汇市场的直接管制。比如斯里兰卡 3 月 19 日宣布实行外汇管制，以减轻外汇市场压力。最后一种是向市场注入美元流动性来防止本币大幅度的贬值。采用最后这种干预方式的经济体占外汇干预样本的大多数。

采用美元注入的方式来干预外汇市场，如果经济体的外汇储备不够，又难以通过货币互换的形式换取美元或者难以通过国际借贷获取美元，那么外汇市场采用注入美元方式的干预不一定能够确保本经济体的货币不出现货币大幅度贬值。

在外汇干预经济体样本中，土耳其、吉尔吉斯斯坦、哈萨克斯坦、格鲁吉亚、克罗地亚、巴西、阿根廷等经济体或许面临美元持续注入外汇市场的压力。如果美元持续走软一段时间，全球外汇市场的风险就会大幅度下降。

在某种意义上说，经济体外汇市场的干预都是美元主导的国际货币体系带来的成本。一旦干预失效，货币的大幅度贬值就会导致货币危机，对经济体的经济和金融产生急剧的负面冲击。在这个意义上，全球货币体系的改革任重而道远。

大疫情下，世界刮起了阵阵"逆全球化"的"冷风"

4月2日

2020年的全球疫情大冲击和金融大动荡本应是世界大合作共渡难关的重大机遇，近期的G20推出的5万亿美元的全球经济计划，是一个全球经济大合作的好事。但最近几个月同时出现了不少"逆全球化"的现象，刮起了阵阵逆全球化的"冷风"。

如此看来，全球最发达的经济体并没有从历史上的"大危机"中吸取教训，反而是希望通过这种人为制造的"世界成本"来获取自己更好的位置。我们简单归纳一下最近"逆全球化"的几大现象。

一 第一大现象：油价战

油价争夺问题是个长期的问题。今年年初以来国际原油价格深度下跌。截至目前，ICE布油跌幅达到约60%，ICE WTI原油跌幅约为55%，目前的国际油价基本处于十几年以来的最低点。OPEC的代表沙特阿拉伯、非OPEC的代表俄罗斯和美国这三个国际原油生产巨头之间错综复杂的地缘政治关系，决定了国际原油市场很难达成一个比较长久的协议。疫情暴发后至今，连一个临时性的协议也没有看到。动荡的国际原油市场不利于经济的全球化。

二 第二大现象：新冠病毒来源的"甩锅"

在全球新冠肺炎疫情防控进入关键期时，中国在自身疫情防控取得重大进展的同时，以自己的资源积极支援全球疫情防控：向外派出医疗人员、援助疫情防控物资；同时加大复工复产力度，出口疫情防控设备等等。在中国积极践行"人类命运共同体"，发挥真正的国际友人作用的情况下，海外传来了无证据的新冠病毒是来自中国的不和谐声音。众所周知，病毒不分国界，到目前为止也没有充分的证据证明新冠病毒到底来自何处。海外某些国家怠慢疫情防控的政策失误想以这种"甩锅"行为来推卸责任，是一种极其不负责任的做法。"甩锅"的背后折射出的还是"逆全球化"的自私行为和本质。

三 第三大现象：特朗普近期的言论

在近期的白宫新冠病毒疫情资讯会上，特朗普做了一个演讲。特朗普演讲的大概意思是要借这次疫情，把制造业搬回美国，把美国建设成一个能源独立、制造业独立和经济独立的国家等。特朗普设想的未来美国将是独立于全球供应链之外，逐步成为一个自给自足的国家。过去近三十年全球化的发展已经形成了"你中有我、我中有你"的全球产业链分工模式，特朗普的言论是明显的"逆全球化"言论，这也是特朗普继2018年主动发起全球贸易"大摩擦"之后，对美国"逆全球化"倾向的进一步表述。

四　第四大现象：应对"大冲击"全球政策对市场机制的"替代"

为了应对外部冲击，尤其是美元流动性的冲击，依据IMF Policy Tracker的统计，我们看到全球约170个经济体中，大约24%的经济体出台了不同程度的外汇市场干预。如果考虑到美元货币区、欧元货币区以及BCEAO货币区不需要经济体自己来干预外汇市场以外，你会发现全球经济体对外汇市场实施干预的比例可能达到35%左右。从外汇市场干预的40多个样本来看，发达经济体也干预外汇市场，比如丹麦、瑞士等；其余大约87%是新兴经济体和发展中经济体，甚至出现了菲律宾关闭外汇交易的情况。

从股票市场来看，全球有十多个经济体出台了"禁止卖空"的微观市场交易机制政策。

从财政政策来说，全球出台了大规模的财政刺激计划，这些计划是否能够完全按照市场财务纪律来运作，也是值得进一步观察的。

上述政策对市场机制某种程度的"替代"，作为临时防控"大冲击"的风险是非常必要的！但从中长期来说，坚守市场财务纪律才不至于破坏市场在资源配置中起的决定性作用。

五　第五大现象：疫情防控中对全球稀缺资源的争夺

疫情防控本身要求的暂时的"封国"等措施已经限制了全球性的人员和资源流动，本应该相互协助、共克时艰，但某些发达经济体的表现令人深思。

3月15日，欧盟委员会主席在社交平台上宣布欧盟将全面禁止部分医疗防护设备的出口，以保证欧盟内部有足够的供应，同时呼吁成员国之间不应相互禁止出口医疗物资。接着德国等国家开始禁止对外出口防护物资，一些国家的原材料渠道被切断。比如瑞士几乎所有医疗防护物资都依赖进口，且需通过德国转运，因此德国的出口禁令对瑞士造成了严重打击，甚至发生扣留过境口罩、"抢口罩"的现象。

美国近期也禁止疫情防控医用物资出口，要优先保证美国疫情防控的需要。更夸张的是，美国移民局在2020年3月26日发出推特，鼓励其他国家的医护人员申请H签证和J签证来美国医院工作。在全球疫情防控危难时期，美国竟然采取了跳过很难的美国医考直接发H或J签证。这种赤裸裸地对全球"危难时期"稀缺资源的争夺行为，再次暴露了特朗普"美国优先"政策的自私行为。

我们也看到世界上还存在大量的低收入经济体和贫困经济体，医疗资源本身就非常紧缺，还在等待国际援助来防控疫情。而发达经济体的技术是最好的、疫情防控医疗物资生产潜力也是很大的。过去两个月我们看到美国工业巨头3M公司将其N95口罩的产能翻番，每月可以达到1亿只；飞利浦也计划将呼吸机的产量提高1倍；还有生产化妆品的巨头改生产洗手液，如欧莱雅集团，等等。

全球部分最重要的发达经济体采取的这种"大难来时各自飞"的行为，严重缺乏国际担当和国际责任感。这些行为对未来的全球化构成了严峻的挑战。同时也要看到随着疫情对经济需求负面冲击作用的放大，即使在疫情过后，由于外部需求的不足，全球贸易本身也会相应萎缩，市场本身也有出现"内生性逆全球化"的风险。

对于主张经济全球化的世界有志之士来说，现在盛行的"逆全球化"现象，颇有点"我本将心向明月，奈何明月照沟渠"的感觉，但不必惊讶，因为这并不能阻挡全球化的大趋势。在过去几十年中，全球大多数经济体都看到了并享受到了全球化带来的更好的分工协作和福利增长，他们会做出理性的选择。

大疫情下提速亚洲贸易的区域化发展战略

4月3日

为什么大疫情下要加快推进亚洲贸易的区域化发展战略？大体的原因有以下几点。

首先，区域化在很大程度上替代全球化已成现实。西方某些发达经济体在经济民族主义和重商主义的思维下，其区域贸易战略得到了快速的布局和发展。2018年，我们看到了美墨加自贸区替代了1994年的NAFTA协议、美韩自贸协议、日本主导的CPTPP（小版TPP）协议、日欧经济伙伴关系协定（EPA）等；2019年，我们又看到了美日自贸协议，等等。这就不难看出，越是发达的经济体越倾向于用区域贸易协定（RTAs）或者升级版的自由贸易协定（FTA）来替代全球化的多边协议，带有明显的地缘政治色彩。

其次，全球产业链存在缩短的风险。RTA或者FTA已经成为跨区域主义贸易的重要方式，其中一些重要的条款将会明显缩短产业链，比如美墨加协议中汽车零部件本地化生产的比例限制。尤其是在目前最艰难的全球疫情防控阶段，国际上还不时传来"逆全球化"的阵阵"冷风"。在贸易区域化的趋势下，这些"逆全球化"的声音及其可能出台的贸易政策将进一步缩短全球的产业链。

再次，亚洲不同经济体之间是竞争者，更是合作者。亚洲的经济层次比较明显，有发达的经济体，比如日韩；但绝大多数是发展中经济体，因此，成本和技术的差异决定了有明显的合作空间。同时由于大多数是发展中经济体，成本和技术水平相似也存在竞争关系。但要看到每个经济体资源禀赋存在明显的差异，即使成本和技术水平相似，也存在明确的互补关系，有很大的合作空间。依据 IMF 一项最新研究提供的结果来看，中国对亚洲产业链的重要性要高于对全球产业链重要性的平均水平（图1）。因此，进一步加速推进 RCEP 对于区域内的共同发展至关重要。

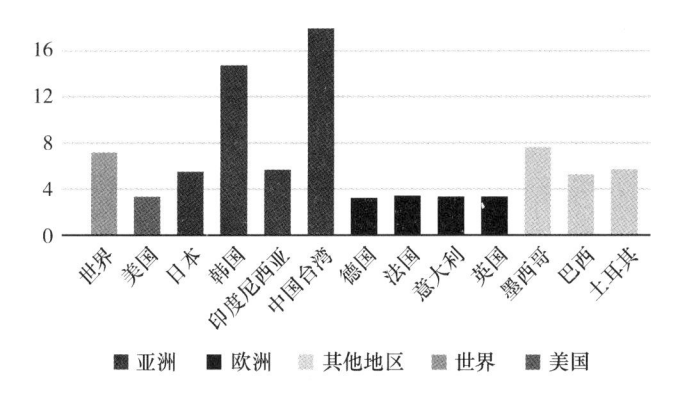

Source: IMF staff calculations using 2014 World Input-Output Database.
Note:Taiwan,PoC=Taiwan,Province of China.

图1 中国在全球供应链中的位置

资料来源：Gita Gopinath, Limiting the Economic Fallout of the Coronavirus with Large Targeted Policies, MARCH 9, 2020。

最后，疫情冲击下的市场本身有出现"内生性逆全球化"的风险。随着疫情冲击对经济负面影响的持续作用，不同经济体采取了政策的对冲，对需求的负面影响即使在疫情基本结束之后，由于受到前期收入下降的影响，需求的疲软还会持续一段时间，这就意味着贸易本身也会相应萎缩，出现"内生性逆全球化"的风险。而采取区域贸易协议的方式去便利区域内的商业活动，释放区域内由于人均收入差别带来的消费层级的不同需求潜力，会降低这种市场"内生性逆全球化"的风险。因此，成立更大的自贸区有助于疫情后的经济发展，降低疫情冲击带来的经济损失。

亚洲在2010年成立中国—东盟自由贸易区，这是世界上人口最多的完全由发展中国家成立的自由贸易区。

同时，由于中日韩产业链融合的程度已经相当高了，这一点可以从三者之间的贸易关系看出来。日韩是发达经济体，在不少领域有先进的技术和产品，这对于中国提升自身的技术贸易具有积极意义。中日韩自贸区和 RCEP 对于发挥中国在亚洲区域贸易中的作用至关重要。

由于每一个经济体保留完整产业链将受制于资源禀赋、技术和成本的约束，而全球化又遭遇逆流。在这样的背景下，贸易区域化就是一个强调成本与效率的合意选择。我们期待2020年中日韩自贸区和 RCEP 协议能够尽早签署。

新全球化：基于区域合作基础之上的全球化

4月5日

  随着大疫情的持续冲击和金融市场的剧烈动荡，全球在共同抗击疫情和防控金融风险的进程中，国际上不时传来了"逆全球化"的不和谐声音。这使得人们对未来经济全球化产生了担忧：世界会因为疫情冲击而出现严重的"逆全球化"趋势。

  如果我们换一个视角去看待世界经济中出现的各种贸易摩擦和投资摩擦，去看待世界经济历史中出现的分分合合现象，我们也许会发现经济全球化真的变了，但它正在向另一种形式的全球化演变。我们可以称之为：新全球化。这种新全球化的本质是基于区域合作基础之上的经济全球化。

  过去30年，可以看作经济全球化蓬勃发展的30年。依据世界银行（2018）的研究，全球化带来了全球财富的快速增长，我们看到中等及以上收入经济体在全球财富占比中的快速增加，OECD和非OECD高收入国家在全球财富中占比的下降；我们也看到了贫穷国家人均财富与高收入国家人均财富差距的扩大现象。世界在不平衡中发展，这也是世界面临的重要难题。这也在所难免：全球化意味着贸易关税的大幅度下降，竞争的程度会提高，竞争能力决定了国际贸易红利的分享是不平衡的；全球化也意味着跨境资本流动限制的减少，资本追逐风险与收益权衡的行为使得资金的流动不会出现"雨露均沾"

的现象。

从全球区域贸易安排的增长速度来看，1960年声明实施RTAs、实际实施RTAs和声明实施以及不活跃的RTAs的数量分别为4个、3个和6个，到1990年这三者也只有48个、42个和87个。在90年代经济全球化兴起之后，RTAs的数量呈现快速的增长。1990—2000年的十年时间里，这三者分别上升到186个、157个和269个。截至2018年10月28日，全球声明实施RTAs、实际实施RTAs和声明实施以及不活跃的RTAs的数量大幅增长到463个、289个和677个（图1）。

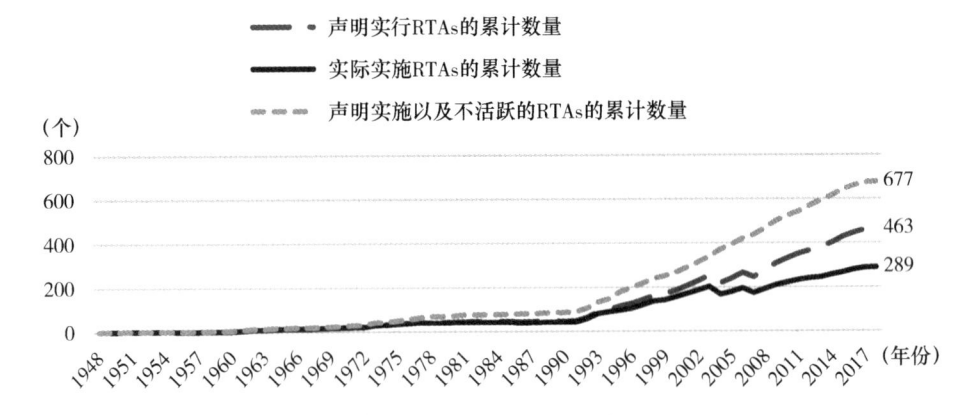

图1　全球RTAs数量的变化

注：声明实行RTAs是指：货物、服务以及进入一个RTA是分开计算的。实际实施的RTAs是指：货物、服务以及进入一个RTA是一起计算的。所以声明的数量大于实际的数量。

资料来源：WTO, Secretariat, October 28, 2018。

这就是我们过去30年看到的区域化贸易方式对全球化贸易方式的替代。主要原因有以下几个。首先是多边谈判难度大。由于各个经济体条件差异很大，彼此的核心利益关切存在明显的分歧，导致WTO有些谈判进展缓慢。比如多哈回合谈判2001年以来就处于僵局，直到 2013 年 WTO 成立近 20 年来才达成首份多边贸易协定。尽管 2013 年 WTO 成员达成了"巴厘一揽子协定"，但是印度、古巴、玻利维亚、阿根廷、南非等国反对签署"巴厘一揽子协定"，直到 2014 年底成员国才实质性获得通过，各国具体落实这个协定可能还存在不确定性。其次是双边能谈的，彼此之间的条件差距相对小，核心利益关切的差距比较小，因此容易谈成。再次是双边的谈判协议形式灵活。可以就某一个具体领域签订协议，不一定需要总体的协定。最后是双边或者区域贸易协议更容易彼此监督，实施的成本相对低。

问题就来了：区域化贸易是不是就一定是严格意义上的"逆全球化"？答案是否定的。

从字面上看，很显然"区域化"不是"全球化"，区域的分割会对全球化造成负面影响。问题是为什么会出现区域分割？答案的重点是区域利益集团和贸易标准的差异。比如美墨加协议（USMCA）中规定汽车零部件来自本地区零部件采购的比例将从 62.5% 提高到 75%；同时在新协议的条款里有一项旨在禁止与"非市场化"国家达成自贸区的条款。如果 USMCA 中任一成员与他们认为的"非市场化"国家达成自由贸易协议，则其他成员可以在 6 个月后退出，并建立自己的双边贸易协议，这些条款带有明显的区域利益特征。另外我们也要看到这种贸易区是高标准贸易区，基本在向零关税、零壁垒、零补贴的"三零"贸易区发展。过去两年全球出现了不少高标准的贸易区，我们还看到了美韩自贸协议、日本主导的 CPTPP 协议、日欧经济伙伴关系协定（EPA）、美日自贸协议等。

这就使我们需要转换视角去看待各种区域贸易形式的发展。经济的区域化本质是贸易标准的区域化，更高的标准意味着更高层次的经济全球化。不同的区域可以依据不同的发展阶段来制定不同的经济合作标准，从而促进区域经济合作和经济一体化的发展。因此，我们看到在经济全球化的过程中，全球诞生了不少大的区域型贸易组织（表1）。

表1　　　　　全球化进程中出现的大型区域贸易组织

排名	区域 GDP（百万美元）	区域内贸易份额（%）	区域内贸易依存度（%）
1	北美自贸区（NAFTA，现为美墨加 USMCA 协议）	欧盟（EU）	欧盟（EU）
2	欧盟（EU）	北美自贸区（NAFTA）现为美墨加 USMCA 协议	东盟自贸区（ASEAN）
3	发展中国家全球贸易优惠制（GSTP）	发展中国家全球贸易优惠制（GSTP）	发展中国家全球贸易优惠制（GSTP）
4	亚太贸易协定（APTA）	东盟自贸区（ASEAN）	北美自贸区（NAFTA）
5	中国-东盟自贸区（CAFTA）	南部非洲发展共同体（SADC）	南部非洲发展共同体（SADC）
6	拉美一体化协会（LAIA）	独联体（CIS）	中美洲共同市场（CACM）
7	南方共同市场（MERCOSUR）	中国-东盟自贸区（CAFTA）	阿拉伯联盟（LAS）
8	阿拉伯联盟（LAS）	中美洲共同市场（CACM）	中欧自贸协定（CEFTA）
9	独联体（CIS）	拉美一体化协会（LAIA）	中国-东盟自贸区（CAFTA）
10	东盟自贸区（ASEAN）	亚太贸易协定（APTA）	独联体（CIS）

资料来源：联合国贸发会议数据库 http://unctadstat.unctad.org。转载自贾雁凌《区域经济一体化及其对多边贸易体制的挑战——从贸易角度进行分析》，中国人民大学，硕士学位论文，2016。

从表1中我们可以看到，发展中国家也会不断推进贸易的区域化和经济一体化进程。亚洲在2010年成立中国-东盟自由贸易区，这是世界上人口最多的完全由发展中国家成立的自由贸易区。在此"10+1"的基础上，"10+6"的 RCEP 将是基于 WTO 规则基础上更高水平的自贸协定区域合作协议。RCEP 一旦签署，区域内的经济总量将达到和 EU28 相当的水平，将与美墨加、EU28 并称为世界上三大贸易区，对亚洲区域的经济一体化意义重大。

未来的全球化可能会朝着一种新的全球化模式演变：这种全球化将是基于区域化基础上的全球化，是相对势均力敌的全球化；这种全球化更能够迫使经济体不断挖掘不同区域内的分工潜力，刺激区域内的贸易和增长；这种全球化能够向外界表达区域内部相同的声音，有助于全球化中区域利益的维护；这种全球化将激励不同区域贸易标准的不断升级，有助于推进更高层次的全球化；这种全球化也能够更好地挖掘单个经济体内部的竞争潜力，经济体可以在一国内部设立高标准的自贸区来参与高水平的全球竞争（比如中国的上海自贸区等），对本国经济参与全球竞争起到以点带面的辐射作用。

当然，发达经济体这种高标准的经济区域化在一定的时期内会对不发达的经济体造成贸易壁垒，这或许是侧重区域利益合作和高标准的经济全球化残酷竞争带来的难以避免的成本。全球非资源类的发展中经济体唯有自强，不断提高技术标准方可融入新全球化的全球价值链。

因此，尽管我们感觉到了国际上不时刮来"逆全球化"的阵阵"冷风"，但其本质是一种基于区域贸易基础上强调区域利益合作和更高标准之上的全球化，是一种新全球化。新全球化也许是未来的国际经济新秩序。

国际金融市场风险：一个极简框架的复盘与思考

4月6日

按照教科书给出的知识，这里采用一个极简的风险演变框架来复盘和解读国际金融市场最近的风险演变。

这个极简的风险推演框架分为四个阶段：投资者情绪∥Risk – off∥Liquidity – off ∥Fundamental – off。这个极简框架并不始终是单向的，即并不是始终从投资者情绪开始，所以我们用"∥"来区分不同阶段。

在不同金融市场爆发问题的场景中，引发的因素不同，起始点也就不同。比如金融市场上首先是房价大跌，那么这个极简框架就会变为另一种分析逻辑：Fundamental – off∥Liquidity – off ∥Risk – off。投资者情绪就不能再作为识别市场会逐步变坏的信号了，因为你的情绪在瞬间已经崩溃。基本面都出问题了，意味着一个国家或者区域财富的基本盘出大问题了，那就是"覆巢之下，安有完卵"的结局了。典型的是2008年次贷危机，房价崩溃带来的就是金融市场上一系列的崩溃。在金融大动荡场景中，投资者情绪的价值体现在：需要逐步酝酿和表现才能对识别市场未来的变化有价值。

按照这一次全球金融大动荡的爆发逻辑，我们采用了四阶段的分析框架，做一个简洁的复盘和思考，尽力把到目前为止的全球金融大动荡故事讲得简单明了。

对过去的复盘

一 市场风险第一阶段：市场投资者情绪的变化（VIX）

山雨欲来风满楼。金融市场某些投资者对市场未来大变化的嗅觉总是出人意料的灵敏。VIX（CBOE 波动率）是表达投资者嗅觉变化的核心指标，在研究跨国金融周期中的资本流动和金融市场恐慌问题上被广泛运用。图 1 给出了 2 月 20 日以来 VIX 的走势变化情况。从 2 月 20 日 VIX 开始出现明显的上升态势，一直上升到 3 月 16 日的阶段最高点 82.69，此后出现了下降，到 4 月 3 日为 46.8。

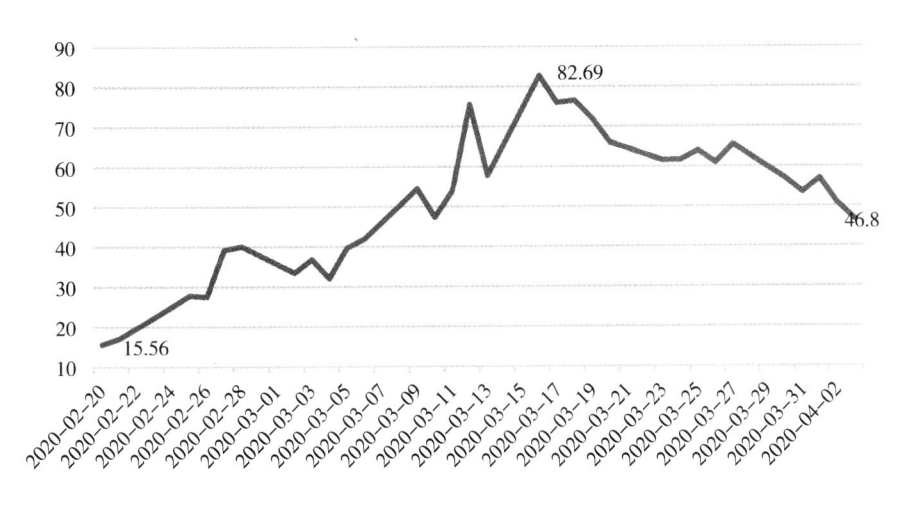

图 1 VIX（CBOE 波动率）：2020 年 2 月 20 日—4 月 3 日

注：除非特别说明，本文所有的价格或者指数均以日收盘价表示。所有数据均来自 Wind。

小结：投资者在 2 月中旬开始明显嗅到了什么。

二 市场风险第二阶段：追逐避险资产（Risk-off）

VIX 开始出现上升趋势，表明市场恐慌程度在增加，市场投资者风险偏好发生变化，开始追求无风险资产，黄金和美国国债就成为国际投资者的首选偏好。当然外围某些资产也可能成为避险资产，比如日元，但比起黄金和美国国债来说，日元只能是边际意义上的避险替补资产。

图 2 给出了 2 月 19 日到 4 月 3 日的黄金价格走势，尽管中间有所波动，但黄金价格还是从 2 月 19 日的 1614.6 美元/盎司上升到 3 月 9 日的阶段性高点 1680.6 美元/盎司。

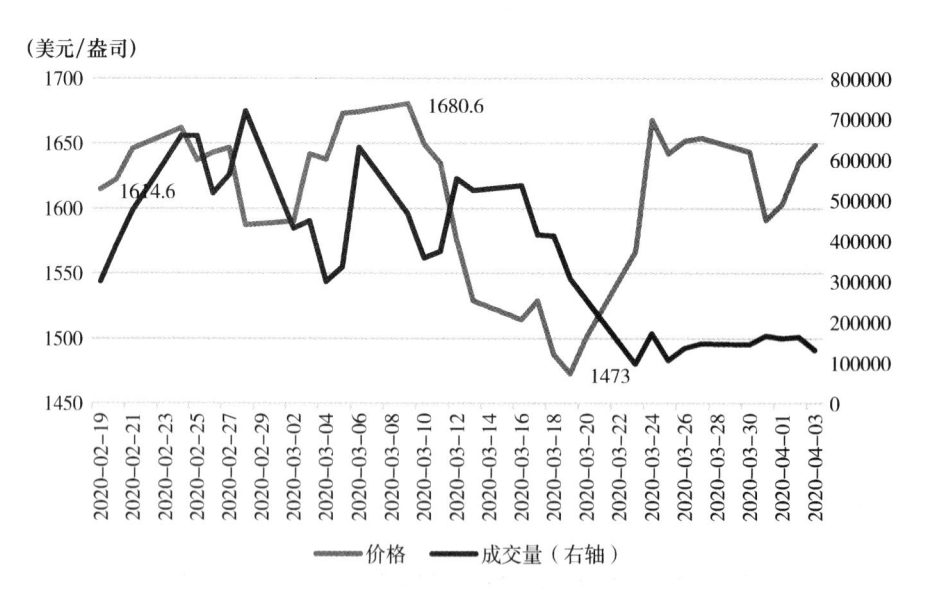

图 2　COMEX 黄金价格和成交量的变化（2020 年 2 月 19 日—4 月 3 日）

图 3 给出了最具有代表性的 10 年期美国国债的收益率变化。可以看出美国 10 年期国债从 2 月 24 日开始一直下降到 3 月 9 日的 0.54%。

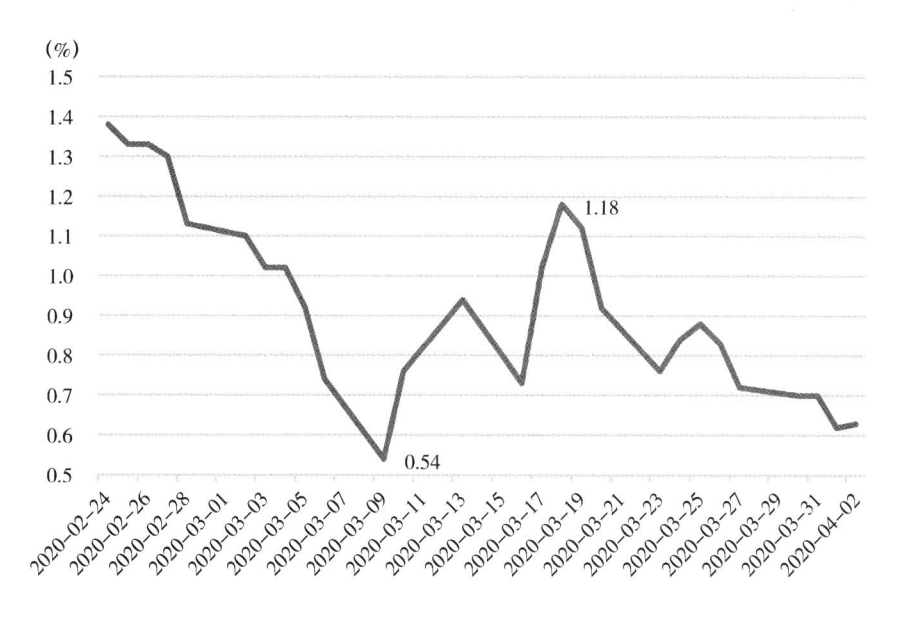

图 3　美国国债收益率（10 年期国债）变化

小结：3 月 9 日是关键节点。黄金价格达到阶段性高点、美债收益率达到阶段性低点。市场基本走完了典型的追求无风险资产的阶段。

三　市场风险第三阶段：流动性风险爆发（Liquidity – off）（美元）

从 3 月 9 日开始，市场风险开始向流动性风险演变，导火索是沙特阿拉伯的油价战。油价战带来的直接结果就是国际油价暴跌，从而引发其他资产价格也暴跌。

图 4 给出 3 月 6 日到 4 月 3 日 ICE 布油和 ICE WTI 原油的价格走势。我们看到 3 月 6 日到 3 月 9 日国际市场原油价格有一个剧烈的下挫。3 月 9 日的 ICE 布油和 ICE WTI 原油的收盘价比前一个交易日的 3 月 6 日分别下跌了 26.55% 和 21.36%。

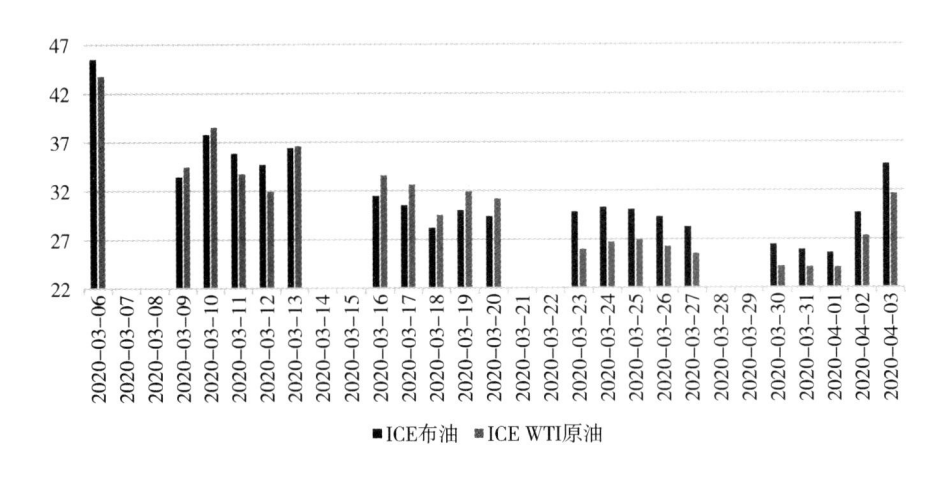

图 4　ICE 布油和 ICE WTI 原油近期价格走势

原油价格急剧下挫引爆了资产价格的急剧下跌。美国股市出现了历史上从来没有过的"熔断周"。图 5 给出了 3 月 9 日到 4 月 3 日美国三大股指收盘价较前一个交易日收盘价的波动幅度。3 月 9 日 DJ、标普 500 和 NASDAQ 指数分别下挫 7.79%、7.60% 和 7.29%。3 月 10 日油价大幅度反弹，ICE 布油和 ICE WTI 原油分别上涨了 13.0% 和 11.9%（图 4），美股三大指数均出现了 5% 左右的反弹。

在油价谈判扑朔迷离和美联储"托底"政策的强烈刺激下，从 3 月 9 日到 3 月 26 日这两周国际金融市场呈现出上下巨震的局面，但总体上依然呈现出下行态势。

黄金价格从 3 月 9 日的阶段性高点 1680.6 美元/盎司一直跌到 3

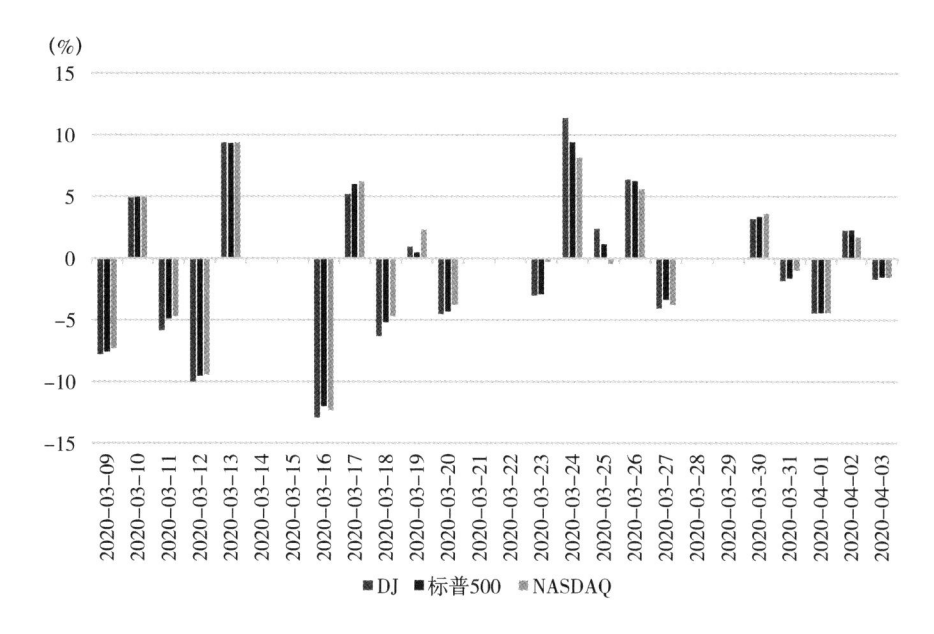

图 5　美国三大股指收盘价较前一个交易日的波动幅度

月 19 日的阶段性低点 1473 美元/盎司。美国 10 年期国债收益率从 3 月 9 日的阶段性低点 0.54% 一直上升到 3 月 18 日的阶段性高点 1.18%。

从 3 月 6 日到 3 月 19 日，国际金融市场的大类资产价格是什么样的？金融市场大类资产价格呈现出"泥沙俱下"，甚至有"飞流直下三千尺"的感觉。整个金融市场步入了流动性恐慌阶段，这个阶段没有任何工具可以对冲风险，因为你找不到可交易的对手盘。

从图 6 可以看出，黄金价格跌了 12.35%、美国 10 年期国债收益率上涨幅度达到 118.5%、ICE 布油和 ICE WTI 原油下跌幅度分别为 34.13% 和 27.14%、DJ 指数下降了 22.34%，NASDAQ 下跌了 16.62%、标普 500 下跌了 18.94%。

全球流动性紧张局面立即在美元指数上得到了充分的反映，图 7

可以看出美元指数从 3 月 9 日的阶段性低点 95.06 一直上升到 3 月 19 日的阶段性高点 102.69，上升幅度达到 8.03%。

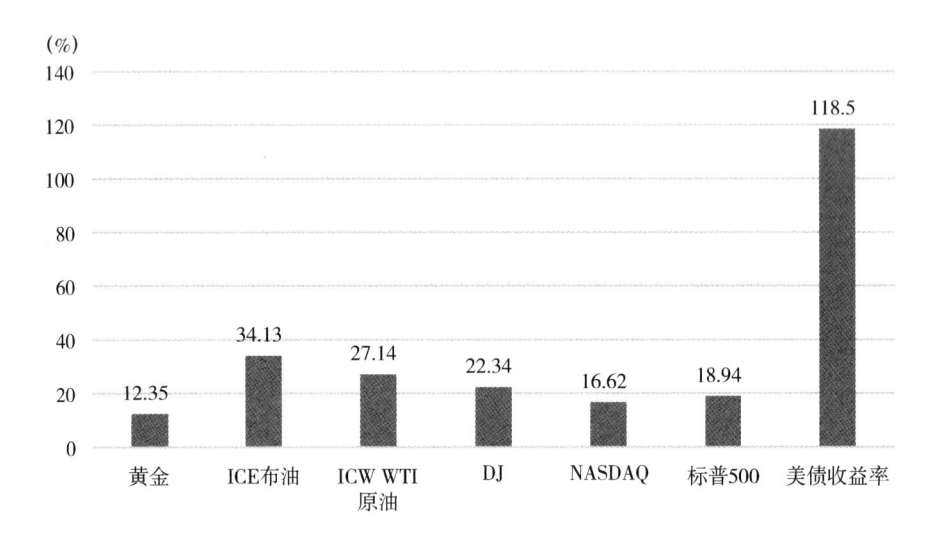

图 6　大类资产价格 3 月 6 日至 3 月 19 日下跌的程度

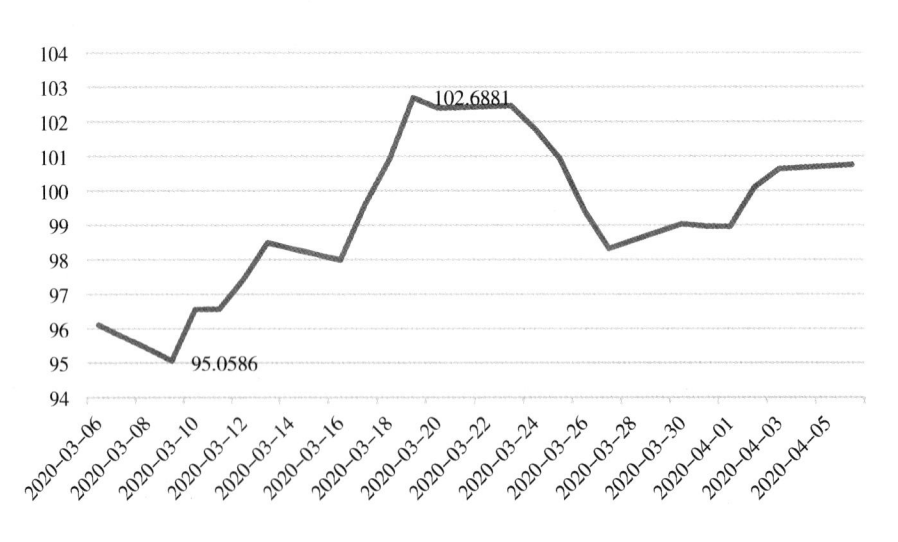

图 7　美元指数的变化（3 月 6 日至 4 月 6 日）

3月6日到3月19日前后是国际市场金融风险的高爆期,也是"泥沙俱下"时期,是典型的流动性恐慌时期。随后3月23日美联储出台了让全球投资者瞠目结舌的货币政策:零利率+无上限宽松政策。很多政策直击市场痛点,美联储的坚决做多,也带来了次日美国股市的向上"熔断"。随之而来的是美元指数开始掉头向下,一直跌到3月27日的98.31。美元指数的下跌代表了市场流动性恐慌的态势得到了难得的缓解,投资者情绪也得到了平抚。

投资者情绪得到了平抚的显著标志是:大类资产价格开始出现分化。这种分化对市场能够"正常运转"来说是唯一的检验标准:投资者可以至少在大类资产价格的变化中寻找到一定的对冲工具,来控制组合的风险。

我们看到在3月20日之后,美国10年期国债收益率在下降,黄金价格有明显的上涨,油价随着沙特阿拉伯、俄罗斯和美国三大产油国不时传来的"吵闹"有涨有跌,美国股市也出现了波动幅度大幅度下降的上涨或者下跌。

小结:3月20日至今的大类资产价格变化不再出现同一趋势,对市场来说有两个重要的含义:一是市场度过了可怕的"流动性恐慌"时期;二是投资者的心随着国际市场原油政策和疫情防控变化而不断变化,恰如行进在"资产海洋中的一条船"那样,有起有伏。

四 市场风险第四阶段:基本盘风险(Fundamental – off)

虽然年初至今 DJ、NASDAQ 和标普指数分别下跌了26.23%、17.83%和22.97%,但目前风险没有到达 Fundamental – off 的水平。大概率未来也不会有。

对未来的思考

一 关于市场美元的流动性

我们看到4月2日美元指数再次回到100，这是个不好的信号。随后美联储在前期货币互换的基础上，再次推出美债回购业务。美债回购业务对当前市场最急迫要表达的信息是：还有办法给外围市场提供流动性。美国这次对外围国家提供美元流动性也是充分考虑到各种复杂因素的，到目前为止推出的顺序是：先是选择性的货币互换协议，再来一个美债回购协议。是不是还有下一步很难说，也许其他没有美国国债的经济体那就通过IMF采取的各种应急方式来解决。

美债回购协议应该还有其他含义。除了提供流动性功能外，是不是还有这样的含义：如果你觉得持有的美国国债在市场上不好卖，可以以回购的形式卖给美国政府。如果这层含义成立，那么美债回购协议实际上可能包括了三重含义：一是提供美元流动性；二是防止大面积市场卖出国债对美国金融市场带来的冲击；三是为进一步发行更大规模或者更长期的国债计划作铺垫，因为美国政府都收，市场投资者就不用担心。

二 关于未来资产价格的波动

流动性恐慌一旦被遏制住，投资者就会冷静下来选择基本面来重新审视金融市场上的资产价格，投资者的意见就会发生分歧，这是确保金融市场能够"正常运转"的基础。投资者意见的分歧决定了市场不存在"坚决做空"带来剧烈下挫，也避免了"坚决做多"带来资产价格泡沫的风险。

图 8 给出截止到 4 月 3 日全球主要股票市场的 P/E 水平，我们可以看到除了 NASDAQ 的 P/E 还比较高以外（NASDAQ 市值占美国股市市值的 36.6%），其余的 P/E 均处在可以接受的范围，而且有些失常的 P/E 已经比较低了。像恒生指数的 P/E 只有 8.8，而 P/B 只有 0.9，价格已经跌破净资产了。

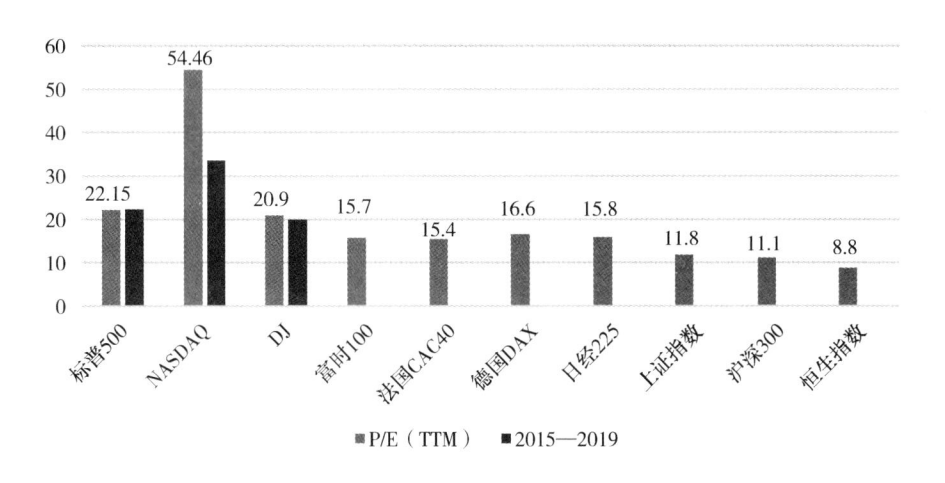

图中数据：
- 标普500：22.15
- NASDAQ：54.46
- DJ：20.9
- 富时100：15.7
- 法国CAC-40：15.4
- 德国DAX：16.6
- 日经225：15.8
- 上证指数：11.8
- 沪深300：11.1
- 恒生指数：8.8

图例：P/E（TTM）　2015—2019

图 8　全球主要股票市场的 P/E

但必须要注意：上述只是代表市场指数的平均水平，不能完全代表行业，更不能代表个股。由于疫情对不同行业和企业负面冲击的力度不同，因此，在不发生进一步恐慌性持续下跌的大势下，行业、个股的涨跌会出现"大分化"。

随着全球主要经济体疫情防控的升级和推进，这些经济体的疫情拐点或许在不久后会出现，如果真是如此，对于金融市场的稳定是重大利好。而作为这次全球金融大动荡导火线的国际原油价格这根导火线仍然没有灭。市场传来了下周有原油产油国开会的消息，也传来了特朗普又拿出他最喜欢的关税来做谈判筹码的讯息。应该不会让市场那么失望吧？毕竟美国股票市场上能源企业家数占 6.55%，市值占 5.77%，高收益债券市场上能源企业占 15%，标普 500 中能源的股息率是一骑绝尘的（目前 7.74%，是排名第二的电信业务的 149.1%），更不用说还有那么多就业岗位了。

总结

从 2 月初开始，投资者恐慌情绪开始滋生，VIX 开始上升；2 月中旬至 3 月 8 日是 Risk – off 阶段；3 月 9 日—19 日前后，流动性恐慌时期，也称金融资产价格"泥沙俱下"时期，是金融市场最困难的时期，也就是 Liquidity – off 阶段；3 月 20 日以后基本是投资者意见分歧时期，市场波动幅度大幅度下降，也是投资者受国际市场原油政策和疫情防控变化而不断变化的时期，大类资产价格涨跌分化，资产价格恰如行进在"资产海洋中的一条船"那样，处于有起有伏时期。到目前为止，市场还没有真正接触到 Fundamental – off 时期，未来大概率不会出现 Fundamental – off 时期，也就大概率不会爆发全球性的金融危机。

委内瑞拉动荡或许与石油美元体系霸权的扩张有关

4月8日

2020年3月31日,美国国务院公布了"委内瑞拉民主过渡框架事实清单",干涉委内瑞拉内政,委内瑞拉出现了动荡。

委内瑞拉是南美洲国家联盟和石油输出国组织的重要成员国。依据相关信息,委内瑞拉探明石油储量为3000亿桶左右,排名世界第一,是世界上重要的石油生产国和出口国。石油产业是委内瑞拉的经济命脉,在委内瑞拉出口收入中约占80%。

从经济角度来看,3月9日沙特阿拉伯发起的油价战,把国际市场原油推向20美元/桶的境地,导致委内瑞拉的动荡。委内瑞拉石油资源丰富,但日产量只有世界原油储量排名第二的沙特阿拉伯日产量的1/5—1/4,这和长期受制于美国和欧盟等制裁有直接关系。

委内瑞拉动荡的背后可能是美国为了维持石油美元体系霸权。众所周知,随着经济全球化带来的世界多极化发展,全球货币体系美元主导的程度在下降。

次贷危机以来,世界各国货币采取各种形式与美元"挂钩"的货币数量在过去十年间显著减少,从2008年的65个减少到2017年的40个,与欧元"挂钩"的货币数量基本保持稳定。尤其是盯住美元的汇率制度安排数量大幅度下降。在2008年全球盯住美元的汇率制度安排达到36个，而到了2017年剩下15个（表1）。这说明各国在汇率制度安排上选择了更加灵活的汇率制度安排。

表1　　世界各国货币与美元"挂钩"的货币数量　　（单位：个）

年份	2017	2016	2015	2014	2013	2012	2011	2010	2009	2008
美元化经济体	6	8	8	7	8	8	8	8	7	7
货币局制度	9	9	9	9	9	9	9	9	9	8
盯住制度	15	15	16	15	14	14	14	15	15	36
稳定化安排	5	4	6	7	8	7	12	12	11	0
浮动盯住制度	2	2	2	1	1	1	1	2	4	6
其他制度	3	2	2	4	5	5	5	5	9	8
总计	40	40	43	43	45	44	49	51	55	65

资料来源：IMF报告 *Annual Report on Exchange Arrangements and Exchange Restrictions*，经刘凯整理。

从历史上看，美元货币体系是经历了严酷的各种手段而产生的，美元货币体系是美国的核心利益，美国会想尽办法维持美元主导的国际货币体系。

按照弗里德曼和施瓦茨《美国货币史（1867—1960）》提供的资料，按照当时的官方汇率计算，1913年美国经济产出水平是英国的2.9倍，但当时全球还是英镑体系。不过，两次世界大战完成了国际货币体系的更迭。

1914年第一次世界大战爆发后，美国选择了3年的中立期。Brown在NBER出版的《对1914—1943年间国际金本位制度的再解释》（1946）一书中写道：在1914—1917年美国中立期间，参战国通过输出价值10亿美元的黄金，强制性卖出其公民的14亿美元美国债券，将本国公民持有对美国的短期贷款缩减了5亿美元，以及在美国金融市场上融资24亿美元，筹集到至少53亿美元来弥补参战的贸易逆差，来从美国购买战争需要的各种物资，而美国只收黄金和美元。大量的购买使美国经济从1915年进入了快速扩展期，交战国对军火、船舶和食品的紧急大量需求，推动了美国制造业的快速发展。因此，第一次世界大战美国完成了对全球黄金收储和美元布局的第一阶段。按照蒙代尔在《蒙代尔经济学文集》第六卷第四章的说法，战争迫使西方很多国家在1914—1924年就开始实施盯住美元本位制的货币体系。

第二次世界大战开始前，美国故技重演，把一战期间的对外策略重新排演了一遍。按照弗里德曼和施瓦茨《美国货币史（1867—1960）》提供的资料，从1939年8月开始，由于欧洲战争的预期，英国及其盟国开始在美国订购战争所需物资，黄金再次流入美国。英国向美国输出了20亿美元的黄金，动用了2.35亿美元的美元外汇余额、3.35亿美元的美国证券。与一战期间类似，后两者中的很大一部分是英国向国民征用的。英国的黄金和外汇储备由1938年的超过40亿美元快速下降到1940年9月的10亿美元左右。1941年3月《租借法案》（英国称为《互助协定》）生效，到1941年末，流入美国的黄金价值高达40亿美元。与此同时，《租借法案》生效到二战结束，美国向其盟友总共支出或贷出了约500亿美元，英国及其他国家成为美国的债务国。为了获得美国战后的贷款，英国被迫放弃帝国特惠制并向美国开放市场，更为重要的是，英国被迫解冻其在1939年9月到1945年6月期间冻结的殖民地和其他英镑区国家在战时积累起来的价值140亿美元的英镑和外汇盈余。按照经济史学家赫德森《金融帝国：美国金融霸权的来源和基础》（2008）中的研究，当时按照英国加入IMF的条款，英国不能对英镑实施贬值，英国战争中的债务得以最大化，大英帝国分崩离析。美元自然而然成为那时除黄金以外几乎是唯一的国际货币。因此，通过两次世界大战，美元毫不留情地挤走了英镑，美元成为国际货币，完成了国际货币体系的更迭。

因此，国际货币体系的形成与竞争是极其残酷的。尤其是当前疫情防控时期，美国自私自利的做法，完全没有表现出国际疫情共同防控的大国风范，这会导致全球许多经济体对美国的自私做法产生不满，带来美国在全球中的地位下降。但我们也要看到另外一面，特朗普是美国总统，是个精明的生意人。特朗普在全球地域政治上的某些收缩，并不代表美国不会扩张。受制于美国现阶段财力的约束，特朗普走的路线也许是"抓大放小"的对外政策，一方面降低美国的成本；另一方面在核心关切上选择性地扩张。

从上述角度来看，委内瑞拉动荡对世界来说不算小事。由于委内瑞拉原油储量世界第一，石油美元体系霸权或许得到了进一步的扩张，这在一定程度上会影响其他经济体货币国际化的空间。

美元货币互换：是门"艺术"也是门"生意"

4月9日

近期美联储与全球部分央行实施了美元互换协议，以满足部分经济体央行对美元流动性的需求。美联储与其他央行的美元互换协议本质是依靠美元信用提供全球美元流动性，防止出现美元流动性危机，同时反过来有助于维护美元指数的稳定性。

历史上，美元与黄金挂钩存在著名的"特里芬难题"。1968年出现了美元挤兑黄金的危机，而当时其他国家的货币又不具备作为国际储备货币的条件，在1969年IMF创设了特别提款权（SDR）来补充全球美元的流动性，初始价值被设为1单位SDR兑1美元。SDR相当于一种账面资产，俗称"纸黄金"，也可以拿来按照目前的市场汇率作为美元流动性的补充。但SDR解决不了美元与黄金挤兑的困境，1971年美国总统尼克松干脆宣布关闭美元黄金窗口。全球货币体系从物本位走向了美元信用本位。美元信用本位基本解决了著名的"特里芬难题"：不再存在美元流动性与美元清偿性之间的两难。从此，美元走上了一条靠美元信用来维持美元主导的国际货币体系的路径。

SDR发展至今，意义不大。首先虽然说是几种货币组成，但实际上是以美元计价（2020年4月8日是1美元＝0.734267SDR）；其次是SDR规模不大。按照IMF在3月24日提供的数据，SDR至今向成员国分配了 2042 亿特别提款权（约合 2810 亿美元），其中包括 2009 年全球金融危机后分配的 1826 亿特别提款权。

在 2020 年 3 月出现的全球美元流动性紧张的过程中，与 2009 年不同，至今并没有提到用 SDR 分配的形式来提供流动性，而是美联储直接采取美元互换协议和美债回购协议的形式来提供流动性。

美元互换协议是怎么实施的呢？美元流动性互换额度是根据《联邦储备法》第 14 条的授权，按照联邦公开市场委员会（FOMC）制定的授权政策和程序设立的，由纽约联邦储备银行负责操作管理。从现有的操作来看，我们认为美元互换协议是一门"艺术"，也是一门"生意"。

"艺术"的地方体现在三点：（1）本着公开自愿的原则，谁都可以来换，但需要美联储和其他央行来协商决定是不是互换，以及换多少；（2）互换是为其他经济体提供美元流动性，但也是反过来有助于美元指数的稳定；（3）至今没有提及 SDR。

"生意"的地方体现在三点：（1）美联储不承担汇率风险，这是由互换的过程决定的。当外国中央银行向美联储提取美元流动性互换额度时，外国中央银行按现行市场汇率向美联储出售一定数量的货币以换取美元。同时美联储和外国中央银行就第二笔交易达成协议，要求外国中央银行在指定的未来日期（互换期限）以交易最初阶段所用的相同汇率回购其货币。交易的两个环节以相同的汇率进行，外币金额的账面记录值不受市场汇率变化的影响。因此，美联储不承担汇率风险。（2）其他经济体的央行换回来的美元是要在协议期限内支付利率的。换言之，用美联储的钱是要给费用的，而且费用有差异。（3）美联储也不承担美元货币换出去使用过程中发生的信用风险。外国中央银行将通过互换额度获得的美元借给其管辖范围内的机构，根据协议条款外国中央银行有义务将美元返还给美联储。美联储不是外国中央银行向存款机构发放贷款的交易对手，外国中央银行自己独立承担向其管辖范围内的机构发放贷款的相关信用风险。

美元货币互换从2007年开始，已经成为美联储提供美元国际流动性的一种重要的补充方式。比如，美联储FOMC授权在2007年12月12日至2008年10月29日期间，与14家外国央行达成临时美元流动性互换安排，协议于2010年2月1日到期，所有交易均按照互换安排的条款执行。2010年5月，为应对国外短期美元融资市场再度出现紧张局面，FOMC重新授权与五家外国央行的美元流动性互换额度，直至2011年1月。自2010年5月起，这些授权已多次延长。2011年11月30日，FOMC批准了美联储与加拿大银行、英格兰银行、日本银行、欧洲中央银行和瑞士国家银行之间的外币互换安排。此外，这些央行近期还和美联储相互建立了双边互换安排。这些互换额度被授权作为应急措施以便在市场条件允许的情况下，中央银行能够以外币提供流动性，等等。这种互换协议形式有两种：长期有效的互换协议和临时安排的互换协议。

从最近的实际数据来看，正常情况下其他经济体美元互换未偿还头寸的规模不大。2020年3月初到3月18日，其他经济体央行美元未偿还的互换头寸数量每天平均只有5000万美元，12—18日每天未偿还的美元互换头寸更是只有4500万美元。但从3月18日的4500万美元暴涨到3月19日的1624.85亿美元，并在4月2日达到近期高点的3958.59亿美元，也就是接近4000亿美元的水平（图1）。主要原因是，3月19日是全球大类资产价格大幅度下挫后的阶段性底部，充分显示出全球对美元流动性的需求骤然上升。随着额度的扩大，全球资产价格和外汇市场的波动幅度也显著下降。因此，美元互换对于遏制全球美元流动性恐慌起到了重要的作用。从互换额度来看，目前这一数额已经远超 SDR 创造至今的分配规模。

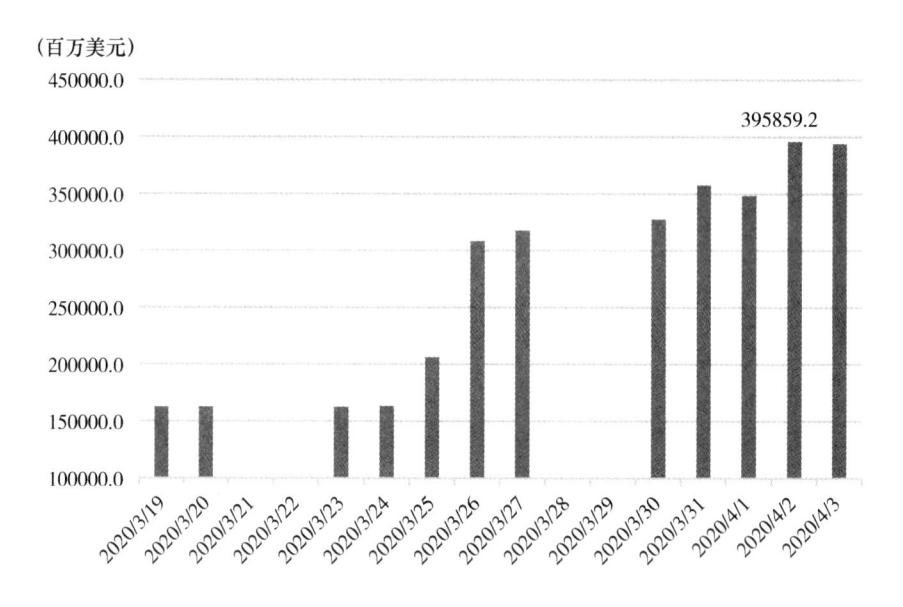

图 1　美元未偿还在外的互换头寸（截至 4 月 3 日）

资料来源：美联储，U. S. Dollar Liquidity Swap – Amounts Outstanding。

从参与美元互换的经济体来看，目前全球 10 家央行与美联储有美元互换。规模最大的是日本央行，占全球目前未偿还美元互换头寸的 46.57%；其次是欧洲央行，占比为 35.43%；第三是英国央行，占比为 9.34%；剩下的其他几个经济体的占比都不高（图 2）。而欧元、日元和英镑是美元指数组成中最大的三个货币，占比分别为 57.6%、13.6% 和 11.9%，总计达到了 83.1%。另外加拿大元、瑞典克朗和瑞士法郎分别占 9.1%、4.2% 和 3.6%。因此，在美元指数构成中的 86.7% 的货币参与了美元货币互换，这对于美元指数的稳定具有重要作用。韩国和墨西哥属于美国主导的自贸区的成员，新加坡是国际货币中心之一。因此，这种特殊时期的美元货币互换相当于全球最主要的货币都来维护美元信用的稳定性。

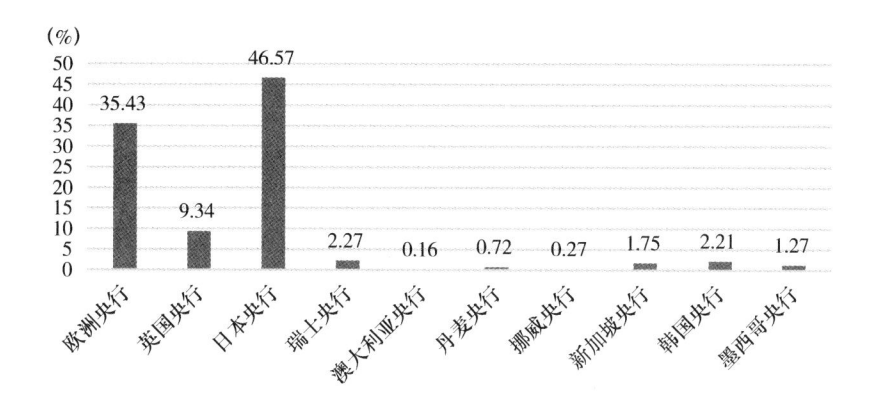

图2 其他央行美元互换未偿还头寸所占比例（截至4月3日）

资料来源：The New York Fed, Central Bank Liquidity Swap Operations。

欧洲央行 35.43；英国央行 9.34；日本央行 46.57；瑞士央行 2.27；澳大利亚央行 0.16；丹麦央行 0.72；挪威央行 0.27；新加坡央行 1.75；韩国央行 2.21；墨西哥央行 1.27。

从货币互换的期限来看，这些经济体的央行选择最多的是目前已有的最长期限的84天，占比达到54.05%；其次是7天的期限，占比为44.94%（图3）。尤其是期限84天的占比高达50%以上，说明这些央行对美元流动紧张局面给出了近3个月长度的预期。

从货币互换的成本来说，体现了两个特点。首先是利率动态调整差别很大。比如欧洲央行在3月5日和3月12日两笔5800万美元和4500万美元的互换利率高达1.58%和1.24%，而到了4月6日安排的1.65亿美元的互换利率只有0.32%。因为在3月23日美联储把联邦基金利率降到了0—0.25%区间，随即美元互换利率也大幅度下降。其次是不同经济体央行的美元互换承受的利率成本差异较大，美元指数构成中的货币互换的成本要低很多。比如新加坡4月1日安排的

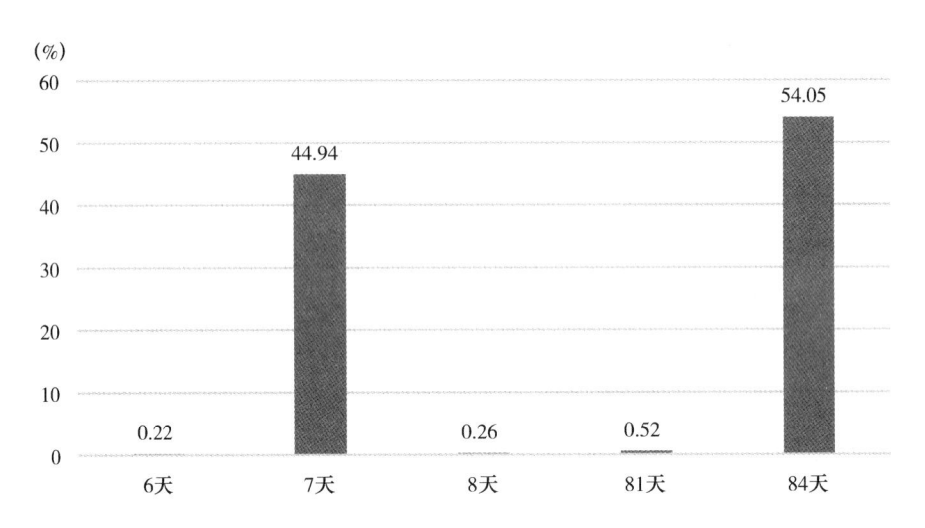

图 3　其他央行美元互换未偿还头寸不同期限所占的比例

资料来源：The New York Fed, Central Bank Liquidity Swap Operations。

21.75 亿美元的 84 天的互换利率为 1.0854%，墨西哥 4 月 3 日安排的 50 亿美元的 84 天的互换利率为 0.9056%，韩国 4 月 2 日安排的 79.20 亿美元的 84 天的互换利率为 0.9080%；而同一时期欧洲央行、英国、日本、瑞士的美元互换 84 天期限的互换利率为 0.32%。可见，美元货币互换的成本是因国家而异的。

简单总结

我们认为，美元互换是门"艺术"，也是一门"生意"。美元互换依靠的是美元信用。美元互换并不是美元的长期流出，而是按照协议期限要归还美联储的，体现了美元体系收缩的弹性。简单点说，美元互换就是美元的全球流动性"应急"，但"应急"也有点选择性应急的味道，最终需要美联储同意。同时，其他经济体拿到换回的美元成本是"差异化"的。

如果要用一句话来表达美元互换是门"艺术"也是门"生意"，这句话就是：美元互换协议美国靠的是美元信用，但也要考虑你的信用，不是"免费的午餐"。

这届美联储变了

4月10日

4月9日,美联储公布了"Federal Reserve takes additional actions to provide up to ＄2.3 trillion in loans to support the economy",美联储再次抛出了2.3万亿美元的经济刺激计划。这两个月,美联储的政策真是迅猛,这届美联储变了。

我们简要回顾一下3月中旬以来美联储的政策。3月17—18日,美联储启动了商业票据融资便利机制(CPFF)和一级交易商信贷机制(PDCF),同时启动了"货币市场共同基金流动性便利"(MMLF)机制。3月23日,美联储直接宣布"几乎零利率＋无上限宽松"的政策组合,承诺为美国金融市场提供所需要的所有流动性。

3月27日,特朗普签署了2万亿美元的经济刺激法案,包括向美国居民派现3010亿美元、失业金2500亿美元、企业税收优惠2210亿美元、企业贷款4540亿美元、各州区援助1500亿美元、航空行业援助320亿美元、医疗补助1170亿美元等。

在2万亿美元经济刺激计划开始实施后差不多两周的时间,昨天美联储按照美国国会授权范围内的权限又出台了2.3万亿美元的经济刺激计划。考虑到3月23日公布的购买5000亿美元的国债和2000亿美元的支持债券的计划,截至目前,美国总共出台了大约5万亿美元的各种经济金融计划,占2019年美国名义GDP的大约23%。

2.3万亿美元包括哪些主要的部分？按照美联储网站公布的信息，包括了7个具体的计划。

计划1：定期资产支持证券贷款便利（Term Asset–Backed Securities Loan Facility）：通过促进资产支持证券（ABS）的发行和改善的ABS市场条件帮助满足消费者和企业的信贷需求。纽约联邦储备银行承诺在追索的基础上向特殊目的机构（SPV）提供贷款。财政部对特殊目的公司进行100亿美元的股权投资。SPV最初将提供高达1000亿美元的贷款，贷款的期限为3年。对借款人无追索权，由合格的资产支持证券公司完全担保。

计划2：一级市场公司信贷安排（Primary Market Corporate Credit Facility）。为作为合格发行人发行的公司债务提供融资支持。储备银行将由特殊目的公司的所有资产担保，财政部对特殊目的公司进行750亿美元的股权投资以支持该融资和二级市场公司信贷融资（SMCCF）。股权的初始分配为500亿美元用于该SPV，250亿美元用于SMCCF。该计划的总规模将高达7500亿美元。

计划3：二级市场公司信贷安排（Secondary Market Corporate Credit Facility）。纽约联邦储备银行在追索权的基础上向特殊目的机构贷款，该机构将购买合格发行人发行的二级市场公司债券。财政部对特殊目的公司进行750亿美元的股权投资，以支持该融资和一级市场公司信贷融资（PMCCF）。股权的初始分配是500亿美元用于PMCCF，250亿美元用于SPV。预计总规模将高达7500亿美元。

计划4：市政流动性贷款（Municipal Liquidity Facility）。支持向美国各州、哥伦比亚特区、人口超过100万的美国城市以及人口超过200万的美国县提供贷款。储备银行将由特殊目的公司的所有资产担保，财政部向对与该笔贷款有关的特殊目的公司进行350亿美元的初始股权投资。特殊目的公司将有能力购买高达 5000 亿美元的合格票据。

计划 5：工资保障计划贷款便利条款清单（Paycheck Protection Program Lending Facility Term Sheet）。促进符合条件的借款人根据《冠状病毒援助、救济》的工资保障计划向小型企业贷款。暂时无具体数额。

计划 6：主要街道新贷款便利（Main Street New Loan Facility）。促进合格贷款人向中小企业贷款。联邦储备银行承诺在追索权的基础上向单一公共特殊目的机构提供贷款，财政部对单一共同特殊目的公司进行 750 亿美元的股权投资，该措施和小型企业自救基金的总规模将高达 6000 亿美元。

计划 7：主要街道扩展贷款便利（Main Street Expanded Loan Facility）。促进合格贷款人向中小企业贷款。联邦储备银行承诺在追索权的基础上向单一公共特殊目的机构提供贷款，财政部将对与该基金和主要街道新贷款便利有关的单一共同特殊目的公司进行 750 亿美元的股权投资。该机构和主要街道新贷款便利的总规模将高达 6000 亿美元。

简单总结一下：计划 1 主要是继续刺激消费；计划 2—3 主要是刺激企业发债；计划 4 主要是给各州提供流动性；计划 5—7 主要是方便给中小企业贷款。可以预计：美国公司债券市场将迅速扩张；对中小企业的高度重视将有助于缓解失业的压力。

除了忙美国国内的事情以外，美联储在国际上也没闲着。在提供国际流动性方面，美联储从今年 2 月份开始了与多个国家的货币互换，目前全球未偿还的货币互换头寸约 4000 亿美元。但要注意，美联储的货币互换是门"艺术"，也是门"生意"。

3月31日，美联储出台了FIMA回购便利（FIMA Repo Facility），其他经济体可以用持有的美国国债做抵押品，以超额存款准备金利率（IOER）加上25个基点的利率水平（即大约0.35%的利率成本）向美联储借入美元。即使如此，全球又有多少人能够持有美国国债呢？持有大量美国国债的投资者本身也不太缺美元。就像我们在几天前的研究所说，美债回购协议实际上可能包括了三重含义：一是提供美元流动性；二是防止大面积市场卖出国债对美国金融市场带来的冲击；三是为进一步发行更大规模或者更长期的国债计划作铺垫，因为美国政府都收，市场投资者就不用担心。

即使如此，一些新兴市场美元流动性并没有得到较好的缓解。按照国际金融研究所的一项研究估计，仅在3月份就有830亿美元从新兴市场撤出。

因此，全球美元流动性整体上呈现出对美国来说的"内松外紧"的局面，美联储使劲往美国市场上灌美元，外围很多经济体依然缺少美元流动性。最直接的证据就是美元指数依然处在100的高点附近（截至今天上午在99.5左右），这对于其他经济体来说，不是个好消息：一方面还会存在资本流出的压力；另一方面美元债务的价值得不到稀释。在上述状态下，迅猛的美联储将给新兴经济体的外汇市场带来相当长时间的波动风险。

美联储作为央行，已经不是传统意义上的央行了。美联储接受企业债券抵押意味着美联储扮演了商业银行的角色；用财政注资SPV多倍杠杆放大信贷意味着美联储兼具财政和商业银行的功能；当然在美元主导的国际货币体系下，美联储还扮演了选择性提供国际流动性的功能。

这届美联储变了，变得和以前不一样了。

"稳外贸"要高度重视发达经济体的市场

4月11日

习近平总书记4月8日在中央政治局会议上强调:"坚持在常态化疫情防控中加快推进生产生活秩序全面恢复。"中国经济迎来了加快推进、恢复生产生活秩序的时期。

对外贸易是中国经济发展战略的重要组成部分。中国未来"稳外贸"要高度重视发达经济体的市场。这基于以下两个预判:第一,在整体水平上(除中国以外),发达经济体将在疫情防控中领先发展中经济体。换言之,发达经济体很可能在疫情防控后率先进入经济的恢复期,尽管需求还不够旺盛,但仍然是中国商品的重要出口地。第二,由于疫情防控需要消耗大量的人力、财力和物力,全球不少低收入和发展中国家将进入国家或者主权债务上升期,这将使得这些国家经济恢复面临很大的债务压力;同时,外汇市场的动荡将在一定程度上消耗某些发展中经济体经济政策的效果。因此,整体上这些国家的需求将进入一个较为长期的疲软状态。

一 发达经济体的疫情暴发和疫情防控能力

按照目前的数据,我们看到发达经济体的疫情暴发是最猛烈的。美国、西班牙、意大利、法国、德国、英国等新冠疫情人数都排在全球前列。疫情迅猛地暴发出来也意味着防控措施的快速升级，这些发达的经济体拥有世界上最好的医疗技术和医疗资源，只要严格采取有效措施，随着时间的推移，疫情拐点会逐步到来。疫情防控的基础是医疗技术和医疗资源，依据IMF截止到4月3日全球193个经济体都采取了不同程度的疫情防控样本中，除了中国以外，我们看到发达经济体的疫情控制水平将领先于发展中经济体的疫情控制水平，因此，发达经济体很可能将在疫情防控后率先进入经济的恢复期。

依据WTO Secretariat的数据，2019年全球医用物品的进口额为1.011万亿美元，其中美国进口了1931亿美元，占全球医用物资进口总额的19.09%，美国相当于进口全球医疗物资的1/5。德国、中国、比利时和荷兰分别列2—5位（图1）。

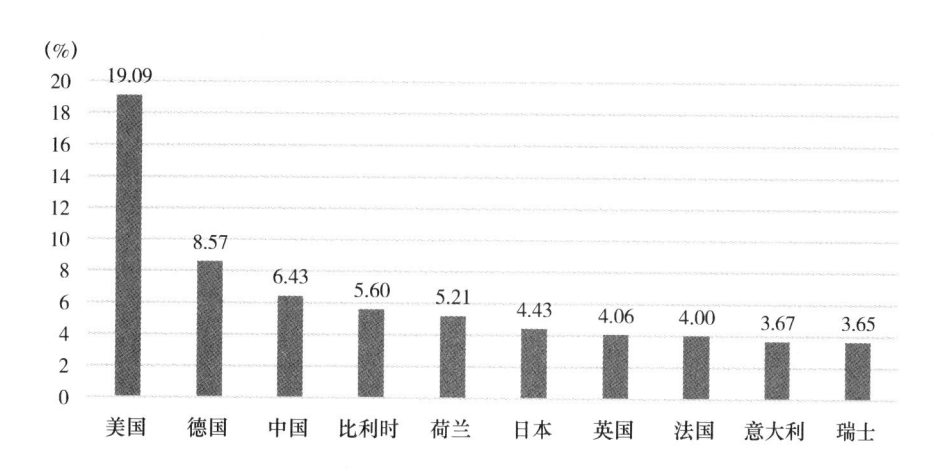

图1　2019年全球十大医用物品进口国占全球医用物品进口的比例

进一步按照WTO关于新冠疫情防控四类产品：药品、医疗用品、医疗设备和技术、个人防护用品的进口情况来看，按照WTO Secretariat的数据，药品是进口比例最大的，平均比例高达61.2%；其次是医疗用品，平均比例为 15.3%；医疗设备占 13.1%，个人防护用品比例最低，只有 10.1%（图2）。因此，随着疫情的暴发，这些发达经济体紧缺的将是个人防护用品和医疗设备，目前可用的药品也许并不缺少。

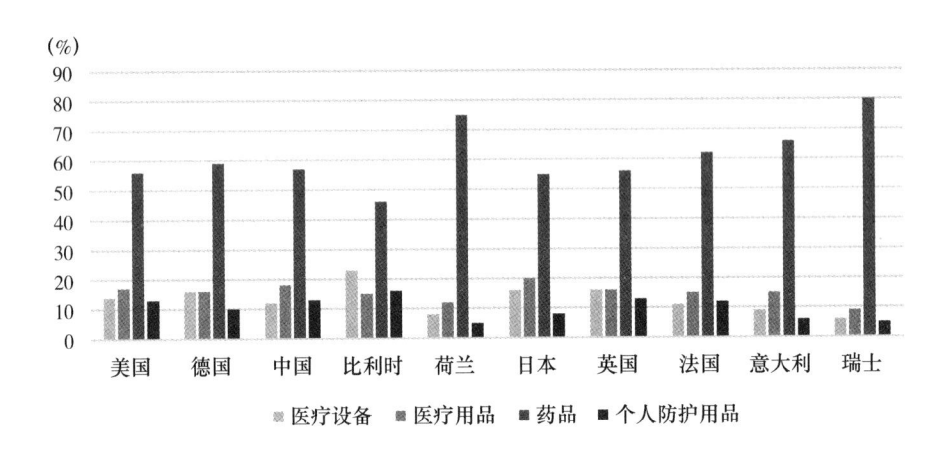

图 2　四类医疗产品占各自医疗进口总额的比例

注：（1）药品：包括剂量学药品和散装药品；（2）医疗用品：指医院和实验室使用的消耗品（如酒精、注射器、纱布、试剂等）；（3）医疗设备和技术：个人防护产品－洗手液和消毒剂、口罩、防护眼镜；（4）个人防护用品：洗手液和消毒剂、口罩、防护眼镜。

从全球三大医疗用品进口国来看，其进口的来源也比较集中（表1）。从美国来说，前五大进口来源地占据了美国医疗用品进口的52%，德国和中国的这一比例分别为54%和59%。尤其是中国从德国和美国进口的比例高达39%，再加上日本，中国医疗用品进口的49%来自美国、德国和日本。从2018年开始，美国成为中国最大的医疗进口来源地。应该说，中国在国内推行的中西药综合疗法，减少了相应的西药物资进口，也平抑了这类物品的国际市场价格，从而减少了对世界医疗物资的消耗，也为世界疫情防控做出了重大贡献。

表1 全球前三大医疗用品进口国前五大来源地所占比例（2017—2019年）

（单位:%）

	来源地				
美国	冰岛（17）	德国（12）	瑞士（9）	中国（8）	墨西哥（6）
德国	荷兰（16）	美国（14）	瑞士（12）	冰岛（6）	比利时（6）
中国	德国（20）	美国（19）	日本（10）	法国（6）	意大利（4）

从出口来看，2019年全球医用物品的出口额为9958亿美元，其中德国医用物品处于第一位，占比为13.68%；美国紧随其后，占比为11.71%；瑞士、荷兰和比利时分列3—5位，占比分别为9.03%、7.34%和6.61%（图3）。可见，整体水平上发达经济体同时也是世界上医疗物资生产水平最高的经济体。

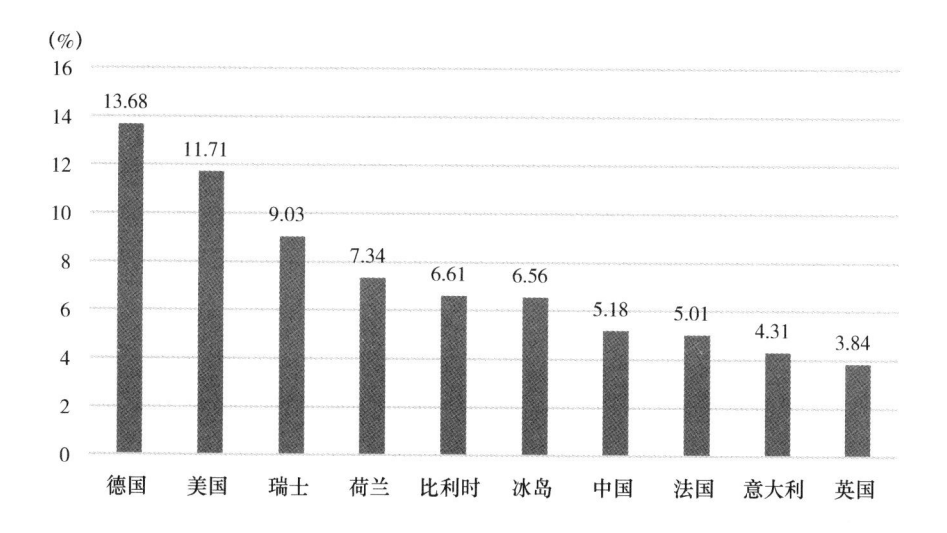

图3 2019年全球十大医用物品出口国占全球医用物品出口的比例

进一步从近期全球紧缺的个人防护用品来看，中国具有明显的优势。2017—2019 年中国在这类医疗产品的出口市场上占据了 17.2% 的份额，德国和美国的比例是第二位和第三位，分别为 12.7% 和 10.2%。2017—2019 年期间，包括口罩、洗手液、消毒剂和防护眼镜在内的防护产品出口总额平均为 1350 亿美元。这三个出口国占世界个人防护用品出口的 40% 以上。因此，中国在这类医疗用品上的出口将极大地有助于全球的疫情防控。

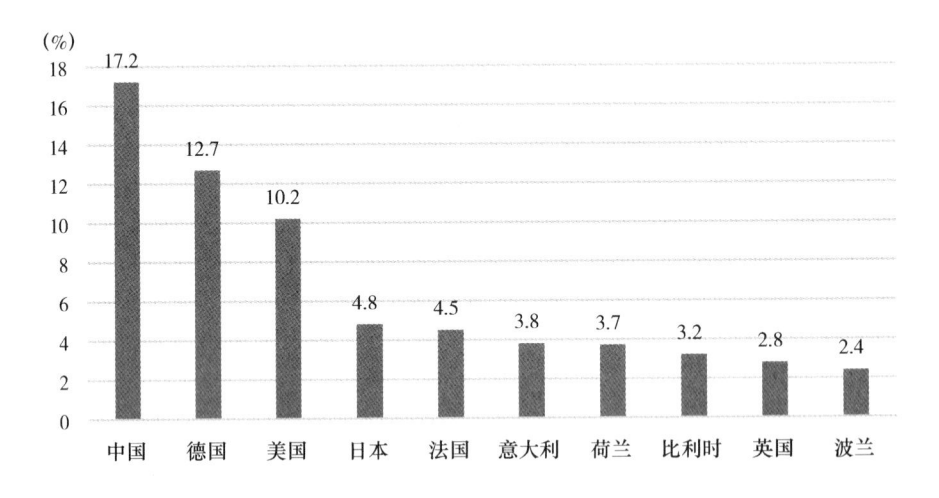

图 4　个人防护用品世界前十大出口国占的比例（2017—2019 年）

资料来源：WTO Secretariat, Trade in Medical Goods in The Context of Tackling Covid – 19, 3 April 2020。

二　低收入和中等收入经济体将面临主权债务的上升周期

按照 IMF 提供的信息，IMF 目前已经收到 189 个成员国中 80 多个成员国的财政支持请求，其中一些成员国已经遭遇债务危机。尽管美国国会最近批准的 IMF 新借贷安排暂时缓解了这种担忧，不过难以判断这些安排是否足以满足快速增长的资金需求。在 IMF 现有的政策框架下，借贷方案的设计和基金的财政支持水平都必须考虑一个成员国的外债是否可持续。如果债务被认定是可持续的，IMF可以支持该计划，使借款的政府能够继续全额和按时偿还外债。但是如果IMF认定该成员国的债务是不可持续的，会要求该成员国的政府启动足够深度的债务重组以恢复债务偿还的可持续性，这是IMF实施借贷计划的一个条件。可见，在被IMF认定财务不可持续的背景下，接受IMF贷款安排需要相应的一揽子改革方案，这其实是一个相对需要时间的过程。对这些债务被认定为不可持续的经济体来说，疫情控制和经济恢复的难度可想而知。

按照IMF年初的预测，2020年中低收入国家的公共债务总额平均将达到其GDP的55.7%，但新冠疫情的暴发，可能大大提高这一比例。新冠疫情防控变得艰难：各国面临着巨大的医疗成本；全球经济衰退导致税收、非税收入和出口收入急剧下降，按照OECD最近的研究（OECD updates G20 summit on outlook for global economy, 27/3/2020），由于疫情防控全球最主要的经济体GDP都将面临大约20%—30%的短期下滑；资本外流和债务市场可能会导致各国政府无法为到期债务再融资。与此同时，在投资者纷纷避险的背景下，这些国家的融资需求剧烈增加。依据国际金融研究所估计，仅在今年3月份就有830亿美元从新兴市场撤出，这进一步加剧了这些经济体的融资困难。3月27日国际货币基金组织宣布，面对这一流行病，新兴市场和发展中国家的总体金融需求约为2.5万亿美元，同时强调这一估计可能处于较低水平。显然，这些经济体自身的储备和国内资源不足以完成新冠疫情防控的任务（表2）。

表2　　低收入和中等收入国家的外部债务（2018年）　　（单位：十亿美元）

分类	低收入国家	中等收入国家	总计
IMF信贷	8.8	142.2	151
长期债务	132.4	5386.8	5519.2
#公共担保的债务	118.1	2815.8	2933.9
短期债务	9.1	2139.8	2148.9
总计	268.4	10484.6	10753
外部债务/出口	n.a.	100.4	100.8
储备/外部债务	n.a.	74.3	73.4

资料来源：转载自 Anna Gelpern, Sean Hagan and Adnan Mazarei,"Debt standstills can help vulnerable governments manage the COVID-19 crisis", Peterson institute of International Economics, April 7, 2020。

小结：从疫情暴发情况来看，发达经济体目前的疫情是最严重的，但医疗技术和医疗物资也是相对最充分的。整体上发达经济体有很大可能性在疫情防控后率先进入经济的恢复期。由于欧美市场是中国贸易顺差来源的关键，同时由于低收入和中等收入经济体将进入主权债务上升周期，需求会进一步下降。因此，发达经济体的市场仍然是中国对外贸易要重点考虑的外部市场。

在"一带一路"的总体框架下，中国未来"稳外贸"将呈现出三大支撑点：发达经济体市场、亚洲区域经济合作市场以及除了上述两个市场外包含在"一带一路"建设中的其他经济体市场。

"加码"与"细化"的背后是"两手抓"[*]

4月12日

在 IMF Policy Tracker 4月10日最新统计的基础上,我们进一步跟踪了全球170多个经济体的财政、货币与宏观金融政策、汇率与经常账户政策,通过对全球应对新冠疫情大冲击和金融大动荡的宏观政策图谱解析,我们可以看到,除了基里巴斯、厄立特里亚等极少数经济体外,随着疫情的进一步发展,各个经济体接着出台的宏观政策总体上呈现出明显的"加码"与"细化"的特征,也具有疫情防控和促生产"两手抓"的特征。

一 宏观政策"加码"

我们可以看到,很多经济体的财政政策"加码"的力度很大。随着疫情的蔓延,尤其是发达经济体的财政政策力度提高了许多。比如,美国、瑞典、沙特阿拉伯、中国香港地区和澳门地区等财政支出的力度已经接近甚至超过了 GDP 的 10%;以色列议会批准了约占 GDP 6.1% 的疫情防控和经济刺激计划,比第一阶段的 GDP 的 1.1% 大幅度增加,还有挪威,等等。

---

[*] 附全球177个经济体的宏观政策简表。

新兴经济体财政政策力度也迅猛增加，比如巴西，财政支出力度达到了 GDP 的 6.5%；危地马拉国会批准了三项财政计划，总计约占 GDP 的 3.2%（原来占 GDP 的 0.3%）。阿塞拜疆宣布对受影响的企业提供 25 亿南非兰特（占国内生产总值的 3%）的支持，等等。

二 专门成立疫情防控基金

发达经济体就不用说了，即使是一些不发达的经济体也专门成立了疫情防控基金。比如，埃塞俄比亚 4 月 3 日宣布了一项 COVID-19 多部门防备和应对计划，该计划将在未来三个月内实施，需要 16.4 亿美元的资金（约占其国内生产总值的 1.6%）；冈比亚 2020 年 4 月 2 日从世界银行收到一笔 1000 万美元的赠款，专门用于 COVID-19 应对和准备项目；东帝汶从石油基金中转移 1.5 亿美元用于建立一个专门基金，即 COVID-19 特别基金，用于预防和防治该流行病的相关开支，等等。

三 财政政策稳定民生

减税成为各个经济体的常态。大的有钱的经济体就不用说了，一些小的经济体，如阿鲁巴也为因新冠肺炎疫情暴发而失业的员工提供救济计划（占 GDP 的 5%）；一些受到石油价格冲击的经济体也在想方设法稳定民生。比如，阿尔及利亚宣布打算将当前支出降低 30%（占 GDP 的 8%，即 150 亿美元），同时保持工资不变，并保护医疗和教育支出。黑山 4 月 9 日宣布了一揽子措施，包括在 4 月和 5 月对因疫情大流行而关闭部门的雇员、因照顾 11 岁以下儿童而无法工作的雇员或必须自我隔离和隔离的人给予最低工资 70% 的补贴；对因疫情大流行相关封锁而处于风险行业的员工给予最低工资 50% 的补贴，如果中小企业新就业工人登记失业，政府还将补贴他们 6 个月最低工资总额的 70%，等等。

四 政府信用担保促进企业信贷

政府担保促进企业信贷几乎成为这一阶段全球宏观政策的新特点。比如，法国新预算法预计将在 4 月 13 日至 17 日的一周内出台增加了现有的 3120 亿欧元（接近 GDP 的 14%）的银行贷款担保和信贷再保险计划；佛得角对所有中小型企业（270 万欧元）和所有行业的微型企业（约 670 万欧元）提供 100% 的贷款担保；等等。

五 金融市场"管制加强"

我们看到全球经济体对外汇市场管制的数量比第一阶段增加了。同时更严厉的管制还可能出现，比如意大利交易所呼吁对所有股票实施 3 个月的卖空限制，等等。

六 货币政策"加码"进一步放松

很多经济体进一步下降了政策性利率，全球货币政策进一步放松。不少政府还出台政策限制银行催收短期贷款的行为，同时出台了延期收取的政策，甚至包括居民房贷。在货币政策宽松具有一般性的同时,也带有一定的定向性:侧重于中小企业。大多这类货币政策与财政政策有密切的合作,财政提供一定的担保。

总体上,这一阶段的全球宏观政策呈现出"加码"和"细化"的特征,也呈现出"两手抓"的特征:一手抓防控疫情,一手抓生产。

附表　　　　IMF Policy Tracker 简表(截至 4 月 10 日)

国家	财政政策	货币与宏观金融政策	汇率与经常账户政策
阿富汗 (4月8日)	截至目前,政府已在预算中拨款 19 亿南非法郎(占其国内生产总值的 0.1%),用于紧急卫生需要。预计到 2020 年年底,医疗支出将增长 57%(占国内生产总值的 0.55%)	金融稳定委员会定期开会,评估金融和货币稳定面临的风险。DAB 已加强对银行的监察,并表示愿意根据需要提供流动资金	DAB 确保不间断的服务,并鼓励远程交易服务
阿尔巴尼亚 (4月9日)	3 月 19 日,政府宣布了 230 亿斯里兰卡克朗(占国内生产总值的 1.4%)的一揽子支持措施	3 月 25 日,阿尔巴尼亚银行将每周回购利率下调 50 个基点,至历史最低水平 0.5%。央行随时准备提供无限量的流动性	浮动汇率。央行只干预预先宣布的购买,以增加储备或缓和过度和破坏性的短期波动
阿尔及利亚 (4月9日)	为了应对油价冲击,当局宣布打算将当前支出降低 30%(占国内生产总值的 8%,即 150 亿美元),同时保持工资不变,并保护医疗和教育支出	3 月 15 日,阿尔及利亚央行将存款准备金率由 10% 下调至 8%,主要政策利率由 25 个基点下调至 3.25%。4 月 6 日,阿尔及利亚银行宣布将放宽银行的偿付能力、流动性和不良贷款比例	当局宣布了几项措施,将进口额削减至少 100 亿美元(占其国内生产总值的 6%)。当局禁止出口几种产品,包括食品、医疗和卫生用品

续表

国家	财政政策	货币与宏观金融政策	汇率与经常账户政策
安哥拉（4月9日）	政府向国民议会提交了一揽子收支措施估计为4000万美元。人道主义援助和捐款免税。对选定的进口货物延迟纳税	2020年3月27日，央行决定维持政策利率不变，但将7天的永久性流动性吸收机制利率从10%下调至7%。向银行提供相当于国内生产总值的0.5%的流动性支持，并设立1.86亿美元的流动性额度，用于向非金融公司购买政府债券	允许汇率自由出清
阿根廷（4月8日）	采取一揽子措施。初步估计约占国内生产总值的1.2%	鼓励银行放贷。包括：降低准备金率、放松银行持有中央银行票据的规定、暂时放宽银行拨备需要和银行贷款分类规则（即归类为不良）	制定了一套广泛的CFM，限制金融账户交易以及一些经常账户交易。CFM帮助限制了资金流出。自3月初以来对美元汇率已贬值约4%，远低于其他地区
亚美尼亚（4月9日）	通过向选定企业提供共同融资和再融资的政府资助贷款和提供短期支持的方案，向企业提供流动资金；向保留员工和维持工资的微型企业和中小企业提供直接劳动补贴；向在新冠肺炎暴发后失业的弱势个人一次性转移；向创新型公司提供战略支持	央行3月17日将政策利率下调25个基点，至5.25%。银行间市场一直很活跃，央行迄今为止很容易满足流动性需求	2月底以来，允许汇率灵活调整，对美元已贬值约3%。未采取国际收支和资本管制措施

续表

国家	财政政策	货币与宏观金融政策	汇率与经常账户政策
阿鲁巴 (4月9日)	3月26日，议会通过了包括与医疗保健部门相关的更高支出（占国内生产总值的6%）和三个支持计划：为因病毒暴发而失业的员工提供救济计划（占国内生产总值的5%）；支持社会保障的计划（占国内生产总值的4%）	3月17日，央行下调商业银行存款准备金率，由12%下调至11%；最低资本充足率由16%下调至14%；审慎流动性比率由18%下调至15%。最高允许贷存比从80%提高到85%	3月17日宣布将不再颁发任何新的外汇许可证，涉及资本流出交易采取进一步措施，以保持盯住汇率制度
澳大利亚 (4月9日)	出台了三项经济刺激计划，到2023—2024财年，支出和收入总额为1940亿澳元（占其国内生产总值的9.7%），其中大部分计划在2019—2020财年和2020—2021财年执行	政策利率于3月3日和19日两次下调25个基点，至0.25%。支持银行流动性。并与美联储建立互换额度600亿美元的美元流动性。通过在二级市场购买政府债券，3年期政府债券的收益率目标为0.25%左右	自由浮动
奥地利 (4月9日)	财政一揽子计划总计380亿欧元（约占国内生产总值的9%）	欧洲央行的宽松政策。3月18日，维也纳证券交易所禁止卖空一个月	ECB区，不需要
阿塞拜疆 (4月7日)	当局增加了公共卫生方面的开支（830万挪威克朗），并设立了一个基金（2000万挪威克朗）。宣布对受影响的企业提供25亿南非兰特（占国内生产总值的3%）的支持。向COVID-19基金提供了500万美元	3月19日，CBA将再融资利率维持在7.25%不变，但将利率通道（在事实上的下限系统内）的下限提高了125个基点至6.34%。将一揽子存款担保延长至2020年12月4日	CBA在国家石油基金的参与下进行定期和特别的外汇拍卖，并公布的1.7AZN/美元汇率满足了所有外汇需求

续表

国家	财政政策	货币与宏观金融政策	汇率与经常账户政策
巴哈马 (4月9日)	政府宣布了多项支持措施，总额达6570万加元（占国内生产总值的0.6%）	对受影响的企业和家庭提供3个月的贷款偿还延期。对在疫情大流行暴发前保持账户良好信誉的借款人，将给予宽限	没有措施
巴林 (4月8日)	3月17日宣布了一项5.6亿第纳尔（15亿美元，占国内生产总值的4.2%）的刺激计划，以应对由于COVID-19大流行病造成的经济困境	CBB向银行提供了高达37亿必和必拓（100亿美元，占国内生产总值的28%）的贷款，以促进延期偿还债务和增加信贷。CBB的降息步伐：一周存款便利利率（分两步）从2.25%下调至1.0%，隔夜存款利率从2.0%下调至0.75%，隔夜贷款利率（分一步）从4.0%下调至2.45%	没有措施
孟加拉国 (4月9日)	在原有基础上，3月31日，财政部公布了一项约5.88亿美元刺激出口产业的一揽子计划	宣布从银行购买国债和票据。回购利率已从6%下调至5.75%（3月24日生效），并将从4月12日起进一步下调至5.25%。CRR已从5%降至4.5%（每日），从5.5%降至5%（双周）。从4月15日起将分别降至3.5%和4%	放宽了外汇规定，向正在国外访问、因旅行中断而回国面临问题的孟加拉国民提供外币。恢复了美元的销售，以抵消COVID-19新冠肺炎暴发后汇款流入减少对市场造成的额外压力
巴巴多斯 (4月8日)	确定管理和减轻感染蔓延（占国内生产总值的0.6%）所需的前期紧急卫生和资本支出	CBB宣布了一系列措施（从2020年4月1日起生效）。银行向银行提供隔夜贷款和接受存款的贴现率从7%降至2%；银行的证券比率从17.5%降至5%；取消了非银行接受存款持牌人1.5%的证券比率；银行表示随时准备为持牌人提供长达6个月的抵押贷款，作为流动性支持	没有措施

续表

国家	财政政策	货币与宏观金融政策	汇率与经常账户政策
比利时 （4月9日）	宣布了100亿欧元的财政计划以应对危机（约占国内生产总值的2.5%，包括流动性措施）和500亿欧元（占国内生产总值的11%以上）的担保，为企业和自营职业者提供新的银行贷款	ECB政策。比利时当局其他措施包括：将反周期银行资本缓冲减至0%（增加至0.5%将于6月生效）；禁止卖空股票至4月16日；受影响家庭和公司推迟到2020年9月30日偿还银行债务	不需要
伯利兹 （4月9日）	财政刺激达到2500万BZ（约占国内生产总值的1%）。政府还向议会提交了一项法案，试图将国库券的到期日再延长10年	银行宏观审慎措施，以维持经济中的信贷流动：降低法定现金储备要求；延长相关不良贷款时限；将银行的旅游业贷款风险权重从100%降至50%	没有措施
贝宁 （4月9日）	采取缓解和预防措施达100亿非洲法郎（约1700万美元，占国内生产总值的0.1%）	BCEAO允许再融资平均利率保持在相对接近2.5%的货币政策通道底部。从2020年3月30日的每周再融资拍卖开始，采用固定利率2.5%的全额配售策略，从而使银行能够以较低的利率完全满足其流动性需求	没有措施
不丹 （4月9日）	2019年年度的企业所得税（BIT）和企业所得税（CIT）申报和纳税将推迟至2020年6月30日	经济事务部（MoEA）为授权的批发经销商提供5%利息的营运资金，期限为3个月，可延长3个月	没有措施

续表

国家	财政政策	货币与宏观金融政策	汇率与经常账户政策
玻利维亚 （4月8日）	向公立学校每名儿童直接支付约73美元的救济金；计划向150万家庭提供食品（每户58美元），并为所有家庭支付50%的饮用水和天然气；推迟了一些税款的缴纳	BCB通过从养老基金购买债券的方式注入了35亿玻利维亚诺（超过5亿美元），养老基金又有望将资金存入银行，从而使银行系统的流动性增加约50%	没有措施
波斯尼亚和黑塞哥维那 （4月9日）	政府已拨款约占国内生产总值的0.15%用于处理COVID-19；向医院转移支付占国内生产总值的0.1%的资金；将营业税的支付从3月底推迟到6月底；政府决定为3月至5月关闭的部门提供占国内生产总值0.15%的资金；政府在4月份为这些部门的所有雇员支付最低工资（占国内生产总值的0.12%）；将用占国内生产总值3%的资金实施经济支持	银行机构已宣布暂停偿还6个月的贷款还款	没有措施
博茨瓦纳 （4月2日）	在前期基础上，政府设立了COVID-19救济基金，政府出资约占国内生产总值的1.1%	银行的资本充足率已从15%降至12.5%，提高对不良贷款的监管容忍度	没有措施。爬行盯住

续表

国家	财政政策	货币与宏观金融政策	汇率与经常账户政策
巴西 （4月9日）	宣布了一系列财政措施，总计占国内生产总值的6.5%，其中约有一半直接影响到2020年的主要赤字	政策利率下调50个基点至3.75%的历史低点。降低准备金率和资本节约缓冲，存款准备金率从25%下调至17%；未来6个月内可向美联储保持至多600亿美元的互换。五大银行同意考虑个人和中小企业提出的将到期债务延长60天的请求	自2月中旬以来央行已多次干预外汇市场，干预总额近230亿美元（占外汇储备总额的6.4%）。央行正在恢复以美元计价的巴西主权债券回购业务，这可能向货币市场释放100亿美元
文莱达鲁萨兰国 （4月1日）	2020/2021财政年度预算BND 85.6亿	宣布了一项为期6个月的临时措施，包括债务展期、降费等	没有措施
保加利亚 （4月9日）	修订后的2020年预算实施了关键的税收和支出措施，使2020年预算赤字达到35亿BGN，新增公共债务上限达到100亿BGN	将2019年银行系统利润资本化（约占其国内生产总值的1.4%）；减少商业银行的外国风险敞口，将银行系统流动性增加70亿巴西克朗（占2019年国内生产总值的6%）；取消计划于2020年和2021年增加的反周期资本缓冲，有效金额为7亿BGN，约占2019年国内生产总值的0.6%	没有措施
布基纳法索 （4月9日）	2020年4月2日宣布了修订2020年预算的计划，以应对疫情对社会经济的影响	BCEAO货币政策	没有措施

续表

国家	财政政策	货币与宏观金融政策	汇率与经常账户政策
布隆迪（4月9日）	官方尚未宣布任何措施。截至2020年4月1日，COVID-19应急计划的成本为2600万美元（约为2019年国内生产总值的0.9%）	暂时没有	没有措施
佛得角（4月8日）	对大公司提供50%的贷款担保（约900万欧元）；对旅游等公司提供80%的贷款担保（10亿巴西法郎）；对所有中小型企业（270万欧元）和所有行业的微型企业（约670万欧元）提供100%的贷款担保。3月下旬当局采取了370万美元的社会保护措施	在3月26日的会议上货币政策委员会采取措施增加银行体系的流动性，包括降低政策和存款准备金率。4月1日，当局对家庭、公司、非营利协会以及中小企业在2020年4月至9月期间实行了暂停支付保险金和偿还贷款的规定	没有措施
柬埔寨（4月9日）	卫生部门获得额外财政约为7000万美元（约为2019年国内生产总值的0.2%）。政府宣布了一揽子税收优惠、支出支持和信贷支持计划	四项措施改善银行系统的流动性：推迟资本保全缓冲区的额外增加；降低银行本币融资成本；降低可转让存款证（LPCOs的抵押品）；降低银行和金融机构必须在柬埔寨国家银行维持的本币和外币的法定准备金	继续实施管理浮动汇率制

续表

国家	财政政策	货币与宏观金融政策	汇率与经常账户政策
喀麦隆 (4月8日)	医疗支出在未来3个月内将达到65亿非洲法郎（或1100万美元，约占国内生产总值的0.1%）；维持石油生产和投资水平	3月27日BEAC宣布了一系列的货币宽松措施，包括将政策利率下调25个基点至3.25%，将边际贷款利率下调100个基点至5%，暂停吸收业务，将流动性准备金从2400亿欧元上调至5000亿欧元，以及扩大在货币操作中作为抵押品的私人工具的范围	没有措施
加拿大 (4月8日)	主要的税收和支出措施，占国内生产总值的8.4%（1930亿加元）	3月份将隔夜政策利率降低150个基点，降至0.25%；在所有到期日延长债券回购计划；启动银行承兑购买贷款等一系列措施	没有措施
中非共和国 (4月9日)	宣布与世卫组织密切合作制订的计划，估计费用为270亿FCFA（占国内生产总值的1.9%）	2020年3月27日BEAC宣布了一系列的货币宽松措施，包括将政策利率下调25个基点至3.25%，将边际贷款利率下调100个基点至5%	没有措施
乍得 (4月9日)	150亿非洲法郎（占非石油国内生产总值的0.3%）的财政措施已经批准	BEAC货币政策	没有措施
智利 (4月8日)	出台了高达117.5亿美元（约占国内生产总值的4.7%）的一揽子财政措施，重点支持就业和企业流动性	两次政策性降息，累计降息125个基点，至0.5%	汇率可以灵活调整。央行将2019年11月（社会动荡期间）开启的可能恢复外汇销售的窗口延长至2021年1月9日

续表

国家	财政政策	货币与宏观金融政策	汇率与经常账户政策
中国 （4月9日）	财政措施和融资计划已公布约2.6万亿元（占国内生产总值的2.5%），其中1.2%已落实	维护金融稳定。主要包括：向银行体系注入流动性；将7天和14天逆回购利率分别下调30个基点和10个基点，并将1年期中期贷款便利利率下调10个基点，等等	汇率可以灵活调整。根据宏观审慎评估框架，银行、非银行和企业的跨境融资上限提高了25%
中国香港 （4月9日）	中国香港已公布并正在实施2875亿港元（占本地生产总值的10%）的财政措施	基准利率在3月4日和3月16日分别下调至1.50%和0.86%。香港特区的反周期性资本缓冲从3月16日的2%减少到1%，监管准备金的水平将减少一半，以增加银行的贷款能力	没有措施
中国澳门 （4月8日）	财政措施估计达到本地生产总值的12.1%	盯住汇率制度下，贴现窗口基准利率3月4日和16日分别下调50个基点和64个基点，3月16日达到0.86%	没有措施
哥伦比亚 （4月9日）	紧急状态法令设立了国家紧急缓解基金，部分资金将来自区域和稳定基金。已宣布为保健提供额外的预算支助	央行将政策利率下调50个基点，并实施了多项措施，以提高金融市场和外汇市场的流动性	为外汇市场提供流动性，央行拍卖了8亿美元的外汇掉期（以美元计）；通过20亿美元30天到期的不可交割远期的拍卖，引入了一种新的汇率对冲机制

续表

国家	财政政策	货币与宏观金融政策	汇率与经常账户政策
科摩罗 (4月9日)	食品、药品和与卫生有关的物品的进口税降低了30%。政府本周宣布了一项基金，用于支持与机场运营相关的员工	央行把准备金率降低到10%。当局还宣布对商业贷款进行重组，并冻结部分商业贷款的利率	继续保持盯住欧元的汇率制度
刚果 (4月9日)	应急计划的预算估计为1.35亿美元（占国内生产总值的0.3%）	BEAC货币政策	没有措施
哥斯达黎加 (4月8日)	政府宣布了一揽子税收措施，以减轻、保护工人和公司免受COVID-19带来的经济影响	央行将政策利率下调1个百分点，至1.25%的历史新低	继续保持汇率弹性，并干预外汇市场，限制无序的市场状况
科特迪瓦 (4月9日)	政府正在制订960亿非洲法郎（占国内生产总值的0.3%）的应急计划	3月21日，央行宣布缓解流动性状况的措施：中央银行的流动性增加3400亿FCFA；BEAC的抵押品框架扩大到1700家上市私营公司；支持受COVID-19影响在偿还债务方面遇到困难的公司	没有措施
克罗地亚 (4月9日)	4月1日宣布了附加措施，包括：增加最低工资净额的补贴；公司的纳税义务将根据营业额和亏损情况予以减免或注销；2019年财务报告的截止日期延长至6月30日	首次使用的结构性回购工具（固定利率为0.25%）；银行首次使用的定期每周回购，回购利率已从0.30%下调至0.05%；存款准备金率从12%下调至9%	央行已进行干预，以缓解贬值压力

续表

国家	财政政策	货币与宏观金融政策	汇率与经常账户政策
塞浦路斯 (4月9日)	3月27日议会批准了一项4.22亿欧元（占国内生产总值的2.0%）的医疗部门、家庭和企业支持计划	ECB货币政策。3月29日通过了一项法案，规定在2020年12月底之前所有的有信誉的借款人的贷款偿还将被全面暂停	没有措施
捷克 (4月8日)	政府宣布1000亿捷克克朗（37亿欧元，占国内生产总值的2%）的财政方案	3月16日将政策利率下调50个基点，3月26日再下调75个基点至1%；将回购操作的频率从每周1次提高到3次，并将逆周期资本缓冲率从2020年4月1日起下调75个基点至1%	没有措施
丹麦 (4月8日)	当局为应对当前危机，提供了约600亿丹麦克朗（占2019年国内生产总值的2.6%）的临时财政支持	DN将政策利率提高了15个基点，至−0.6%；与欧洲央行的长期互换额度规模扩大1倍，达到240亿欧元；DN与美联储达成协议，建立一个300亿美元的互换额度，期限至少为6个月。DN宣布启动一项"特别贷款机制"	与欧元挂钩。DN声明保留peg的目标
吉布提 (4月8日)	增加健康支出	央行加强对金融部门的监管	没有措施
多米尼加 (4月7日)	宣布的最新经济措施达320亿雷亚尔（约5.76亿美元，占国内生产总值的2.5%）	政策利率下调（年利率从4.5%下调至3.5%），一日回购贷款利率下调（从6.0%下调至4.5%），隔夜存款利率下调（从3.0%下调至2.5%）	干预外汇市场

续表

国家	财政政策	货币与宏观金融政策	汇率与经常账户政策
东加勒比货币联盟（4月9日）	中非经共体成员国宣布了财政措施。3月22日至3月26日，圣基茨和尼维斯总理宣布增加卫生预算（占国内生产总值的1/2%）；3月25日，圣文森特和格林纳丁斯总理宣布了一揽子财政计划（占国内生产总值的3.5%）；3月26日，安提瓜和巴布达政府宣布了几项措施，包括增加医疗开支（占国内生产总值的0.5%）等；4月8日，圣卢西亚政府宣布了社会稳定计划（占国内生产总值的2%）	3月19日ECCB货币理事会批准向ECCB成员国政府提供赠款，总额为400万EC$（每个成员50万EC$），以帮助它们抗击COVID-19。3月20日，ECCB和ECCU银行家协会宣布为客户和居民提供支持计划	没有措施
厄瓜多尔（4月9日）	宣布了一系列紧缩财政措施，以应对油价的大幅下跌。与2020年原预算相比，削减约占国内生产总值2%的支出，并在新的融资和一些当前债务的再融资中削减约占国内生产总值2.5%的支出。3月19日，政府宣布了进一步的措施，如向95万家庭分发食品篮，为中小型企业提供5000万美元的信贷额度	3月24日，货币和金融政策及监管委员会对《货币、金融、证券法》和《保险法》决议进行了一些临时性修改，以支持私营部门	没有措施

续表

国家	财政政策	货币与宏观金融政策	汇率与经常账户政策
埃及 (4月8日)	政府宣布了61.3亿美元的一揽子刺激政策（1000亿埃及镑，占国内生产总值的1.8%），以减轻COVID-19带来的经济影响。养老金增加了14%	央行将政策利率下调300个基点。中小企业贷款、工业贷款、旅游贷款、中低收入家庭住房贷款优惠利率由10%下调至8%	没有措施
萨尔瓦多 (4月8日)	主要措施包括：为卫生部和受COVID-19影响的其他公共机构的所有雇员加薪150美元；向大约60%的家庭提供一次性300美元补贴；水电费延期3个月；对应税收入低于2.5万美元的旅游业个人和企业，延长缴纳所得税3个月；对旅游业企业免征旅游特别税3个月	主要包括：将银行新增贷款准备金率下调25%；将银行各项负债准备金率下调5%左右（降至17%左右）；冻结信用评级修改不良贷款拨备；暂时暂停信用风险评级；在贷款偿还宽限期内暂时放宽贷款条件	没有措施
赤道几内亚 (4月8日)	政府在3月底批准了一套解决危机的措施。它扩大了紧急卫生支出（占国内生产总值的0.3%），主要是为了提高医院应对当地传染病的准备	BEAC货币政策。包括将政策利率下调25个基点至3.25%，将边际贷款利率下调100个基点至5%，将流动性准备金从2400亿欧元上调至5000亿欧元，扩大在货币操作中作为抵押品的私人工具的范围	没有措施

续表

国家	财政政策	货币与宏观金融政策	汇率与经常账户政策
爱沙尼亚（4月9日）	政府正在考虑一个大约20亿欧元（占国内生产总值的7%）的一揽子支持计划。这项一揽子计划将有助于购买卫生设施的用品，并支持工人和企业	欧洲央行宽松货币政策。2020年3月25日将商业银行的系统性风险缓冲从1%降至零，这项措施预计将为银行腾出约1.1亿欧元	没有措施
埃斯瓦蒂尼（4月8日）	政府已发布1亿欧元（占国内生产总值的0.14%）的公共医疗补充预算	将贴现率降低100个基点至5.5%；将准备金率从6%下调至5%；将商业银行的流动性要求从25%下调至20%，开发银行的流动性要求从22%下调至18%	没有措施
埃塞俄比亚（4月9日）	3月23日宣布援助计划将增加到50亿比尔（1.54亿美元，占国内生产总值的0.15%）；4月3日宣布了一项COVID-19多部门防备和应对计划，该计划将在未来三个月内实施，需要16.4亿美元的资金（约占国内生产总值的1.6%）	央行已向私人银行提供150亿比尔（占国内生产总值的0.45%）的额外流动性，以促进债务重组和防止破产	没有措施

续表

国家	财政政策	货币与宏观金融政策	汇率与经常账户政策
欧盟/欧元区（4月9日）	新的一揽子计划约5400亿欧元（占欧盟27国国内生产总值的4%）	欧洲央行决定：2020年年底前额外购买1200亿欧元的资产；提供全部配售的临时额外拍卖；提供更优惠条件的固定利率临时流动性便利。进一步的措施包括在2020年年底前增加7500亿欧元的私营和公共部门证券资产购买计划（流行病紧急购买计划，PEPP），扩大公司部门购买计划（CSPP）下的合格资产范围，放宽欧洲体系再融资业务的抵押品标准。欧洲央行银行监管部门进一步决定，在对公共担保和与COVID-19相关的公共暂停所涵盖的不良贷款（npl）的损失拨备的分类要求和预期方面，暂时实行灵活性。最近欧洲央行银行监管部门要求银行在2019和2020财政年度不派息，或在COVID-19大流行期间回购股票，从中节约的资本应用于支持家庭、小企业和企业借款人	没有措施
斐济（4月9日）	3月26日针对COVID-19大流行病宣布了一项补充预算（10亿FJ$）	隔夜政策利率从3月18日的0.5%下调至0.25%，以应对COVID-19带来的经济影响	斐济储备银行4月3日加强外汇管制以确保维持足够的外汇储备。截至2020年3月31日，外汇储备为9.68亿美元（保留进口5.6个月）

续表

国家	财政政策	货币与宏观金融政策	汇率与经常账户政策
芬兰 （4月9日）	相机抉择的税收和支出措施约占国内生产总值的2.3%	ECB货币政策。但增加了对疫情特定风险的各种支持办法	没有措施
法国 （4月2日）	3月份出台的修正预算法中最初的450亿欧元增加到1000亿欧元（超过国内生产总值的4%，包括流动性措施）。新预算法预计将在4月13日至17日的一周内出台，增加了现有的3120亿欧元（接近国内生产总值的14%）的银行贷款担保和信贷再保险计划	ECB货币政策。同时将反周期银行资本缓冲降低至零（4月前将从0.25%提高至0.5%）；4月16日前禁止卖空股票；支持中小企业银行贷款重新谈判的信贷调解	没有措施
加蓬 （4月2日）	政府设立了一个基金，初步拨款40亿法郎（约200万美元），并将储蓄（170亿法郎；占国内生产总值的0.2%）转用于与COVID-19相关的支出	BEAC货币政策	没有措施
冈比亚 （4月2日）	已经制订了一项900万美元的抗击COVID-19行动计划。政府还将目前预算中占国内生产总值的0.6%重新分配给卫生部和其他相关公共实体；WB 2020年4月2日批准了一笔1000万美元的赠款，用于COVID-19应对和准备项目	央行在2020年2月底将货币政策利率下调50个基点至12%，并将长期存款便利利率上调同样幅度至3%	没有措施

续表

国家	财政政策	货币与宏观金融政策	汇率与经常账户政策
格鲁吉亚（4月6日）	4月1日宣布了20亿欧元（占国内生产总值的4%）的一揽子支持计划（这一计划加强了3月13日宣布的10亿欧元一揽子计划）	央行宣布了支持银行业资本和流动性的措施	NBG已在外汇市场的三次干预中卖出1亿美元，以防止无序贬值
德国（4月9日）	政府通过了1560亿欧元（占国内生产总值的4.9%）的追加预算。包括医疗设备等支出；扩大短期工作补贴；向受COVID-19疫情严重影响的小企业主和自营职业者提供500亿欧元的补助金，并在年底前免息减税；政府通过新设立的经济稳定基金（WSF）提供担保，拨款至少7570亿欧元（占国内生产总值的23%）	ECB货币政策。同时将银行的逆周期资本缓冲从0.25%释放到零；再融资1000亿欧元，向企业提供扩大的短期流动性；在金融稳定基金内拨款1000亿欧元，直接收购受影响较大的公司的股权，并加强其资本状况	没有措施
加纳（4月10日）	政府承诺1亿美元支持防备和应对。为了弥补与COVID-19危机有关的更大支出，再提供总计至少占国内生产总值的0.3%的资金；推迟支付公共机构持有的不可出售国内债券的利息，为金融业清理提供资金，总额约占国内生产总值的0.3%	3月18日降息150个基点至14.5%，并宣布包括将一级存款准备金率从10%下调至8%，将资本节约缓冲率从3%下调至1.5%等措施	没有措施

续表

国家	财政政策	货币与宏观金融政策	汇率与经常账户政策
希腊 （4月9日）	宣布了一系列措施，总计占2019年国内生产总值的7.5%（原来5%），资金来自国家和欧盟资源	ECB货币政策。银行允许将受重创的个人和公司现有贷款的本金支付推迟到9月底（除要求的利息支付补贴外）	没有措施
危地马拉 （4月8日）	为了管理COVID-19预防措施和减轻遏制措施的经济影响，国会批准了三项财政计划，总计约占国内生产总值的3.2%（原来占国内生产总值的0.3%）	3月18日以来，危地马拉银行已将其政策利率下调75个基点至2%，并随时准备获得流动性提供贷款	没有措施
几内亚 （4月9日）	国家应急计划的实施费用估计为4700万美元（占国内生产总值的0.3%）；COVID-19经济应对计划估计成本约为3.6亿美元（占国内生产总值的2%）	利用货币政策工具缓解银行体系的流动性状况	没有措施
几内亚比绍 （4月9日）	批准约50万美元的紧急措施，升级主要的国家医院以及向医院提供药品、食品和医疗设备。当局已经提供了1亿法郎（占国内生产总值的0.01%），并将每月向主要医院提供1.22亿法郎。他们正在寻求多边捐助者的支持，以资助额外的紧急医疗和卫生费用	BCEAO（地区中央银行）宣布的货币和宏观金融措施	没有措施

续表

国家	财政政策	货币与宏观金融政策	汇率与经常账户政策
圭亚那（4月9日）	没有措施	敦促商业银行考虑降低贷款利率，允许延期还款，以缓冲COVID-19对个人和企业的预期财务影响	没有措施
海地（4月9日）	推出了公共卫生防备计划，总支出应该增加1.6%的国内生产总值，其中0.4%的国内生产总值用于医疗，0.2%的国内生产总值用于口粮和0.8%的国内生产总值用于转移	央行放宽金融体系的条件，包括降低再融资和参考利率，降低本币存款准备金率，放宽3个月的还贷义务，暂停银行间交易收费	没有措施
洪都拉斯（4月2日）	宣布了38亿英镑（约占国内生产总值的0.6%）的公共开支以应对COVID-19危机	央行将政策利率下调75个基点至4.5%	没有措施
匈牙利（4月8日）	修订2020年预算，并已推出多项税收措施，以减轻企业的财政负担。4月8日，创设防疫基金和经济保护基金两项新基金	4月7日宣布将隔夜拆借利率上调95个基点至1.85%；取消对流动性投放或提取数量的指标，赋予货币政策更大的灵活性；推出一项新的中小企业贷款计划	汇率可以灵活调整
冰岛（4月8日）	已经向议会提交了2300亿克朗（占国内生产总值的7.8%）的一揽子财政措施	政策利率下调100个基点至1.75%，并将存款机构的平均存款准备金率从2%下调至1%，以缓解其流动性头寸	允许汇率灵活调整，同时干预，从1月1日到3月23日，CBI在5天内干预了外国市场，卖出5700万欧元（占国内生产总值的0.3%）

续表

国家	财政政策	货币与宏观金融政策	汇率与经常账户政策
印度 (4月9日)	3月26日宣布了一项经济刺激计划，价值约为国内生产总值的0.8%（原来0.1%）	3月27日印度储备银行（RBI）将回购利率和反向回购利率分别下调75个基点和90个基点至4.4%和4.0%	推出外汇互换（20亿美元；6个月），通过多次价格拍卖向外汇市场提供流动性
印度尼西亚 (4月9日)	政府宣布了两项财政刺激计划，总额达33.2万亿卢比（约占国内生产总值的0.2%）。3月31日宣布了405万亿印尼盾（占国内生产总值的2.6%）的重大刺激方案	央行在2020年2月20日将政策利率下调25个基点至4.75%，3月19日又下调25个基点至4.5%	央行已介入现货和国内不可交割外汇市场，并在国内政府债券市场维持有序的市场状况
伊朗 (4月9日)	暂停向政府缴税三个月（占国内生产总值的7%）；对受影响企业的信贷（占国内生产总值的4.4%）；为卫生部门提供额外资金（占国内生产总值的2%）；向弱势家庭转移现金（占国内生产总值的0.3%）；支持失业保险基金（占国内生产总值的0.3%）	央行宣布将资金（占国内生产总值的0.06%）用于进口药品；同意商业银行将2020年2月到期的贷款偿还推迟三个月；对有不良贷款的客户提供临时罚款减免；扩大非接触式支付	央行宣布向外汇市场注入15亿美元稳定里亚尔
伊拉克 (4月9日)	央行设立了一个基金，从金融机构募集捐款，最初的捐款来自CBI本身，为2000万美元，来自伊拉克贸易银行，为500万美元	央行宣布通过其定向贷款倡议（"1万亿ID"倡议），暂停中小企业的利息和本金支付，并鼓励银行酌情延长所有贷款的到期日	没有措施

续表

国家	财政政策	货币与宏观金融政策	汇率与经常账户政策
以色列 (4月9日)	议会批准了约占国内生产总值6.1%的疫情防控和经济刺激计划（原来1.1%）	政策利率下调至0.1%；大量回购政府债券和高等级企业债	以色列银行正在通过高达150亿美元的外汇互换提供额外的美元流动性
爱尔兰 (3月26日)	宣布了72亿欧元（约占国内生产总值的2%）的综合财政方案	ECB货币政策。爱尔兰中央银行（CBI）宣布的其他措施包括释放反周期资本缓冲，最迟在4月2日将从1%降至零等	没有措施
意大利 (4月8日)	政府通过了250亿欧元（占国内生产总值的1.4%）的紧急方案。4月6日，流动性法令允许国家额外担保高达4000亿欧元（占国内生产总值的25%）。该计划和早期计划的担保范围旨在为企业和家庭释放超过7500亿欧元（接近国内生产总值的50%）的流动性。当局表示，正在考虑进一步的财政措施	ECB货币政策。CONSOB呼吁禁止所有股票卖空3个月，并降低了一个最低门槛，超过这个门槛，它就必须沟通参与上市公司的情况	没有措施
牙买加 (4月9日)	宣布减税，约占国内生产总值的0.6%；并有针对性地采取措施，最高可达国内生产总值的0.5%，以抵消COVID19的影响	隔夜政策利率保持在0.5%不变，但牙买加银行已采取额外行动，确保全系统流动性不受干扰	有限的外汇储备销售，通过B-FXITT拍卖机制干预外汇市场

续表

国家	财政政策	货币与宏观金融政策	汇率与经常账户政策
日本 (4月10日)	4月7日，日本政府通过了108.2万亿日元（占国内生产总值的20%）的针对COVID-19的紧急经济一揽子计划。3月10日通过了两项应急计划，总额为4460亿日元（占国内生产总值的0.1%）	宣布了一系列综合措施，以维持金融市场（尤其是美元融资市场）的平稳运行，并激励提供信贷	汇率可以灵活调整
约旦 (4月7日)	3月18日宣布了一系列应对疫情的措施。包括：推迟至年底对所有国内部门征收销售税；将生育保险收入的50%（1600万JD）分配给老年人和病人的物质援助；引入基本产品的价格上限；推迟对选定公司征收70%的关税，并减少私营部门机构的社会保障缴款	央行3月3日将大部分政策利率下调50个基点，3月16日进一步下调100个基点	没有措施
哈萨克斯坦 (4月8日)	一揽子计划包括向失业者支付现金（每人每月95美元）、降低食品增值税税率，以及用于加强卫生部门和支持就业和商业的额外支出；采取行动帮助中小企业为其流动资金（6000亿克朗）融资；根据"就业路线图"计划，将再拨出1万亿KZT用于支持就业	NBK将基准利率下调至9.5%，并在4月初进一步扩大通道至+/-200个基点，以刺激经济增长	3月23日政府呼吁国有企业出售部分外汇储备，以支持坚戈（Tenge）。对买卖价差实行了限制，并在紧急状态期间在没有进口证明的情况下降低了外汇购买上限（从10万美元降至5万美元）

续表

国家	财政政策	货币与宏观金融政策	汇率与经常账户政策
肯尼亚（4月9日）	指定占国内生产总值的0.4%用于额外的卫生支出；政府提出了一揽子降低税收措施	3月24日央行下调政策利率100个基点至7.25%；下调银行现金储备率100个基点至4.25%；将回购协议的最高期限由28天提高至91天；宣布在贷款分类和贷款拨备方面向银行提供灵活性	没有措施
韩国（4月9日）	财政直接措施占国内生产总值的0.8%（约16万亿韩元，包括11.7万亿韩元的补充预算）。已宣布但尚未批准约13万亿韩元的额外措施，包括直接向中低收入家庭转移、减税等	2020年3月17日基准利率从1.25%下调50个基点至0.75%；提供无限流动性额度；扩大合格的OMO抵押品；3月24日宣布一项100万亿韩元（占国内生产总值的5.3%）的金融稳定计划。增加中小企业的可用资金，央行将银行中间贷款支持机制的上限提高了5万亿韩元（约占国内生产总值的0.26%），并将利率从0.5%降至0.25%	与美联储建立了600亿美元的双边互换额度。还有促进外汇融资而采取的其他措施
科索沃（4月9日）	主要措施包括：向卫生部拨款600万欧元；企业所得税和个人所得税的延期支付；免征小麦、面粉进口环节增值税；公用事业费推迟至4月底缴纳。政府还通过了1.7亿欧元（占国内生产总值的2.5%）的一揽子财政计划	从3月16日起至4月30日暂停企业和个人支付分期付款，根据情况可以延长暂停时间。CBK将对贷款条款和重新规划贷款的资本要求实施监管豁免	没有措施

续表

国家	财政政策	货币与宏观金融政策	汇率与经常账户政策
科威特 （4月8日）	已向议会提交法律草案，将拨出5亿克朗（16亿美元或占国内生产总值的1.4%）额外资金	央行（CBK）将所有货币政策工具的利率下调了1个百分点，并承诺根据需要提供流动性	没有措施
吉尔吉斯斯坦 （4月9日）	到目前为止控制COVID-19扩散的额外医疗支出估计为940万美元（占国内生产总值的0.1%）。已开始与其他捐助者谈判寻求更多的财政支持，以缩小资金缺口	通胀加剧的情况下2月份的政策利率上调75个基点至5%。出台了便利流动性的相关政策	NBKR迄今已售出2.17亿美元外汇储备（比2019年全年外汇干预总额高出51%）
老挝 （4月9日）	100亿基普（不到国内生产总值的1%）用于预防和控制COVID-19	3月30日BOL将一周贷款的政策利率从4%下调至3%；二周贷款的政策利率从5%下调至4%；两周至1年期贷款的政策利率从10%下调至9%	汇率已贬值。没有采取新的国际收支和资本管制措施
拉脱维亚 （4月9日）	政府宣布了约20亿欧元（占2019年国内生产总值的6%）的一揽子支持计划（原来为3%）	ECB货币政策。国家措施包括：旅游业中小企业贷款利率下调50%，大型企业贷款利率下调15%；增加金融发展机构ALTUM的储备资本等支持工具	没有措施
黎巴嫩 （4月9日）	政府设立了全国团结基金，接受实物和货币捐助；财政部宣布延长与税费缴纳有关的所有期限	允许银行和金融机构向已经拥有信贷设施但无法履行其义务和运营费用的客户发放5年期零利率的特殊贷款	没有措施

续表

国家	财政政策	货币与宏观金融政策	汇率与经常账户政策
莱索托 （4月9日）	COVID-19应对综合计划约占国内生产总值的2%，其中一半以上将用于卫生保健人员和购买重要商品和服务，其余的用于物流、安全和边境管理	2020年3月23日，央行（CBL）宣布将NIR目标下限从6.3亿美元提高至6.6亿美元；将CBL政策利率从6.25%下调100个基点至5.25%	没有措施
利比里亚 （3月23日）	政府希望与捐助界一起制订COVID-19战备计划。草案仍在发展中，世界银行已批准150万美元的融资	没有措施	没有措施
利比亚 （4月8日）	宣布了约占国内生产总值的1%的紧急COVID-19相关支出计划	没有措施	没有措施
立陶宛 （4月9日）	宣布了25亿欧元（占国内生产总值的5%）的财政一揽子计划	ECB货币政策。还将其反周期资本缓冲从1%下调至零（4月1日生效），并鼓励灵活行事	没有措施
卢森堡 （4月8日）	通过财政一揽子计划，包括支出措施（14.5亿欧元，占2019年国内生产总值的2.3%）和为符合条件的企业和自营职业者提供流动性支持（73亿欧元，占2019年国内生产总值的11.5%）。	ECB货币政策	没有措施

续表

国家	财政政策	货币与宏观金融政策	汇率与经常账户政策
马达加斯加（4月8日）	政府正在制定一项修订的预算法案并考虑向议会提交更多的财政和支持措施。主要靠援助和国际借贷	央行已开始向私营部门提供流动性，计划向私营部门提供高达约占国内生产总值1.2%的资金，以允许银行推迟对现有贷款的延迟支付，并增加对企业的贷款（原来为0.3%）	央行采取了一些有限的干预措施，年初以来货币贬值了3%左右
马拉维（4月9日）	政府的应对计划包括2000万美元（占国内生产总值的0.25%）用于医疗保健和有针对性的社会援助计划	支持中小企业发展，商业银行和小额金融机构将对中小企业贷款进行重组，并提供3个月的延期还本付息	没有措施
马来西亚（4月9日）	2020年2月27日60亿林吉特（占国内生产总值的0.4%）的财政刺激计划获得批准。2020年3月16日宣布了6.2亿林吉特（不到国内生产总值的0.1%）的额外电力费用折扣和临时带薪休假	2020年3月3日央行将隔夜政策利率（OPR）下调25个基点至2.50%；2020年3月20日起，BNM将法定准备金率（SRR）下调100个基点至2%；2020年3月23日交易所（Bursa Malaysia）暂停卖空至4月30日	没有措施
马尔代夫（4月8日）	3月20日宣布了一项25亿拉菲亚（占国内生产总值的2.8%）的经济复苏计划	宣布的措施包括：在需要时将最低法定准备金减少5%；在需要时向金融机构提供短期信贷；采取监管措施	MMA将增加其外汇干预措施；打算根据MMA与印度储备银行签署的货币互换协议，获得1.5亿美元的外币互换贷款

续表

国家	财政政策	货币与宏观金融政策	汇率与经常账户政策
马里 （4月9日）	医疗应急计划以防止COVID-19的扩散，并加强其医疗保健能力，目前的费用约为500亿非洲法郎（占国内生产总值的0.5%，原来占国内生产总值的0.06%）	按照2020年3月21日BCEAO宣布的区域性货币和宏观金融措施	没有措施
马耳他 （4月9日）	3月18日政府宣布了18亿欧元（占国内生产总值的12%）的一揽子计划。3月24日，政府宣布提高受COVID-19影响最严重的行业的工资补贴。这项措施将追溯到3月9日，预计每月花费高达6100万欧元（占国内生产总值的0.5%）。预计的医疗支出也被上调至1亿欧元以上（占国内生产总值的0.8%）	ECB货币政策。政府将提供高达9亿欧元（占国内生产总值的6%）的贷款担保	没有措施
马绍尔群岛 （4月9日）	政府正在制定约700万美元（占国内生产总值的3.1%）的预防措施	美元是该国的法定货币	不适用，采用美元是法定货币
毛里塔尼亚 （4月9日）	政府3月25日宣布设立约8000万美元（占国内生产总值的1.1%）的紧急基金（原来占国内生产总值的0.13%）	政策利率由6.5%下调至5%；边际贷款利率由9%下调至6.5%；存款准备金率由7%下调至5%	没有措施

续表

国家	财政政策	货币与宏观金融政策	汇率与经常账户政策
毛里求斯（4月8日）	当局宣布计划增加2.08亿卢比（占国内生产总值的0.04%）支出。国家投资公司将筹集27亿卢比（占国内生产总值的0.5%）对陷入困境的公司进行股权投资	3月10日将关键回购利率从3.35%下调至2.85%。3月13日采取了一系列措施，包括：降低现金储备率，将现金储备率从9%降至8%，等等	保持灵活的汇率制度，适度干预外汇市场
墨西哥（4月9日）	政府宣布：向老年人预付养老金；设立卫生应急基金，要求国会提供额外资源，最高可达1800亿比索（占2019年国内生产总值的0.7%）。4月5日出台了提前4个月支付社会养老金和残疾补助金、加快采购进程和增值税退税、向中小企业提供高达250亿比索的贷款等措施	货币政策利率下调50个基点至6.5%。无本金交割远期对冲计划（以本国货币计）扩大了100亿美元至300亿美元等措施	汇率灵活调整，同时支持美元流动性
密克罗尼西亚（3月24日）	政府计划动用救灾援助和紧急基金	美元是法定货币	不适用，采用美元是法定货币
摩尔多瓦（4月9日）	尚未制定全面的财政方案，但已经宣布了几项有针对性的支持企业的财政措施	央行将主要短期货币政策业务适用的基准利率下调2.25个百分点至3.25%，将本币存款准备金率下调2.5个百分点至34%	随时准备干预外汇市场

续表

国家	财政政策	货币与宏观金融政策	汇率与经常账户政策
蒙古国（4月8日）	新增卫生支出170亿MNT（占国内生产总值的0.04%），用于防疫、医疗用品购置和医务人员加班工资	3月11日央行（BOM）将政策利率下调100个基点至10%；将银行的MNT存款准备金率下调200个基点至8.5%；将政策利率通道缩小至±1%	没有措施
黑山（4月9日）	4月9日政府宣布了一揽子措施，包括在4月和5月对因COVID-19大流行而关闭的部门的雇员、因照顾11岁以下儿童而无法工作的雇员、或必须自我隔离和隔离的人给予最低工资70%的补贴；对因COVID-19大流行相关封锁而处于风险行业的员工，给予最低工资50%的补贴。如果中小企业新就业工人登记失业，政府还将补贴他们6个月最低工资总额的70%	央行宣布暂停还贷，最长期限为90天	没有措施
摩洛哥（4月9日）	当局设立了一个特别基金专门用于管理COVID-19，约占国内生产总值的2.7%（原来资金约10亿美元）	央行在3月19日将政策利率下调25个基点至2.0%	2020年3月6日将迪拉姆的波动区间从2.5%扩大到了5%。4月7日当局根据预防性和流动性额度（PLL）安排购买了所有可用资源（约30亿美元，占配额的240%，约占国内生产总值的3%）

续表

国家	财政政策	货币与宏观金融政策	汇率与经常账户政策
莫桑比克（4月9日）	政府增加了卫生预算拨款（从约占国内生产总值的0.2%增加到约占国内生产总值的0.3%）。财政部长还要求合作伙伴提供7亿美元	央行于3月16日将外币和本币存款准备金率分别下调150个基点（分别降至11.5%和34.5%）	2020年3月初以来对美元贬值了2%。到目前为止央行尚未干预外汇市场
缅甸（4月9日）	向卫生和体育部拨款20万美元用于与卫生有关的额外支出；延迟纳税；设立价值7000万美元的抗击COVID-19基金等。设立了占国内生产总值0.1%的资金以降低利率，向受影响的企业（特别是重点服装和旅游部门以及中小企业）提供软贷款	3月12日将政策利率下调0.5个百分点，并宣布再下调1个百分点，4月1日生效	允许灵活调整，以有限的基于规则的干预来管理汇率过度波动
纳米比亚（4月1日）	政府取消了独立庆典；4月1日政府推出了经济刺激和救济一揽子计划，约占国内生产总值的4.25%	3月20日将政策利率下调100个基点至5.25%	没有措施
尼泊尔（4月8日）	医疗措施包括建立专门的医院和检疫中心以及取消医疗产品的进口关税；为脆弱群体发放食物	NRB将现金储备率从4%下调至3%，将长期流动性贷款利率从6%下调至5%。NRB不再要求银行建立2020年7月到期的2%逆周期资本缓冲	NRB暂时禁止进口10公斤以上的黄金和价值5万美元以上的车辆等奢侈品

续表

国家	财政政策	货币与宏观金融政策	汇率与经常账户政策
荷兰 (4月9日)	宣布了一揽子财政措施，在未来三个月内支出100亿—200亿欧元（占国内生产总值的1%—3%）	ECB货币政策。荷兰最大的银行同意给予中小企业6个月的贷款延期偿还。为了保护房主，政府和相关的利益相关者已经同意在7月1日之前不会有抵押赎回权	没有措施
新西兰 (4月9日)	政府宣布了总额170亿新西兰元（占国内生产总值的5.7%）的一揽子财政计划，其中一半以上将在6月底前拨付。政府3月28日宣布暂时取消对COVID-19应对措施所需的所有医疗和卫生进口产品的关税	RBNZ 3月17日将官方现金利率（OCR）下调75个基点至0.25%，并至少维持12个月；宣布了大规模资产计划（LSAP），在未来12个月内，通过一系列到期日在二级市场购买高达300亿新西兰元的政府债券；信贷支持中小企业和房主，等等	汇率可以灵活调整，目前已贬值约11%
尼加拉瓜 (4月9日)	没有措施	3月CBN下调了回购参考利率，1天和7天回购窗口利率下调75个基点。外币存款窗口利率也下调了60个基点	没有措施
尼日尔 (4月9日)	已经向捐助者提出了一项计划，估计费用占国内生产总值的7.4%，分为立即采取卫生对策和更广泛的经济和社会缓解措施	按照2020年3月21日BCEAO（地区中央银行）宣布了货币和宏观金融措施	没有措施

续表

国家	财政政策	货币与宏观金融政策	汇率与经常账户政策
尼日利亚（4月9日）	向疾病控制中心发放了270万美元的应急资金，并计划增加1800万美元。政府正在审查2020年预算，可能宣布计划削减/推迟1.5万亿欧元（接近国内生产总值的1%）	货币政策利率不变，但采取了其他措施，包括：将所有适用的CBN干预措施的利率从9%降至5%；创造1.39亿美元的目标信贷；向银行系统注入3.6万亿美元（占国内生产总值的2.4%）的流动性	官方汇率已经调整了15%
北马其顿（4月9日）	已实施了一项财政一揽子计划（占国内生产总值的0.2%），以帮助解决企业的流动性问题和保护就业	3月16日，NBRNM将政策利率下调25个基点至1.75%	考虑到实际的盯住汇率制度，定期进行干预
挪威（4月8日）	主要实施和提议的财政措施约1390亿挪威克朗，占2019年国内生产总值的4.6%（原来占国内生产总值的2.2%）	政策利率下调1.25个百分点至0.25%；与美联储建立300亿美元的互换安排；放宽逆周期资本缓冲1.5个百分点；银行可能暂时突破流动性覆盖率（LCR）	一直在考虑是否有必要通过购买挪威克朗来干预市场
阿曼（4月9日）	油价下跌将导致政府收入损失，当局宣布将在2020年预算中削减10%的开支（约占国内生产总值的5%）。3月19日宣布了几项支持经济的措施	回购利率下调75个基点至0.5%，回购期限延长至3个月；其他货币市场工具利率下调；资本保全缓冲下调50%；贷款比例上调5%	没有措施

续表

国家	财政政策	货币与宏观金融政策	汇率与经常账户政策
巴基斯坦（4月9日）	2020年3月24日宣布了价值1.2万亿巴基斯坦卢比的救援计划	政策利率两次累计下调225个基点至11.0%；2020年3月17日，SBP宣布了两项新的再融资贷款计划	没有措施
帕劳（3月24日）	拨款约91万美元（占国内生产总值的0.3%）给医院信托基金。议会还授权追加资金（高达600万美元或占国内生产总值的2.1%），以帮助在旅游收入下降的情况下维持政府服务	计划向受影响的企业和家庭提供财政救济，包括支付利息、延长期限等	没有措施
巴拿马（4月7日）	财政措施和低迷的经济将导致2020年赤字占国内生产总值的6.25%，比预算高出国内生产总值3.25%（约21亿美元）	SBP允许银行利用累积的动态拨备（约13亿美元或国内生产总值的2%）来吸收信贷损失的影响。SBP还允许银行与问题借款人进行自愿贷款重组；小企业计划要求银行不要对未付利息收取利息	没有措施
巴布亚新几内亚（4月1日）	从2020年国家预算中拨款4533万克朗（占国内生产总值的0.05%）用于准备和应对任何疫情，并在制定额外的财政和支持措施	BPNG将基纳贷款利率（主要政策利率）从5%下调200个基点至3%，并要求商业银行降低各自的指标贷款利率	BPNG致力于为国内外汇银行间市场提供美元流动性

续表

国家	财政政策	货币与宏观金融政策	汇率与经常账户政策
巴拉圭 （4月9日）	2020年3月23日，政府向国会提交了一套大约9.45亿美元（占国内生产总值的2.5%）的紧急支出措施。政府已要求国会批准从国际金融机构和通过发行债券的方式额外借款16亿美元（占国内生产总值的4%）	3月初以来，央行已将政策利率下调175个基点，至2.25%	自由浮动，但保留干预措施
秘鲁 （4月8日）	政府已批准11亿索尔（占国内生产总值的0.14%）参加卫生紧急事件；政府还批准了大约34亿索尔（占国内生产总值的0.4%）的直接转移资金	将政策利率下调100个基点至1.25%，并于近期宣布了一项300亿索尔（占国内生产总值近4%）的一揽子信贷担保计划	截至3月23日，央行干预外汇市场已售出约20亿美元（占国内生产总值的0.9%）的外汇掉期
菲律宾 （4月9日）	宣布了271亿菲律宾比索的财政一揽子计划（约占2019年国内生产总值的0.15%）。政府还准备为1800万低收入家庭启动2000亿菲律宾比索的现金援助计划（约占2019年国内生产总值的1.1%）	政策利率累计下调75个基点（2月6日为25个基点，3月19日为50个基点），至3.25%；央行还宣布自3月30日起下调银行存款准备金率200个基点；计划购买价值3000亿菲律宾比索的政府债券（约占2019年国内生产总值的1.6%），以支持政府应对COVID-19冲击的计划	央行放宽了外汇业务的文件和报告规则

续表

国家	财政政策	货币与宏观金融政策	汇率与经常账户政策
波兰 （4月9日）	宣布新的预算支出，估计为660亿兹罗提（占2019年国内生产总值的2.9%）；还批准了新的信贷担保和对企业家的小额贷款，估计为750亿兹罗提（占国内生产总值的3.3%）	3月17日，NBP将政策利率下调50个基点至1%，4月8日再下调50个基点至0.5%。重新推出回购（微调）业务，为银行提供流动性，将法定存款准备金率由3.5%下调至0.5%	无法获得信息
葡萄牙 （4月9日）	3月18日一揽子财政方案的关键措施包括：为受影响部门的中小微企业提供37亿欧元（占国内生产总值的1.9%）的国家担保信贷额度；为公司和员工提供62亿欧元（占国内生产总值的3.2%）的年内递延税款；10亿欧元（占国内生产总值的0.5%）的社会保障救济，等等	ECB货币政策。宣布推迟2020年对规模较小的银行机构进行压力测试。批准暂停受新冠肺炎疫情影响的家庭和公司6个月的银行贷款偿还	没有措施
卡塔尔 （4月9日）	3月16日宣布750亿卡塔尔里亚尔（206亿美元，约占国内生产总值的13%）的一揽子计划。食品和医疗用品6个月内免征关税	QCB 3月份根据美联储的要求两次下调了政策利率（以维持盯住汇率）。存款利率下调100个基点至1%；贷款利率下调175个基点至2.5%；回购利率下调100个基点至1.5%；政府资金被用于增加对股市的投资100亿卡塔尔里亚尔（27.5亿美元）	没有措施

续表

国家	财政政策	货币与宏观金融政策	汇率与经常账户政策
罗马尼亚 （4月9日）	宣布的主要税收和支出措施约占2019年国内生产总值的2%。主要包括医疗体系的额外资金、支付关闭学校期间留在家中的家长的工资等	货币政策利率下调0.50个百分点至2.0%；将利率走廊由±1.0个百分点缩小至±0.5个百分点；通过回购交易（政府债券回购交易）向信贷机构提供流动性；在二级市场购买政府债券，等等	没有措施
俄罗斯联邦 （4月9日）	财政方案的成本约为国内生产总值的1.4%。已经公布了措施的部分成本估算，迄今为止达到0.3万亿卢布（占国内生产总值的0.3%）	政策利率保持不变。3月19日俄罗斯中央银行（CBR）开始出售国家福利基金的外汇储备，反映出油价跌破财政规则下的参考价格	除外汇销售外，没有反映财政规则和储蓄银行购买的其他措施
卢旺达 （4月8日）	政府的应急计划，包括与健康有关的开支，估计约占国内生产总值的1.5%	3月18日，央行宣布了流动性支持措施：在未来6个月内，向流动性受限的银行提供500亿卢布的延期贷款；在未来6个月内通过再贴现窗口购买国债；从4月1日起将存款准备金率从5%下调至4%	保持汇率弹性，并限制外汇市场干预
萨摩亚 （4月9日）	第一阶段的财政和经济应对方案汇总在一起总额达6630万萨特（占国内生产总值的3%）	央行（CBS）继续维持宽松的货币政策	没有措施

续表

国家	财政政策	货币与宏观金融政策	汇率与经常账户政策
圣马力诺（4月9日）	政府批准的主要措施包括：推迟支付政府税和非税债务等；暂时冻结所有非必要的政府开支；延长补充工资计划	商业银行暂停收取现有的按揭分期付款；并向受COVID-19暴发影响的个人和公司提供降息贷款	没有措施
圣托马斯和普林斯（4月9日）	正在考虑包括：增加防疫和防疫准备方面的开支；扩大社会援助；保护小企业和就业	BCSTP董事会正在考虑降低对银行的最低现金储备要求，减轻银行的压力	
沙特阿拉伯（4月9日）	3月20日宣布了187亿美元（占国内生产总值的2.8%）的私营部门支持计划。宣布在2020年预算的非优先领域削减占国内生产总值的2.0%的支出；4月3日政府授权使用失业保险基金（SANED）在一定范围内为保留沙特阿拉伯员工的私营企业提供工资福利支持（占国内生产总值的0.4%）	SAMA在3月份两次下调政策利率，将反向回购和回购利率分别下调1.25个基点至0.5%和1%。3月14日，SAMA宣布了一项133亿美元（占国内生产总值的2.0%）的一揽子计划，向银行提供资金	没有措施
塞内加尔（4月8日）	政府计划设立一个高达1000亿法国法郎（占国内生产总值的7%）的紧急基金，由捐赠者捐款、私营部门的自愿捐款和预算组成	BCEAO（地区中央银行）宣布的货币和宏观金融措施	没有措施

续表

国家	财政政策	货币与宏观金融政策	汇率与经常账户政策
塞尔维亚（4月9日）	迄今采取的财政措施高达3840亿卢比，占国内生产总值的7%	NBS将关键政策利率从2.25%下调至1.75%，并将利率通道从相对于关键政策利率的±1.25个基点缩小至±1个基点。4月9日将政策利率从1.75%下调至1.5%	继续干预外汇市场
塞舌尔（4月9日）	宣布了为面临COVID-19危机的公司提供工资补贴	央行3月23日将政策利率下调100个基点至4%；同时设立大约3600万美元的信贷机制，协助商业银行采取紧急救济措施	没有措施
塞拉利昂（4月8日）	正在制定一揽子措施，尚未宣布或采取任何措施	央行3月18日决定从3月19日起，将货币政策利率（主要是信号）从16.5%下调至15%；建立一个特别信贷机制（5000亿欧元），以支持生产、采购和分销基本产品；存款准备金率维持期由14日延长至28日，以缓解流动性紧张的局面	宣布打算提供外汇资源，以确保基本商品的进口，汇率允许调整
新加坡（4月9日）	在2月18日、3月26日和4月6日宣布了3项一揽子措施，总计刺激方案为599亿新元（占国内生产总值的12.2%）	2020年3月19日，金融管理局宣布与美联储建立600亿美元的互换机制；4月8日，新加坡金融管理局宣布了1.25亿新元的支持计划，以维持和加强金融服务和金融科技部门的能力	没有宣布

续表

国家	财政政策	货币与宏观金融政策	汇率与经常账户政策
斯洛伐克（4月9日）	出台措施相当于每月10亿欧元（占2019年国内生产总值的1%）。政府还将每月提供高达5亿欧元的担保，帮助企业获得信贷	ECB货币政策	没有措施
斯洛文尼亚（4月9日）	3月9日宣布10亿欧元（占国内生产总值的2.1%）经济刺激计划。4月2日议会批准了30亿欧元（占2019年国内生产总值的6.3%）的新经济刺激方案	ECB货币政策。受影响的公司和个人可获得最长12个月的银行贷款还款延期	没有措施
所罗门群岛（4月9日）	政府正在制定一个刺激方案，并将实施财政措施，以应对全球流行病和支持当地企业	央行承诺在未来6个月内继续保持扩张性货币政策	没有措施
南非（4月7日）	当局已经公布措施的部分成本估算，迄今已达120亿南非兰特（占国内生产总值的0.2%）	3月19日，央行将政策利率下调100个基点至5.25%；3月28日，央行宣布暂时放宽银行资本金要求，并将流动性覆盖率从100%下调至80%；2020年4月6日外管局发布了股息和现金红利分配指导意见，确保银行资本保值	继续不干预外汇市场

续表

国家	财政政策	货币与宏观金融政策	汇率与经常账户政策
西班牙 (4月9日)	关键措施139亿欧元（约占国内生产总值的1%），根据措施的使用情况和持续时间数额可能会更高	ECB货币政策。政府还为企业和个体经营者提供了高达1000亿欧元的政府贷款担保；至少在4月17日之前禁止在股票市场卖空西班牙股票	没有措施
斯里兰卡 (4月9日)	高达国内生产总值的0.1%用于COVID-19检疫和其他遏制措施，并向南盟紧急基金拨款500万美元（占国内生产总值的0.01%）	央行3月16日下调货币政策利率25个基点，下调商业银行本币存款准备金率1个百分点	3月19日实行外汇管制，以减轻外汇市场压力
苏丹 (4月9日)	应付COVID-19相关医疗保健的资金需求约为1亿美元。迄今为止国内私营部门承诺捐助200万美元，政府重新分配300万美元，联合国和国际伙伴将捐助900万美元。美国政府还宣布向苏丹捐赠800万美元。据报道4月9日伊斯兰开发银行向苏丹提供了1000万美元	政府正准备冻结三个月的还贷和服务，以缓解私营部门的压力	没有措施
苏里南 (4月9日)	承诺500万斯里兰卡第纳尔用于与COVID-19有关的卫生服务临时预算	没有措施	没有措施

续表

国家	财政政策	货币与宏观金融政策	汇率与经常账户政策
瑞典 （4月8日）	公布的财政一揽子计划总额为3800亿至6680亿瑞典克朗（分别占2019年国内生产总值的7.6%—13.3%），相机抉择	将隔夜贷款的贷款利率降低55个基点至0.2%，同时将回购利率保持在零不变；与美联储建立600亿美元的互换机制；放宽逆周期资本缓冲2.5个百分点，等等	没有措施
瑞士 （4月9日）	宣布总额超过620亿瑞士法郎（接近2019年国内生产总值的9%）的支持性财政措施	金融委员会3月18日下令从3月19日至4月4日暂停债务执行；启动与美联储的美元流动性互换额度；降低利率，提供新的84天到期日，并将7天到期操作的频率从每周增加到每天；解除逆周期资本缓冲，等等	对外汇市场进行干预，以限制瑞士法郎的升值。自2月初以来，瑞士央行干预措施总规模约为380亿瑞士法郎（占2019年国内生产总值的5.9%）
塔吉克斯坦 （4月9日）	包括世界银行和亚洲开发银行在内的其他发展伙伴讨论向塔吉克斯坦提供财政支助的问题	NBT 2月份将政策利率上调50个基点至12.75%，以遏制通胀压力	NBT允许索莫尼一次性贬值5%，以现金市场汇率调整官方汇率
泰国 （4月9日）	针对COVID-19已经批准了一项财政一揽子计划，第一、第二和第三阶段至少占国内生产总值的8.9%或1.5万亿泰铢	2020年第一季度政策利率从1.25%降至0.75%	BOT为外汇市场提供了一定的流动性，也允许汇率作为减震器进行调整

续表

国家	财政政策	货币与宏观金融政策	汇率与经常账户政策
东帝汶（4月9日）	4月7日总统颁布法律授权从石油基金中转移2.5亿美元，其中1.5亿美元用于建立一个自治基金，即COVID-19特别基金，用于预防和防治该流行病的相关开支	没有措施	没有措施
多哥（4月9日）	2020年3月20日，当局宣布了一项严重依赖发展伙伴资金的行动计划。总体融资需求估计约为700亿非洲法郎（约1.3亿美元，占国内生产总值的2%）	依据2020年3月21日BCEAO（地区中央银行）宣布的货币和宏观金融措施	没有措施
汤加（4月9日）	2020年4月2日宣布2020财年6000万潘加（占国内生产总值的5.3%）的经济和社会刺激计划	2020年3月19日NRBT批准向银行系统提供流动性支持，承诺如果需要，将放宽外汇管制要求	汇率仍与一篮子货币挂钩（每月调整幅度在±5%以内）
特立尼达和多巴哥（4月10日）	3月23日公布一揽子财政计划（50亿TT，约占国内生产总值的3.25%）	3月17日央行下调政策利率150个基点至3.5%，下调商业银行存款准备金率300个基点至14%	政府将增加外汇在系统中的分配
突尼斯（4月1日）	3月21日宣布了25亿TND紧急计划（7.1亿美元，占国内生产总值的1.8%）	中央银行（BCT）3月份将其政策利率下调了100个基点	没有措施

续表

国家	财政政策	货币与宏观金融政策	汇率与经常账户政策
土耳其 （4月8日）	宣布了1000亿土耳其里拉的一揽子计划。其中包括750亿土耳其里拉（116亿美元，占国内生产总值的1.5%）的财政措施，以及250亿土耳其里拉（38亿美元，占国内生产总值的0.5%）的信贷担保基金	将政策利率下调100个基点至9.75%，出台了一揽子金融措施	总储量和净储量均较近期峰值下降约10%
土库曼斯坦 （4月9日）	正在修订方案，包括增加医疗支出以防止COVID-19暴发，并为受遏制措施影响的企业提供支持	没有措施	对私人企业国际支付和交易的外汇限制已经收紧
乌干达 （4月8日）	从2020年1月到6月为卫生部准备和应对计划的大约1/5提供了资金（总额700万美元，约130万美元）。政府已寻求8000万美元的追加预算	央行3月20日发表声明提供几种措施的流动性援助方案	随时准备干预外汇市场
乌克兰 （4月9日）	采取了一些措施来支持商业活动，包括减税、补贴等	改变货币政策的操作设计提供市场流动性	没有措施
阿拉伯联合酋长国 （4月9日）	当局迄今已公布了各种财政措施中约265亿迪拉姆（72亿美元或占国内生产总值的2%）	CBUAE今年以来已两次下调政策利率，累计降息125个基点；CBUAE公布了700亿美元或占国内生产总值20%的一揽子计划	没有措施

续表

国家	财政政策	货币与宏观金融政策	汇率与经常账户政策
英国 （4月9日）	税收和支出措施包括：为国民保健等提供额外资金50亿英镑；支持企业的措施270亿英镑；支持通过增加普遍信贷计划下的付款以及扩大其他福利近70亿英镑	将银行利率下调65个基点至0.1%；将央行持有的英国政府债券和非金融企业债券的规模扩大2000亿英镑；引入新的定期融资计划增加对实体经济的贷款激励；启动英国财政部联合银行为企业提供3300亿英镑的贷款和担保（占国内生产总值的15%）；与欧元区、美国等通过长期美元流动性互换额度安排进一步加强流动性的提供；到2020年12月，将英国反周期缓冲率从原来的2%降至零，等等	没有措施
美国 （4月9日）	2.3万亿美元（约占国内生产总值的11%）的冠状病毒援助、救济和经济安全法案（"关怀法案"）	联邦基金利率下调150个基点至0—0.25个基点，流动性提供无上限	没有措施
乌拉圭 （4月9日）	扩大失业保险、帮助老年工人和现金转移的费用估计为4亿美元（占国内生产总值的0.7%），而这一流行病的财政总费用，包括一些额外措施和税收下降，目前估计大约是这一数额的两倍	将受公共卫生措施影响的家庭和企业的贷款支付推迟180天。为中小企业贷款提供担保的基金将从5000万美元扩大到5亿美元（利用国际组织的资金）	汇率允许调整，中央银行进行干预以限制市场的过度波动
乌兹别克斯坦 （4月9日）	宣布设立10万亿苏姆（约10亿美元，占国内生产总值的1.5%）的反危机基金	银行推迟回收对受COVID-19影响行业企业的贷款支付	没有措施

续表

国家	财政政策	货币与宏观金融政策	汇率与经常账户政策
瓦努阿图（4月9日）	3月31日，价值40亿瓦图（约占国内生产总值的4%）的第一阶段财政方案公布	3月27日，储备银行将政策利率从2.9%下调至2.25%	没有措施
越南（4月9日）	政府应急预算中拨款5100万美元用于卫生支出；占国内生产总值的2.4%数额的减税，等等	3月17日起SBV将基准政策利率下调50—100个基点，将短期存款利率上限下调25—30个基点；3月19日至8月31日期间为支持股市，证券服务的几项费用也有所减少或免除	3月23日SBV宣布将根据需要干预汇市，以平抑汇率过度波动
约旦河西岸和加沙（4月8日）	巴勒斯坦权力机构计划花费4.1亿新谢克尔（占国内生产总值的0.7%）	推迟今后4个月所有借款人向银行偿还每月/定期贷款，并推迟今后6个月旅游和酒店部门向银行偿还贷款	没有措施
赞比亚（4月8日）	宣布占国内生产总值0.75%的资金以清理欠款和支付承包商；设立了防疫基金，数额占国内生产总值的0.02%，并批准了COVID-19应急和反应计划，预算占国内生产总值的0.2%	BoZ计划向合格的金融服务提供商提供占国内生产总值3%的中期流动性支持	没有措施
津巴布韦（4月9日）	截至2020年3月24日，当局对抗击COVID-19的要求为2640万美元，目标是预防和控制该疾病，包括开展宣传活动	银行政策利率从35%降至25%；法定存款准备金率由5%下调至4.5%；私人部门贷款额度从10亿ZW增加到25亿ZW	从有管理的浮动汇率制度转变为固定汇率制度

G20 汇率波动"大分化":我们读到了什么?

4 月 13 日

昨天传来了"OPEC+"国际原油市场达成减产协议的消息,国际金融市场大动荡的原油冲击得以缓解,原油价格剧烈动荡对外汇市场的负面冲击将会减少。但外汇市场的风险点依然不少,在讨论之前,我们首先看一下今年以来美元汇率指数的走势。

图 1 显示,美元汇率指数今年年初至今上涨了大约 3.17%,而 1 月 3 日至 3 月 19 日美元指数上涨了 5.99%。之所以要分为两个阶段,原因从 3 月 6 日到 3 月 19 日国际金融市场的大类资产价格呈现出"泥沙俱下"的局面,整个金融市场步入了流动性恐慌阶段,这个阶段没有任何工具可以对冲风险。3 月 20 日至今的大类资产价格变化不再出现同一趋势,对市场来说意味着度过了可怕的"流动性恐慌"阶段。3 月 20 日开始我们清晰地看到美元指数有一个较大幅度的下降,整体呈现出波动中下降的态势,这对全球金融市场来说,是个好消息。

从分成两个阶段的 G20 成员的汇率变化来看,呈现出"大分化"的特征(图 2)。首先,1 月 3 日至今我们看到了 4 个最稳定的货币:中国的人民币、日本的日元、沙特阿拉伯的里亚尔和瑞士的法郎。在这 4 个货币中对美元贬值最大的人民币也只有 1% 左右的贬值。从 1 月 3 日到 3 月 19 日这个大动荡时期,日元对美元贬值接近 5%,人民

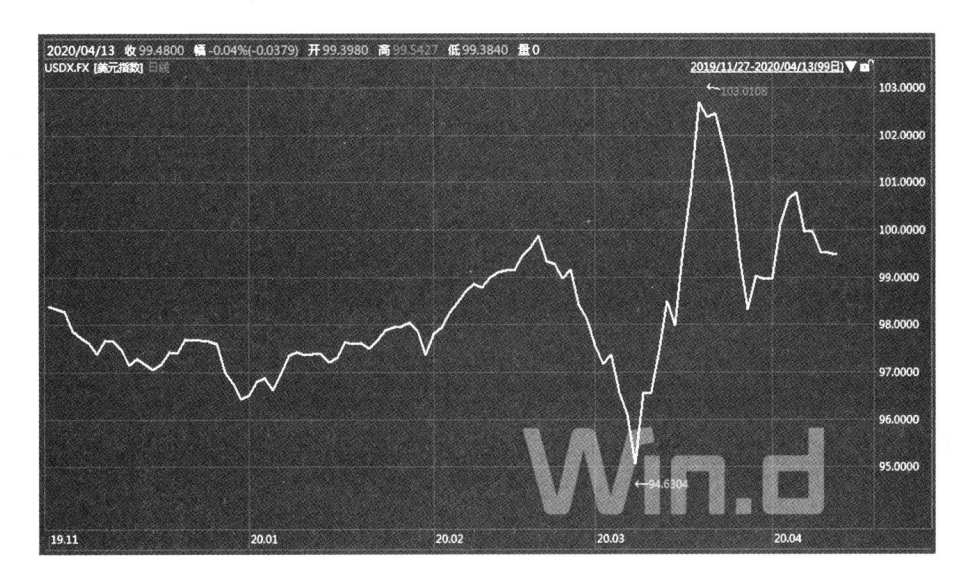

图 1　美元汇率指数的走势

币贬值大约2%，瑞士法郎贬值大约1.8%（瑞士对外汇市场实施了明显的干预）。这说明国际市场美元流动性的持续紧张对这些表现最稳健的货币也带来了一定的冲击。其次，1月3日至今贬值幅度在25%左右的货币是巴西雷亚尔、墨西哥比索、南非兰特；俄罗斯卢布和土耳其里拉也分别贬值了大约17%和13%。阿根廷比索和澳大利亚元贬值的幅度在9%—10%。再次，对比1月3日到3月19日期间的汇率变化，你会发现，阿根廷比索、巴西雷亚尔、印度卢比、南非兰特和土耳其里拉在这一期间的货币贬值幅度比1月3日至今的贬值幅度要小！这说明：即使国际市场美元流动性紧张的局面得到了大幅度的缓解，美元流动性对美国来说依然呈现出"内松外紧"的局面！上述几个经济体的货币在3月19日之后还在对美元持续贬值。最后，我们看到3月19日之后一些发达经济体的货币对美元是升值的，导致年初至今对美元的贬值幅度是明显收窄的。图1中只要是实线图的部分比斜线图的部分短，就是对美元贬值收窄的幅度。像澳大利亚、加拿大、欧元区、韩国、英国、瑞士的货币贬值幅度呈现出不同的收窄幅度。当然，中国的人民币和俄罗斯的卢布也出现了对美元贬值幅度的明显收窄（见图2）。

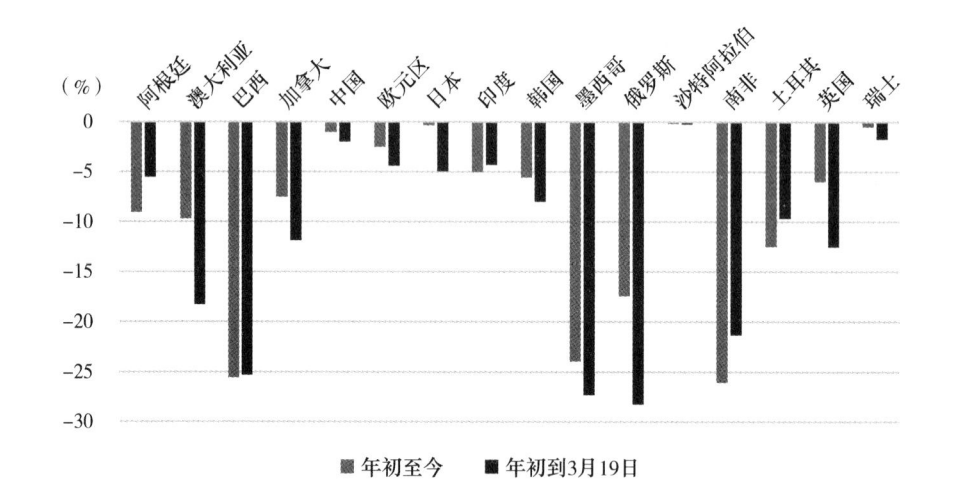

图2　G20 货币兑美元汇率分阶段的变化

这就引发了我们的思考：G20 成员的汇率为什么会出现如此大的分化？货币年初至今对美元跌幅的幅度远小于1月3日至3月19日的跌幅是不是说明汇率在流动性冲击下存在"汇率超调"？在金融大动荡时期要精准分析这些并不容易。但在考虑经济基本面的情况下，看待这种汇率的短期剧烈波动，美元的流动性问题是核心。以下几个因素可能是需要重点考虑的：（1）你是否有足够的外汇储备？或者是你是否有足够多的能快速变现的美元资产？（2）你和美联储有货币互换吗？（3）你的美元外债——尤其是你的短期外债情况如何？

按照上述逻辑，我们看到，沙特阿拉伯的货币汇率是波动最小的，这与石油美元体系紧密关联；中国、日本外汇储备充分，仅持有的美国国债加起来差不多 2 万亿美元；还有一部分是和美联储有货币互换的，比如欧元区、英国、加拿大、日本、瑞士、澳大利亚、韩国、墨西哥。这些货币在 3 月 19 日之后不同程度地收复了年初至 3 月 19 日之间的贬值幅度。典型的是墨西哥，在和美联储互换了大约 50 亿美元后，年初至今的跌幅比年初至 3 月 19 日的跌幅收窄了大约 3.3 个百分点；澳大利亚元兑美元的跌幅收窄了大约一半；日元基本收复了年初至 3 月 19 日的贬值幅度，等等。

而在 G20 中，货币大幅度贬值的阿根廷比索、巴西雷亚尔、印度卢比、南非兰特和土耳其里拉在 3 月 19 日之后还在继续贬值，这些经济体要么是短期外债不低，要么是外汇储备不足，要么是没有和美联储的美元货币互换，造成这些经济体在美联储无上限的宽松条件下也没有宽松到自己这里来，反而出现了资本外流，导致其货币进一步贬值。

新冠肺炎疫情大冲击带来的汇率波动压力，对这些经济体的政策制定者来说是需要思考的重要问题。G20 经济体中的成员如果存在不少的货币过大的汇率波动，对共同采取措施抗击疫情、帮助恢复全球经济未来的增长不是个好消息。因此，G20 应该考虑作为一个整体来干预外汇市场，一个稳定的 G20 外汇市场对全球抗疫和恢复经济是非常重要的。

在尚未看到 G20 的具体措施之前，G20 成员的汇率波动"大分化"还会持续，全球汇率动荡远没有停止。

可以参考一下：凯恩斯+熊彼特的经济政策组合

4月15日

伯南克说"大萧条"是宏观经济学的"圣杯"。只要是经济总需求不足，凯恩斯主义的宏观政策就必须出来。从政策角度来说，关键在于行动，在于能够及时解决当下的实际问题并兼顾未来的发展战略。因此，检验目前应对疫情"大冲击"宏观经济政策好坏的标准只有一条：管用。这里的"管用"包括两个方面的含义：首先要解决当下的迫切问题；其次，要站在全球竞争的视野上去看待解决当下问题大政策的未来期盼。

众所周知，凯恩斯的《就业、利息和货币通论》基本是基于封闭条件下的通论，没有涉及跨国的贸易和投资，教材中就是IS–LM模型；后来扩展到开放条件下的IS–LM–BP模型，加入了国际收支均衡作为第三个条件，成为开放宏观经济学分析的基础模板。而事实上，全球外部基本从来没有平衡过，外部不平衡是常态。

按照上述简化的理论逻辑，我们可以看到在封闭条件下，总需求不足时，用凯恩斯主义经济政策就差不多的时候，放在开放条件下，凯恩斯主义的经济政策可能还会加码，原因在于：如果你一直持有大量的顺差，外部平衡意味着外部总需求减少的幅度会大一些。因此，"稳外贸"的重要性之一也在于有助于降低内部政策刺激的力度。

主流的经济增长理论是基于各种生产函数基础之上的，增长就是各种要素的累积、技术进步以及制度的变迁。经济在各种要素、技术和制度等的组合下产生一个潜在的 GDP 水平，而实际中遇到的各种负面冲击会使实际增长率偏离这种潜在产出水平。每一次负面的大冲击就是短期总需求的萎缩带来的经济偏离潜在水平过多，需要政策刺激短期总需求，凯恩斯主义经济政策就是解决这类问题的。

事实上，开放条件下也存在从需求角度来研究决定增长的理论，只不过与主流的增长理论相比，这一派理论属于小众。经济学家 Thirlwall（1979）提出的国际收支约束的经济增长模型（简称 BPC 模型）及其扩展模型（Thirlwall and Hussain, 1982），就认为需求增长率的不同是经济增长率差异的根源（也称为 Thirlwall 法则）。尽管是小众理论，但提供了开放条件下一个不同的看待增长的视角，而不是单纯从长期的要素角度去看待增长。

全球贸易摩擦的过程也是全球外部再平衡的过程。再平衡过程意味着要保持原有的增长率，有大量顺差的经济体就面临着比封闭条件下凯恩斯刺激政策力度还要加码的力度。无论如何，凯恩斯主义的经济政策是解决短期总需求不足的基本疗法。

那么凯恩斯的扩大总需求的理论及其政策是如何和熊彼特的创新理论及其政策结合在一起的？熊彼特认为，创新就是要建立一种"新生产函数"，即生产要素需要重新组合，要把一种从来没有的关于生产要素和生产条件的"新组合"引进现有的生产体系中，企业家的职能就是实现"创新"，在创新中推动经济增长。熊彼特提出了五种形式的创新：采用一种新产品、采用一种新方法、开辟一个新市场、寻找投入品的新来源、实现一种工业的新组织。可见，熊彼特的创新理论主要是生产理论，聚焦于创新驱动质变，有提高经济潜在 GDP 的意思。涉及的内容也非常广泛，涉及产业发展动力、金融市场功能和公共部门保障等重要的内容。

一个是短期总需求理论，一个是"新生产函数"的增长理论。其结合点就在于当下刺激总需求的政策措施中有一部分是生产性的，比如投资。刺激投资在当下是提高总需求，但又构成了未来的生产能力，投资什么也决定未来一段时间生产增长的方向。投资到技术创新的行业，当前总需求的扩张政策就形成了未来的创新行业的产能；投资到传统行业，当前总需求就形成未来传统行业的产能。不论是采用财政政策刺激（比如税收激励、补贴等），还是采用货币政策（比如更低利率的信贷等），刺激当前总需求的宏观政策方向将在一定程度上决定未来产业发展的方向。

在开放条件下，刺激短期总需求的政策与长期增长（创新）的有机结合就显得尤其关键。在开放条件下，国际竞争是任何一个经济体要直面的问题。要想在竞争中有自己的位置，除了你拥有独特的资源禀赋以外（比如原油），对绝大多数经济体来说，技术是核心。技术来自持续的创新，创新是带来增长最重要的源泉，这是经济学家熊彼特一生追求和秉持的观点。

现在的全球形势是什么样的？全球已经进入了高强度的经济增长竞赛期。世界经济的多极化是全球共同参与治理的基础，按照马克思的话来说是经济基础决定上层建筑。要在全球竞争中获得更好的增长，就要参与全球竞争，那么创新是本源。我们看到一些发展中经济体拥有不错的资源禀赋，但经济没有创新，在世界经济中也因此没有好的位置。因此，放在开放的视野下，刺激性的政策在扩大短期总需求的同时，兼顾长期的国际竞争发展战略，才能使得刺激总需求的经济政策有新的含义。这个新含义就是：刺激总需求的同时包含了当下和未来的产业创新。

从2008—2009年和今年这两次的刺激政策来看，2008—2009年的总需求刺激政策更多考虑了凯恩斯主义的刺激政策，宽松的财政和货币政策带来大量的货币进入传统产业，比如房地产行业。当然，房地产行业产业链长，有助于就业，但涉及水泥、钢铁等传统行业，结果带来了产能过剩和"僵尸"企业问题，还催生了影子银行、P2P各种"创新"以及房价泡沫，等等；2020年这一次的刺激总需求的政策明显不同，刺激政策中更多体现了创新因素，典型的就是中国经济的"新基建"。新基建是指以5G、人工智能、工业互联网、物联网为代表的新型基础设施，大多数是信息数字化的基础设施，本身是创新行业，也是未来其他行业进一步创新的平台。"新基建"体现了提升总需求的同时促进创新发展的战略。当然，遵循市场财务纪律约束的"新基建"是最佳。

尤其是在当前国际环境复杂多变的背景下，来自发达经济体的各种贸易摩擦、技术禁售等，都是为了维持自己在国际市场竞争上的有利位置。因此，改善营商环境、激励和保护企业家创新精神是在扩张性经济政策刺激总需求的同时，要继续坚持和强化的发展战略。

简言之，在经济总需求急剧下滑的时候，凯恩斯告诉我们怎么活下来，而熊彼特则告诉我们怎么在未来的全球竞争中活得更好、活得更有品质。因此，这一次可以参考一下：凯恩斯＋熊彼特的经济政策组合。

政策对冲与美国金融市场风险的释缓

4月16日

4月14日，美联储在网站上公布了 Federal banking agencies to defer appraisals and evaluations for real estate transactions affected by COVID-19（April 14, 2020）。联邦银行机构发布的这一项临时最终条例，暂时推迟与房地产相关的评估，临时条例将于2020年12月31日到期。由于COVID-19的影响，企业和个人对额外流动性的需求增加，房地产权益市场的变现可以解决企业和居民对流动性的需求，但由于"社交距离"的防控措施，给执行和完成不动产的评估以及符合联邦评估条例所需的评估带来了复杂性，一些借款人可能会在获得满足眼前和近期金融需求所需资金方面出现问题。

如何解读美联储发布这条信息的含义？我们认为有两层基本含义。第一层含义是：确实存在依靠房地产市场权益变现来获取现金的企业和个人，COVID-19影响到了房地产市场股权的变现；第二层含义是：如果企业和居民出现流动性紧张，大面积靠房地产市场来变现补充流动性，那么流动性风险就可能会传递到房地产市场，对美国财富的基本盘带来负面冲击。在公告中我们看到了一条清晰的信息：美联储委员会、联邦存款保险公司和货币监理署正在提供这一临时救济，以允许受监管机构迅速向有信誉的家庭和企业提供融资。因此，美国房地产的流动性风险通过上述政策对冲得到了一定程度的缓解。

从美国的房价来看，依据 Wind 提供的数据，到 2020 年 1 月，美国 20 个大中城市的房价同比在过去一年中每个月的同比涨幅基本在 2%—3%，每月之间波动的幅度较小；从环比来看，变化也不大。2019 年 2 月—2020 年 1 月的 12 个月中月均环比涨幅 0.25%。值得注意的，2019 年 12 月份环比涨幅为 0%，2020 年 1 月环比涨幅为 -0.04%，在 2019 年 2 月之后首次进入环比负增长。因此，总体上美国 20 个大中城市房价还算比较稳健（图 1）。

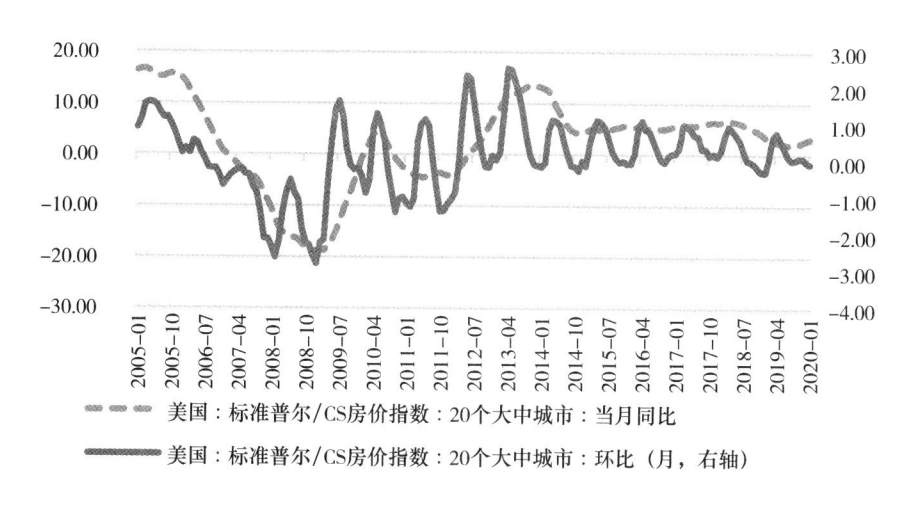

图 1 美国经济中房价的走势（2015 年 1 月—2020 年 1 月）

资料来源：Wind。

新冠肺炎疫情到底能给房地产市场价格带来多大的冲击，很难去判断。无论如何，美联储这项临时措施对于对冲美国房地产市场的流动性风险有一定的作用。

从美国股市来看，依据 Wind 的数据，截至 4 月 16 日早上 8 时，美国三大股市的跌幅已经大幅度收窄，股指比 3 月 23 日附近的最低点已较大幅度回升，比如 DJ 指数上涨了 30% 左右。年初至今，道琼斯指数、纳斯达克指数和标普500指数的跌幅分别为17.64%、6.46%和13.85%。除了中国的上证指数以外，美国股市三大股指的跌幅比其他重要股市的跌幅要小（图2）。

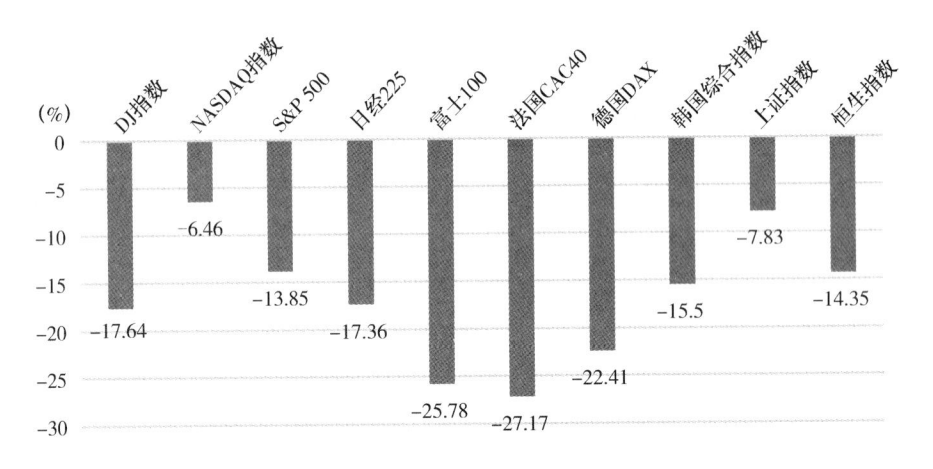

图2 2020年年初至今全球重要股市指数的跌幅

可见，从美国经济中财富的基本盘来看，股市受到了明显的负面冲击，但由于近期股指较大幅度回升，股市剧烈下挫带来的财富效应、资产负债表效应等对美国经济的负面冲击有所减缓。

房市和股市作为美国经济中财富的基本盘，在美国经济中占据了什么样的位置？依据美联储SCF（2016）的调查，在平均水平上房产净值大约为净财富的30%。除了居民以外，我们还需要了解金融资产（包括房地产）在企业资产负债表上的情况，才能进行较为完整的判断。

依据美联储提供的数据，我们发现美国经济中非金融类企业的资产负债率在最近3年保持在一个相对稳定的水平，在2019年第四季度，非金融类企业的资产负债率为62.54%（图3）。

金融资产在美国非金融类企业资产负债表的资产端是非常重要的，基本占据了资产端的45%左右（图4）。因此，金融资产价格的变化会直接影响美国非金融类企业的资产负债表的质量和财务杠杆率。

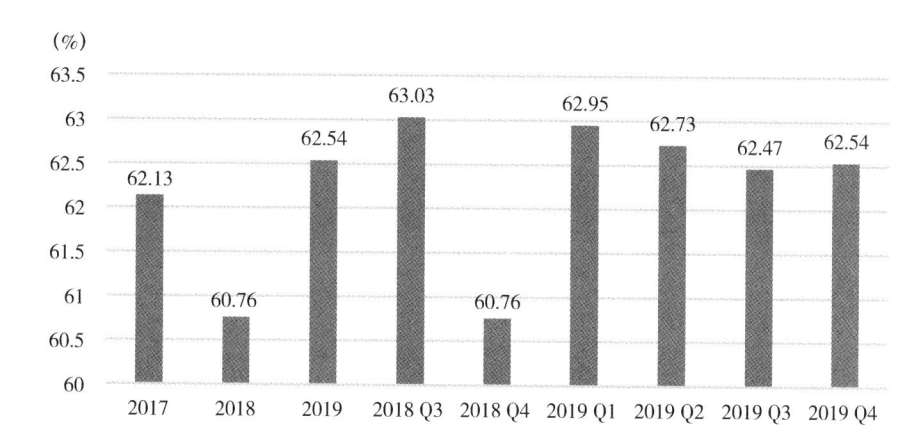

图3 美国经济中非金融类企业资产负债率（总负债/总资产，无季节调整）

资料来源：美联储，Financial Accounts of the United States – Z.1，B.103 Balance Sheet of Nonfinancial Corporate Business。

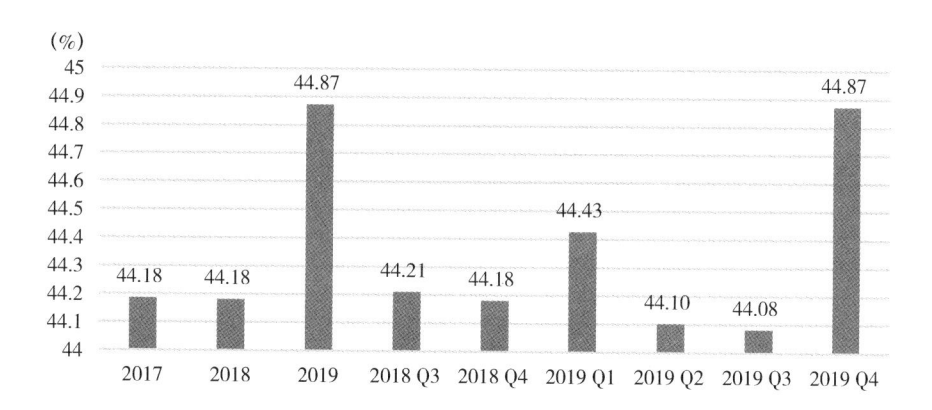

图4 美国经济中非金融类企业金融资产/总资产（无季节调整）

资料来源：美联储，Financial Accounts of the United States – Z.1，B.103 Balance Sheet of Nonfinancial Corporate Business。

美国非金融类企业资产负债表资产端最重要的资产是房地产资产，其次是股票资产。房地产资产占据了金融资产的约70%，而股票资产占据了金融资产的大约11%，因此，房地产和股票资产占据了美国非金融企业资产负债表中金融资产端的80%左右，如果再加上共同基金类资产，大约占金融资产1.5%左右的比例（图5）。可以看出，美联储的大力度政策就是为了护住房地产市场、稳住股票市场，尽力防止美国非金融类企业资产负债表的资产端出现实质性的恶化。

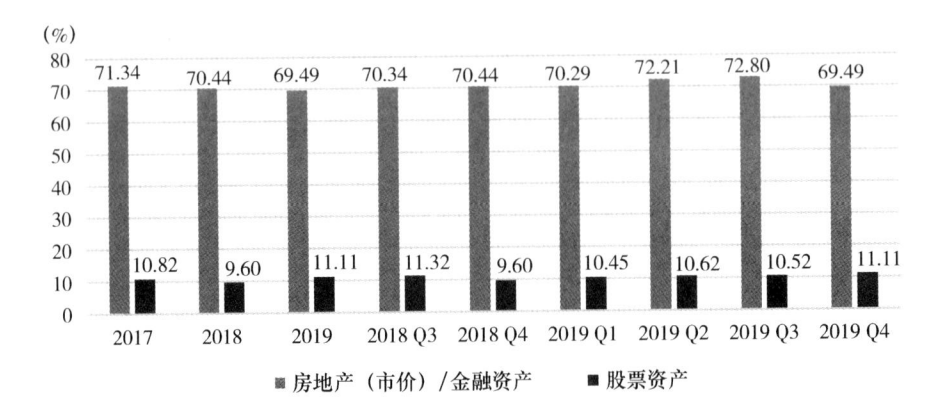

图5 美国经济中非金融类企业金融资产中房地产和股票资产占比（无季节调整）

年份	房地产（市价）/金融资产	股票资产
2017	71.34	10.82
2018	70.44	9.60
2019	69.49	11.11
2018 Q3	70.34	11.32
2018 Q4	70.44	9.60
2019 Q1	70.29	10.45
2019 Q2	72.21	10.62
2019 Q3	72.80	10.52
2019 Q4	69.49	11.11

资料来源：美联储，Financial Accounts of the United States – Z.1，B.103 Balance Sheet of Nonfinancial Corporate Business。

风险点还在于："社交距离"带来的企业现金流预期至少在今年二季度出现一个大幅度的下滑。小企业在这样的冲击中，脆弱性比较高，美国会有不少小企业会由于短期现金流不足而倒闭。图6进一步给出了美国非金融类企业应收账款和海外投资在总资产中的占比，应收账款的占比在7.5%左右，这一部分存在较大的风险；另外，海外投资在总资产中的占比在13.5%左右，这一部分由于受到疫情的大冲击，也会受到显著的影响。

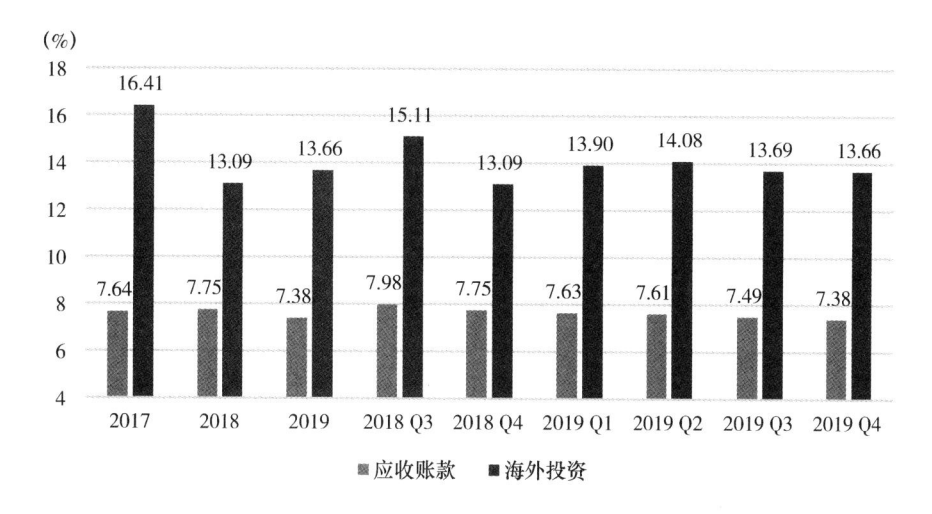

```
(%)
18
16   16.41
14              13.09   13.66        15.11           13.09   13.90   14.08   13.69   13.66
12
10
 8   7.64    7.75    7.38    7.98    7.75    7.63    7.61    7.49    7.38
 6
 4
     2017    2018    2019   2018 Q3 2018 Q4 2019 Q1 2019 Q2 2019 Q3 2019 Q4
                        ■ 应收账款    ■ 海外投资
```

图 6　美国经济中非金融类企业应收账款和海外投资占总资产的比例（无季节调整）

如果海外疫情在未来一段时间出现拐点，疫情可控，今年二季度企业现金流的急剧萎缩会造成公司价值的重估，因此，整个股票市场会进入价值重估阶段，但应该不会再出现3月中旬流动性恐慌带来的"泥沙俱下"的过度反应。如果疫情不可控，带来的现金流负面冲击不是暂时的，而是持久的，那将进入周期性的衰退。换言之，排除疫情的不可控，这次疫情对企业现金流冲击的时间应该不会太长，但幅度极其剧烈。

因此，总体上美国非金融类企业资产端的价值肯定会受到疫情冲击带来资产价值的缩水。图7给出了美国非金融类企业债务证券和贷款占总负债的比例，总和占36%左右。进一步考虑到非金融类企业负债端的价值变化，可能在负债端的负债价值也会缩水，尤其是利率的大幅度下降将会带来负债端价值的下降。因此，美国非金融类企业资产负债表的双边价值都存在一定的收缩，总体上在房价和股市财富基本盘不受到进一步大冲击的背景下，风险应该是可控的。

```
(%)
30
    24.33    24.66           23.94    24.66    23.68    23.50    23.48    23.24
25            
            23.24
20
15            13.13    12.61    12.50    13.13    12.62    12.55    12.52    12.61
    11.43
10
    2017    2018    2019    2018 Q3  2018 Q4  2019 Q1  2019 Q2  2019 Q3  2019 Q4
              ■ 债务证券    ■ 贷款
```

图 7　美国经济中非金融类企业债务证券和贷款
占总负债的比例（无季节调整）

再回顾一下美国最近两个大刺激方案的总体逻辑。美国两院通过的 2 万亿美元里面企业减税 2100 亿美元、企业信贷 4540 亿美元（其中小企业贷款 3490 亿美元）；在国会授权范围内美联储的 2.3 万亿美元的一共 7 个具体计划中，计划 2—3 主要针对能发债的大公司而言的，这些大企业能在一级市场发债，美联储通过财政注资"SPV"杠杆来在二级市场买债，规模达到 7500 亿美元。计划 5—7 针对中小企业融资，计划 5 没有具体数额。计划 6—7 也是美联储通过财政注资"SPV"杠杆来给中小企业发放信贷，规模达到 1.2 万亿美元。这些信贷通过财政注资"SPV"，本身具有财政担保的性质，甚至可以说美联储用财政杠杆的"SPV"有点绕过商业银行的味道，直接插手市场信贷了，美联储自己承担了风险中的很大部分。因此，这种信贷计划压缩了美国银行体系新增贷款的风险。

最后，我们再来看全球的另一个大风险点：国际油价。3 月 6 日沙特阿拉伯单方面宣布增产，导致油价暴跌，这是引发今年全球金融大动荡的导火索。经过反复讨价还价，协议减产规模没有达到市场预期的2000万桶/日。依据协议"欧佩克+"从2020年5月1日起开始为期2个月的首轮减产，减产幅度为970万桶/日（约为目前世界每日原油产量的1/10），2020年7月至12月每日减产770万桶，2021年1月至2022年4月每日减产580万桶。由于美国、加拿大、巴西和挪威等国不属于"欧佩克+"的石油联盟，它们尚未明确公布减产份额。据彭博新闻社报道，美国、加拿大和巴西最终将共同削减每日约370万桶的石油。如果加上其他国家，这个数字将接近谈判开始时计算的500万桶/日。那么全球原油产量大约减少1500万桶/日，达到市场预期的2000万桶/日的75%。由于需求的减少可能达到2000万桶/日，因此这个减产规模虽然不及市场预期，但或许能够防止油价出现进一步的大幅度下跌。

总结：美国金融市场风险的爆发与美国过去多年实施宽松政策累积起来的问题息息相关。为了阻止风险的进一步爆发，美联储出台了巨大规模的宽松刺激政策来对冲风险。美联储的政策希望护住房地产市场、稳住股票市场，使得美国非金融类企业资产负债表不出现实质性的恶化。但企业现金流短期的冲击会带来企业价值的重估，美国金融市场应该基本度过了流动性恐慌阶段，发生金融危机的概率小。应该说，两轮大规模的刺激起到了对冲金融市场进一步下行风险的作用。同时，国际油价的波动幅度会随着减产协议的实施而下降。整体上，大规模的对冲政策使美国金融市场的风险得到了一定程度的释缓。

这一次，应该很难见到"大萧条"

4月19日

1929—1933年的"大萧条"影响了世界上大多数国家，是100年以来唯一一次被称为"大萧条"的经济周期性波动。IMF当地时间4月14日发布了《世界经济展望》报告，预计2020年全球经济增长率-3.0%，是"大萧条"以来最严重的经济衰退。那这是不是就意味着全球经济会出现"大萧条"？我们先看一下1929—1933年"大萧条"的几个重要景象。

按照弗里德曼和施瓦茨的《美国货币史（1867—1960）》、伯南克的《大萧条》以及Wind数据，我们首先看一个"大萧条"几个重要景象的回放。1. 银行体系崩溃。1933年年底仍在坚持经营的银行只有1929年的一半多一点，50%左右的银行倒闭。2. 股票市场崩溃。从1929年10月开始，中间虽有反弹，一直跌了大约3年，标普500最大跌幅为大约85%。3. 产出和物价水平持续下跌。以1929年美元不变价格计算，1933年比1929年产出水平下降大约30%，物价水平大约下降25%。4. 失业率高。失业率最高点达到25%左右。5. 国际贸易骤降。美国"以邻为壑"的贸易政策助推了贸易萎缩，导致1932年比1929年国际贸易量下降了大约40%多。

"大萧条"为什么有如此惨烈的景象？为什么持续时间长达大约4年之久？我们列举几个最著名的解释。1. 凯恩斯的支出收缩理论。

凯恩斯在《就业、利息和货币通论》中依靠边际消费倾向、资本边际效率、流动偏好三大规律证明了总需求小于总供给，导致了生产过剩的经济危机和失业。2. 弗里德曼和施瓦茨的货币理论。认为货币紧缩是导致"大萧条"的重要原因。1929年之前的几年美联储一直处于加息通道，当1929年10月危机爆发时，美联储的应对极其缓慢，一直到1932年2月的《1932年银行法》公布后，美联储才开始购买国债，实施QE。在1929年11月美联储降息1.5个百分点，利率降为4.5%，但1931年年底，由于银行系统的崩溃以及对美元的不信任，1931年年底美联储又提高利率。依据霍默等在《利率史》中给出的1929—1933年美国优质公司债券的收益率我们可以看到，1933年美国优质公司债券的收益率年均为4.19%，而1929年为4.49%，货币政策对降低利率几乎没有发挥作用。3. 伯南克的综合论。在《大萧条》中伯南克以全球视角扩展了弗里德曼等人的研究，认为货币紧缩是大萧条的主要推动力，同时强调了全球货币紧缩的根源与货币汇率制度紧密关联。一些经济学家，如Sachs、Eichengreen等观察到最早放弃金本位、采用自由扩张货币政策的国家恢复得更快。

因此，"大萧条"在某种程度上是人类第一次遇到如此大规模的危机，反危机政策制定的力度和速度都停留在还没有见识过如此大危机的基础之上。金融系统对实体经济造成剧烈冲击的最著名的研究成果之一是弗里德曼和施瓦茨的金融实体反向冲击观点：大量的银行倒闭和股票市场的崩溃带来了银行和投资者财富急剧萎缩，经济中的信贷急剧萎缩，进一步引起了货币供给量的下降；包括伯南克在内的很多经济学家进一步阐述了债务人、银行和贷款人破产对经济衰退的进一步冲击。这些宝贵的应对大危机的经验大多来自"大萧条"。

2020年疫情大冲击带来全球经济深度下滑，故事逻辑的起点完全不同于1929—1933年"大萧条",也不同于2008—2009年的次贷危机。这"意外的"或者说是"始料未及"的新冠肺炎疫情大冲击,是"隔离"或者"社交距离"带来的经济活动的急剧萎缩,波及全球。

"隔离"或者"社交距离"带来的短期剧烈冲击幅度要高于其他形式的经济或金融危机带来的冲击,因为全球与人员活动的相关经济活动都受到了剧烈冲击。英国甚至出现了300年以来最严重的短期经济衰退,美国也出现"大萧条"以来最为严重的经济收缩,中国经济2020年一季度GDP也出现了-6.8%的深度下滑,等等。即使如此,世界经济也不太会重演"大萧条"的悲剧。主要有以下几个原因。

第一,疫情并没有脱离大流行性传染病的预测曲线。这说明只要采取有效措施,疫情整体是可控的。中国已经走在复工复产的前列;最近西班牙部分复工;美国也在讨论5月份渐进式复工;等等。同时,各国除了推广有效的疫情防控措施外,也加快了疫苗的研究进程。

第二,政策制定者心理并没有畏惧。有了历史上反危机的经验,应对大疫情和金融大动荡,人类出现了历史上最大规模的政府以及央行干预,完全没有像"大萧条"时期那样基本采取自由放任的经济政策。"大冲击、大应对"的宏观政策较大程度上对冲了"隔离"或者"社交距离"带来的经济、金融大动荡导致的极其剧烈的风险,在很大程度上帮助投资者稳定了预期。依据IMF Policy Tracker截至4月10日数据,全球财政政策支出力度占GDP 5%以上的经济体数量占到了35%左右,财政支出超过GDP 10%的经济体接近15%;全球30多个重要经济体的政策性利率基本是零利率,全球货币政策的力度很大。财政政策和货币政策对冲"大冲击"的风险可以推到极限。外汇市场上全球超过30%的经济体对外汇市场实施了不同程度的干预，部分新兴经济体有的货币贬值幅度较大，比如达到25%—30%。目前尚未出现外汇市场崩溃的货币危机，但未来新兴经济体外汇市场面临的压力也许远没有结束。

第三，金融体系比较稳健。首先是金融系统中银行体系比较稳健。其次是金融资产市场大类资产"泥沙俱下"的大动荡时期基本已经过去。美联储的坚定"做多"政策在很大程度上排除了国际金融市场流动性风险进一步爆发成整体流动性危机的可能性，但不排除全球会出现局部流动性危机的可能性。以收盘价计（截至4月17日），图1给出了全球一些重要的股市反弹力度大于10%的样本。美股三大指数DJ指数、纳斯达克指数、标普500指数分别从最低点（3月23日）反弹了30.39%、26.08%和28.48%，等等。

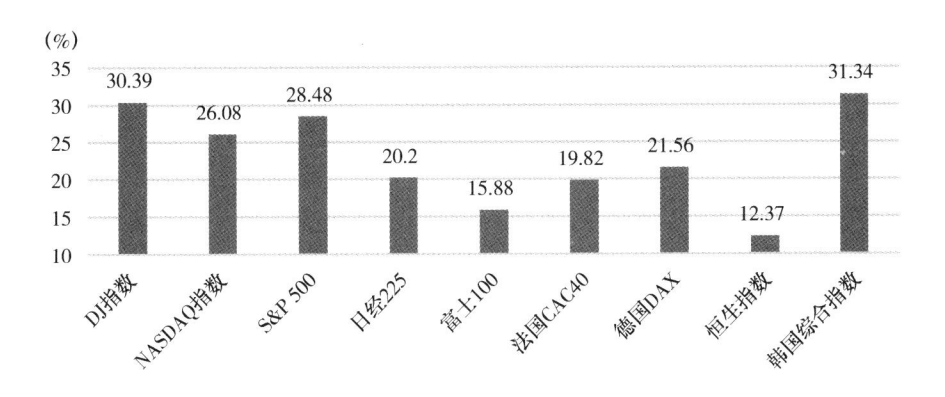

股指	反弹幅度(%)
DJ指数	30.39
NASDAQ指数	26.08
S&P 500	28.48
日经225	20.2
富士100	15.88
法国CAC40	19.82
德国DAX	21.56
恒生指数	12.37
韩国综合指数	31.34

图1　3月23日—4月17日低点股市反弹力度超过10%的全球部分重要股市

尤其是美国股市较大的反弹，大幅度收窄了年初至今的跌幅。年初至4月17日DJ指数、纳斯达克指数、标普500指数分别下跌了15.05%、3.59%和11.03%。美国股指为什么能出现如此大幅度的反弹,可能的原因有三个。第一是流动性得到缓解。第二是在疫情可控的预期下,市场投资者可能预期的不是 2020 年的企业现金流,而是预期 2021 年或者更长期的现金流。换言之,投资者自己放长了对企业现金流的预期期限。第三是受到疫情冲击反而增长的行业,比如医疗行业、网购行业等。当然未来还会出现反复波动,在渐进复工和疫情反复风险之间的权衡与纠结中波动。总体上,"大应对"的宏观政策有效地缓冲了经济深度下滑对金融体系造成的持续冲击,不会出现金融对经济的反向负面冲击,这是 1929—1933 年"大萧条"的深刻教训。

第四,目前尚未看到"大冲击"下"以邻为壑"的贸易政策。经济史学家麦迪森在《世界经济千年史》中阐述了"以邻为壑"的贸易政策是重商主义的产物。从 16 世纪到 19 世纪,在英格兰和欧洲大陆,当时人们习惯地认为国际竞争就是"以邻为壑"。1700—1820 年是英国通过"以邻为壑"战略逐步成为世界商业霸主的时期,而荷兰地位的下降与英国这种贸易政策紧密相关。1929—1933 年"大萧条"持续时间长达 4 年之久,与美国"以邻为壑"的贸易政策密切相关。1930 年美国出台了《斯穆特—霍利关税法案》,对 3000 多种进口商品征收高达 60% 的关税,欧洲各国也采取了报复性行为,"以邻为壑"的逆周期贸易政策盛行,结果导致了全球性的贸易大收缩和经济大衰退。这一次,在疫情防控至今我们尚没有看到"以邻为壑"贸易政策的出台,看到了部分国家口罩等疫情防控物资进口关税的下调现象,但不排除未来会出现贸易摩擦风险。

第五,全球共同抗疫和主权债务减免。由于疫情防控需要消耗大量的人力、物力和资金,不少低收入和发展中国家本身就存在主权债务风险,疫情防控将进一步使这些经济体进入国家或者主权债务上升期，使得这些国家经济恢复面临很大的债务压力。最近，除了我们看到国家之间的援助外，国际机构也在积极为抗击疫情提供流动性。4月9日，IMF把抗击疫情应急资金提高到1000亿美元，近期又批准了对25个低收入国家的债务减免；世界银行也准备在未来十几个月提供1500亿美元的流动性，等等。

病毒不分国界，新冠肺炎病毒"大冲击"应该是全球共同抗疫。除了我们已经走在复工复产的前列以外，我们看到了全球一些重要的经济体已经进入渐进式的启动经济或者已经进入启动经济与疫情反复风险之间的权衡阶段。虽然说疫情还会持续一段时间，但在大政策对冲风险和疫情防控的基础上，世界经济应该没有"大萧条"。

"大应对"政策将延长全球的低利率时代

4月20日

次贷危机以来，美联储的几乎零利率政策与相对疲软的经济增长速度引发了不少经济学家的思考，提出了"大停滞"理论以解释现实的观察。经济学家尝试在 Wicksell 利率的标准决定框架中寻求新的突破，以解释这种现象。

Wicksell 的利率标准决定框架包括储蓄－投资关系和安全资产与风险资产的相对需求两个方面。这两个方面实际上涉及的内容很广泛，但又过于简洁。因此，Eichengreen 在很多研究的基础上把上述框架扩展为四个因素：全球储蓄的增加、人口增长的缓慢、技术和生产率增长缓慢、投资吸引力不足带来的投资品相对价格下降，并认为从观察来看最后一种观点比较符合现实。经济学家 Summers 则认为主要是需求不足，重点阐述了"需求侧大停滞"理论。如果找不到增加总需求的有效方法，长期停滞的前景会持续。甚至有经济学家提出了悲观的预期可能导致以失业和增长疲软为特征的非常持久的衰退，出现"停滞陷阱"：同时出现流动性陷阱和增长陷阱。Benigno 等就强调在"停滞陷阱"中如果央行无法恢复充分就业，增长疲弱会抑制总需求并将利率推向零下限，而增长疲弱则是因为总需求低导致利润低，阻碍了企业对创新的投资。这是一种停滞的循环，所以称"停滞陷阱"。

如何打破这种"大停滞"？还是 Summers 对打破"大停滞"的观

点最直接，就是提升经济的总需求，是凯恩斯经济学理论的核心内容，因为人口、技术等都属于长期因素，短期中很难解决。

有效提升总需求是一件不容易做好的事情。尤其在受到"大冲击"的背景下，收入的下降导致消费的进一步萎缩，企业在市场消费前景不乐观的前提下也不愿意增加投资来提高总需求。因此，政府在提振经济总需求上就起到了重要的作用，这也会触发居民消费和企业投资的总需求。换言之，在"大冲击"背景下政府刺激总需求的政策是决定经济总需求能否快速提升的关键因素。

政府花钱是有成本的。依据 IMF 的 Fiscal Monitor 提供的数据，我们看到自次贷危机以来，除了德国以外，全球一些重要经济体的政府债务总量/GDP 的比例出现了不同程度的上升，有些经济体政府债务/GDP 的比例已经不低了，有些已经很高了，比如日本的政府债务/GDP 占比 2020 年将达到 237.6%（图1）。但日本政府的高债务基本要靠自己消化，因为日元并不算是一个大的国际性货币。重点还是看美国的情况，依据 IMF 的 Fiscal Monitor 提供的预计数据，2020 年美国政府债务占 GDP 的比例上涨了 34.4 个百分点，达到 GDP 的 108%。

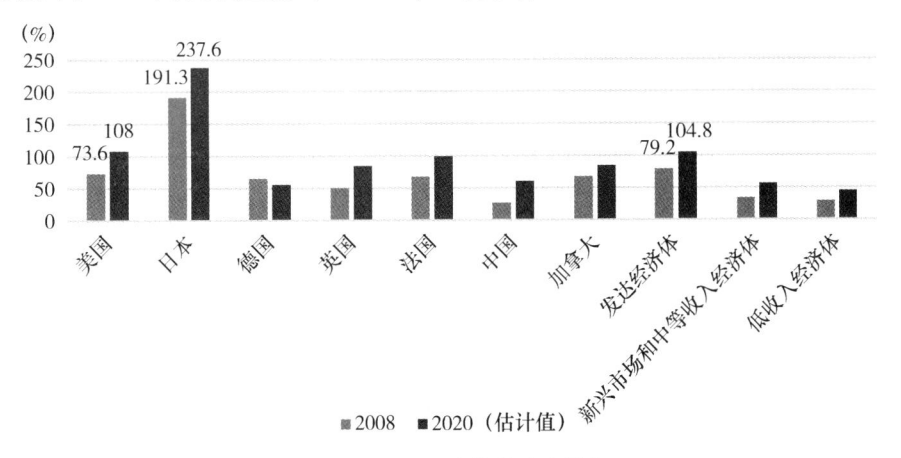

图1　全球部分重要经济体的政府债务/GDP

从央行资产负债表来看，日本央行的资产负债表扩张速度也是最快的。2020年3月底日本央行资产负债表总量比2008年年底上涨了约384%；同期美联储资产负债表的扩张也增长了134%，翻了一番多。除了中国央行、澳大利亚央行资产负债表扩张幅度在70%多之外，其余经济体央行资产负债表规模扩张增幅都在100%以上（图2）。

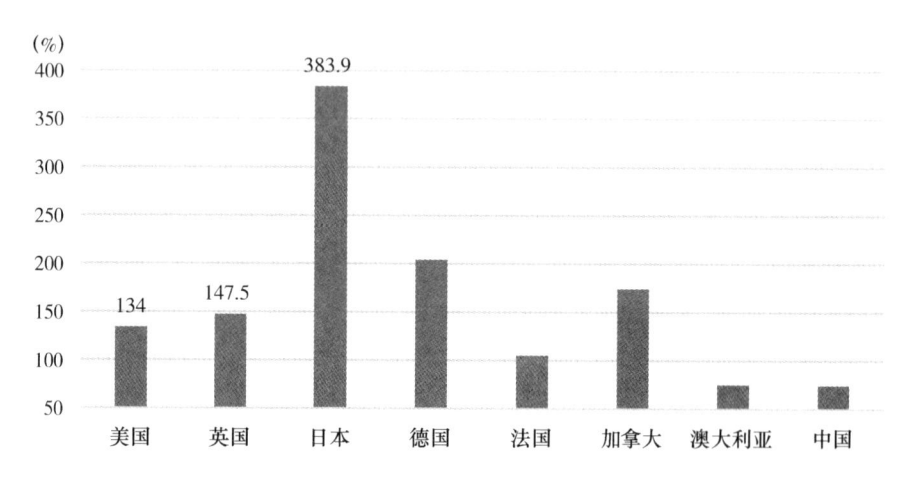

图2　全球部分重要经济体央行资产负债表扩张速度（2008年至2020年3月底）

注：中国央行和法国央行分别是2020年2月底的数据，来自各央行网站。

因此，政府花钱或者央行资产负债表的扩表都是刺激总需求的办法。问题在于：如果货币不是国际化的货币，货币流通基本是在本经济体内部循环的，货币的扩张最终需要新增产出或者提供新的资产来完成货币的资产化，长期中通胀风险的压力才会得到有效的释缓。如果经济增长缓慢或者又不能提供货币资产化的新资产，长期的通胀压力始终是存在的。如果经济体的货币是国际性货币，新增加的货币不一定带来本国的通胀压力，存在的国际"铸币税"就是例证。

美元是国际化程度最高的货币，也是主导性的国际货币。美联储今年以来应对"大冲击"的货币政策已经超出了传统意义上央行的角色，在部分程度上扮演了"财政货币化"的功能，在无上限宽松的背景下，在美国市场上似乎存在货币不再是"稀缺"资源的现象。但美国政府财政赤字的膨胀最终如何消化将在未来成为国际资本市场需要重点考量的核心问题之一。

除了税收可以抵补财政赤字之外，困难时期最直接的办法是发新债来还旧债。在维持货币信用的条件下，如果能保证发新债的成本始终低于旧债的成本，债务长期中是可以持续的，而这要求金融市场处于低利率的状态。

在一个低利率的全球环境中，资本流动的传递效应也许会减弱，因为利差的缩小使得货币跨国追逐利差的动力减弱。那么需要靠资本账户顺差来抵补经常账户逆差的经济体就会面临压力，这有可能会为了平衡资本账户和经常账户而引发贸易摩擦。

从刺激政策的外溢性角度来看，货币政策一般有负面的外溢性，因为你的货币政策影响了其他经济体正在实施的货币政策，那么我们经常会看到一些经济体的央行会采取"对冲操作"来减弱美国货币政策带来的负面外溢性。财政政策一般具有正的外溢性，经济体刺激国内需求的政策多多少少会传递到经济体的进口上，从而增加对其他经济体产品的需求，对其他经济体产生正的外溢性。因此，各经济体在考虑刺激政策时，应该都会依据自己在国际金融市场、产品市场上的影响力，结合自身当下问题和未来发展战略选择刺激政策的方向。

从国际金融中心的美国来看，在当前全球面临疫情"大冲击"的背景下，美国面临大量增长的公共债务，MMT 倡导的"财政赤字货币化"能解决部分问题（典型的是国际"铸币税"），相当大的部分很可能要靠借新债来还旧债。在经济恢复很难在短期中对通胀带来显著压力的背景下，低利率是一个不错的选择，可以降低债务的成本。同时，美元信用约束使得美国不可能无规模限制地输出美元，在这个条件下，低利率如果持续降低了美国资本账户顺差带来的抵补美国经常账户逆差的作用，贸易摩擦或许会进一步出现。

简言之，新冠肺炎疫情"大冲击"将使美国政府债务急剧增长，为了减少债务资金的筹集成本，将会延长金融市场低利率的时间。突破"大停滞"的政府刺激需求的方法本身也需要一个低利率的筹资环境，直到经济总需求带来通胀压力为止。在这个意义上，2020年的"大应对"政策将延长全球的低利率时代，促成了更长的货币低利率时代。

美联储"爆表",外部市场为什么还这么难受?

4月22日

美国作为最重要的全球金融中心,美元又是国际性的主导货币,美联储采取了几乎"零利率+无上限宽松"的货币政策,为什么外围市场还是呈现"美元荒"的态势?直接的反映就是美元指数仍处在100左右的高位(图1)。

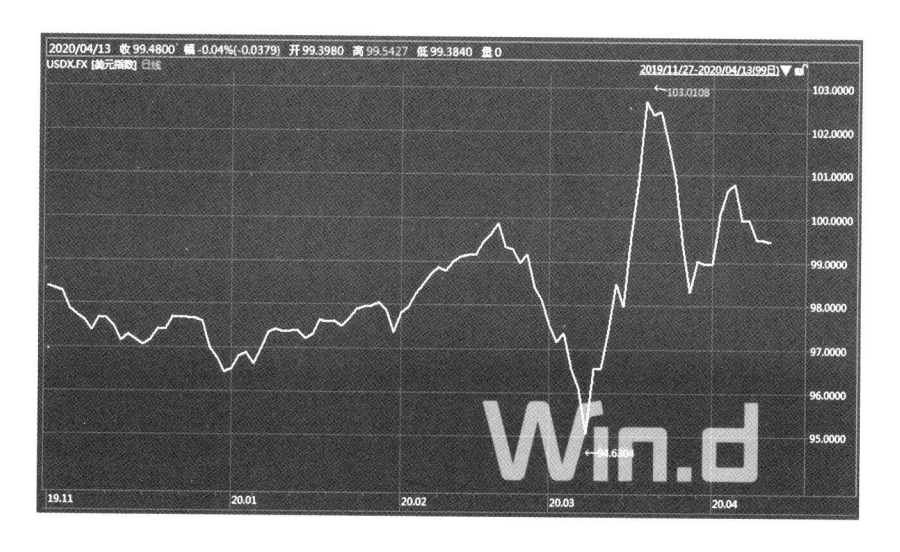

图1 美元指数的走势

资料来源:来自Wind。

因此，我们可以判断，到目前为止，美联储的"爆表"只是带来了美国国内美元流动性的相对宽松，外部对美元流动性的需求依然旺盛。美元在全球的流动性呈现"内松外紧"的态势，这将给其他经济体的外汇市场以及金融、经济带来持续的压力和风险。

一 美联储的"爆表"：约一个月时间总资产涨了近50%

3月11日到4月15日一个月的时间，美联储的总资产扩张了2.06万亿美元，扩张幅度达到47.68%，总资产达到了历史的新高，约6.37万亿美元。其中证券持有是资产中最大的一项，截至4月15日，持有证券占总资产的84.16%，同期证券持有扩张了37.52%（图2）。

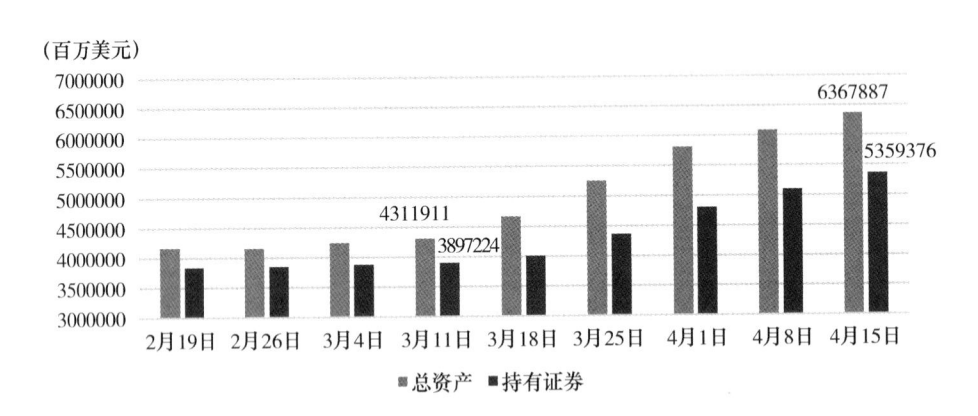

图2 美联储资产负债表的扩张（总资产）

资料来源：美联储：Factors Affecting Reserve Balances of Depository Institutions and Condition Statement of Federal Reserve Banks, February 20, 2020。

美联储的"爆表"直接反映在美国经济中货币量的快速增长和部

分资产价格的过大反弹幅度上。

1. M1 和 M2 翻番的增长率

关于货币量只有截止到 3 月底的数据。2019 年 11 月到 2020 年 2 月总计 3 个月的 M1 和 M2 季节调整的年率增幅分别为 7.2% 和 7.3%，2019 年 8 月到 2020 年 2 月总计 6 个月的 M1 和 M2 增幅分别为 8.6% 和 8.1%，2019 年 2 月到 2020 年 2 月总计 1 年的 M1 和 M2 增幅分别为 6.9% 和 7.4%。从季节调整的数据来看，对比图 1，我们发现 2019 年年底到 2020 年 3 月份的 M1 和 M2 的同比增幅达到了 29.2% 和 21%，分别大约是 2019 年增长速度的 2 倍（图 3）！可见，3 月份货币增速是很大的。可以预计的是，4 月份美国货币增速同样很高。

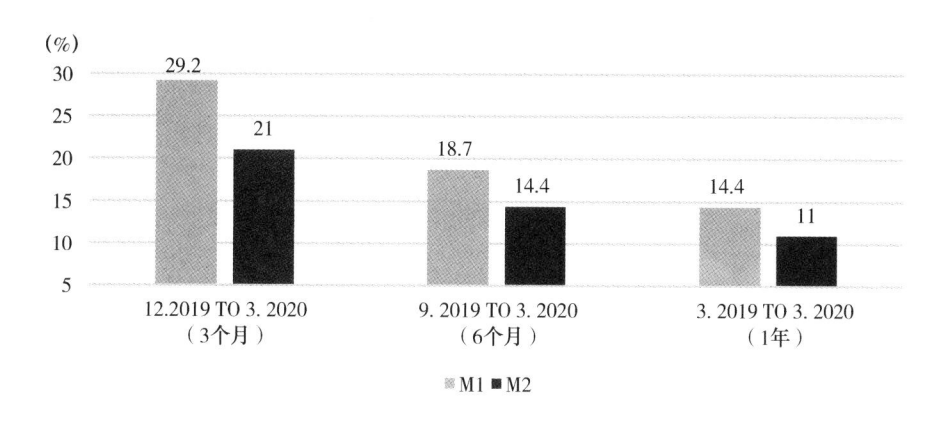

图 3　美国经济中 M1 和 M2 的增长率（季节调整的年率）

资料来源：美联储，Money Stock and Debt Measures – H.6 Release。

2. 美国股市的过大幅度的反弹

3 月 23 日是美股这轮金融大动荡阶段性的最低点，4 月 17 日是这轮反弹的阶段性高点。我们以收盘价计算，图 4 给出了全球一些重要的股市反弹力度大于 10% 的样本。美股三大指数 DJ 指数、纳斯达克指数、标普 500 指数这一轮从最低点的反弹幅度分别达到 30.39%、26.08% 和 28.48%。除了韩国股市外，美股反弹的力度是最大的。过大的反弹力度使得年初至 4 月 17 日 DJ 指数、纳斯达克指数、标普 500 指数只分别下跌了 15.05%、3.59% 和 11.03%。美股如此大幅度的这轮反弹与宽松的美元流动性密切相关。

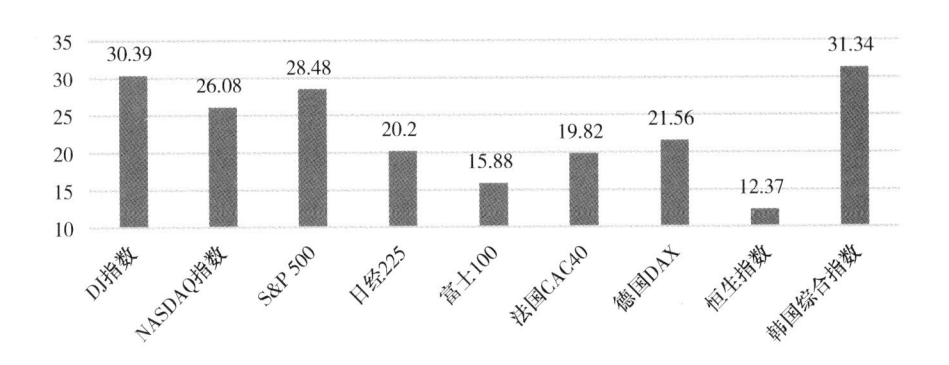

图 4　部分股市此轮反弹的力度（3 月 23 日—4 月 17 日）

资料来源：Wind。

3. 美债价格的"高位"运行

美联储的"零利率+无上限宽松"的货币政策导致了美国金融市场上国债利率期限结构曲线全面下移。基本从 3 月中下旬开始，美国国债收益率在波动中一路下行（图 5）。

美国不同期限的国债价格都处在"高位"运行的状态。依据 Wind 的数据，截至北京时间今天上午 9 时，我们可以看到美国不同期限的国债收益率已经跌到了相当低的水平。10 年期的国债收益率只有 0.58%，1 年期国债收益率只有 0.17%（图 6）。

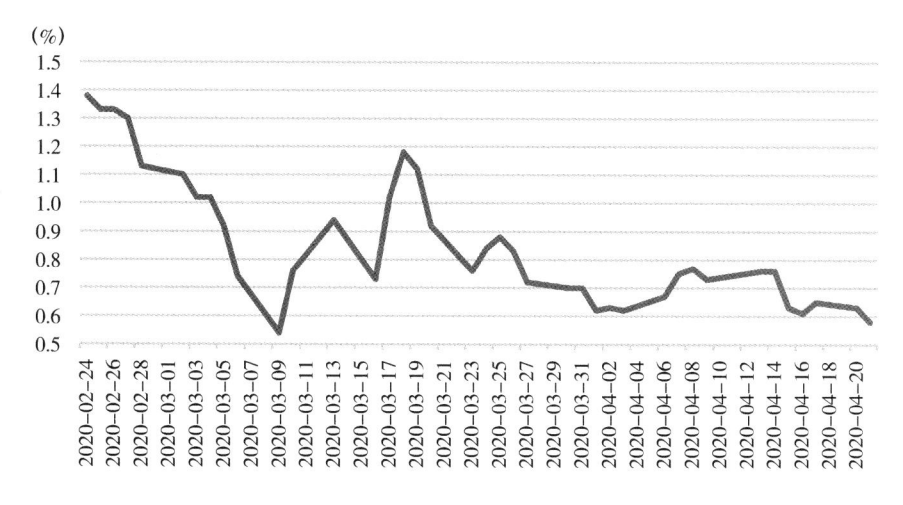

图5 美国10年期国债收益率

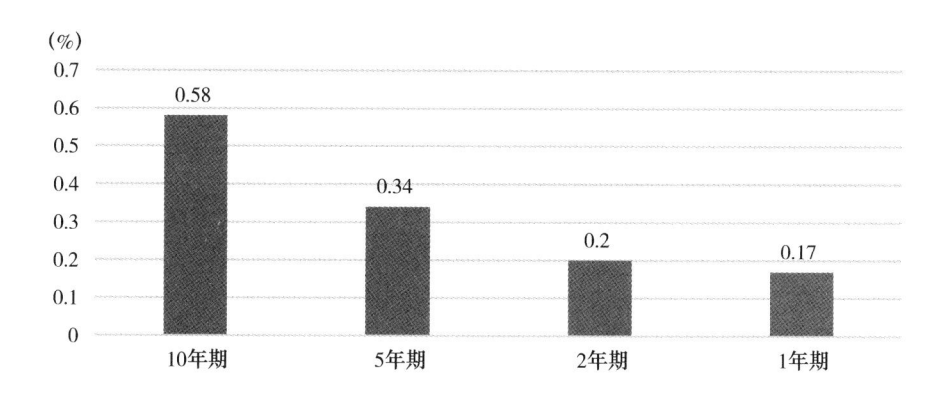

图6 美国不同期限国债的收益率

二 外围市场的"美元荒"还在持续

从全球流动性来看，美国之外的投资者对美元的需求在去年以来呈现出上升态势。依据 BIS 可以查到的最新数据，我们看到 2019 年三季度美国以外的非银行借贷者对美元的借款数量达到了约 12.1 万亿美元，而且从 2019 年一季度到三季度对美元信贷的需求增长率是不断提高的，从一季度的 3.7% 上升到三季度的 5.7%（图 7）。

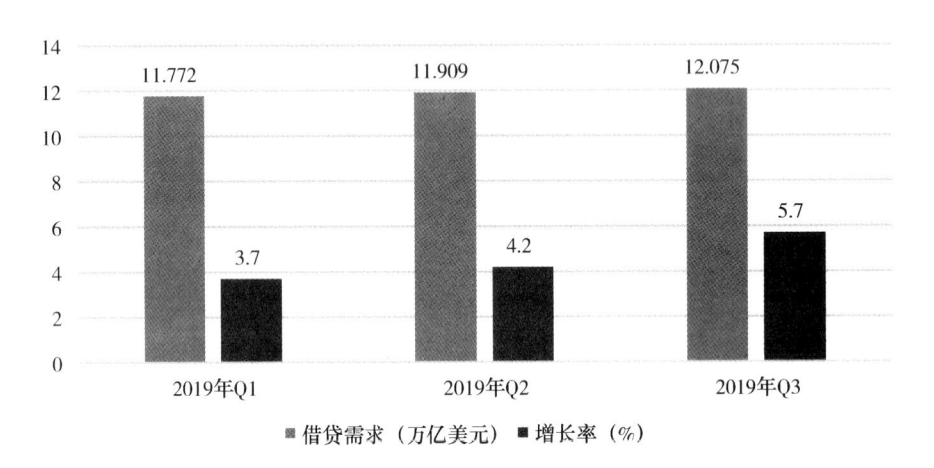

图 7　美国以外的投资者对美元的借贷需求和增长率（年率）

资料来源：BIS，Global liquidity indicators，Updated 1 March，2020。

因此，在外部市场对美元需求增加的背景下，由于新冠肺炎疫情的大冲击，外围市场对美元的需求进一步增加。在美元指数仍处于高位的情况下，进一步加剧了外围市场美元流动性的紧张态势和债务压力。综合起来，对新兴经济体和发展中经济体来说，存在以下几个不利于美国以外的市场缓解美元流动性压力的因素。

1. 贸易活动急剧萎缩带来美元流动的"冻结"

疫情大冲击带来了全球经济的急剧萎缩，国际货物贸易和服务贸易同样急剧萎缩。依据 WTO - UNCTAD - ITC 的数据，2017—2018 年全球服务贸易增速在 8% 左右的水平，但随着疫情的大暴发，包括国际旅游、运输等行业的服务业基本处于"停滞"状态，服务业贸易受到重创。依据 IMF 最新的《世界经济展望》提供的数据，2020 年世界贸易（货物和服务）将下降 11%，其中新兴市场和发展中经济体贸易进口和出口分别下降 8.2% 和 9.6%。出口的萎缩带来的必然是经常账户的恶化。图 8 给出了 2020 年部分区域经常账户盈余占 GDP 比例的数据，可以看出，除了新兴和发展中亚洲能保持 GDP 0.1% 的顺差外，其他区域的经济体总体都是逆差，尤其是低收入国家贸易逆差将达到 GDP 的 8%。

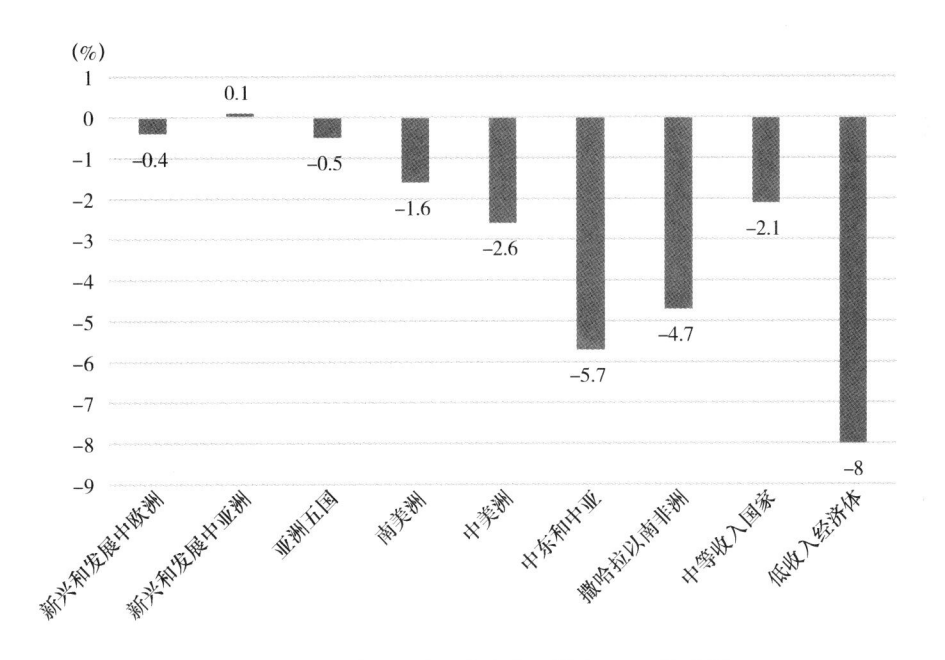

图 8　2020 年不同区域经常账户顺差占 GDP 的比例

资料来源：IMF, World Economic Outlook, April 2020。

因此，贸易活动的急剧萎缩，经常账户逆差的扩大，对这些经济体来说，美元流动性进一步紧缺。

2. 新兴经济体资金外流加剧了美元流动性紧张的局面

国际金融协会的最新统计研究，这一次新冠肺炎疫情冲击导致新兴市场资本的快速回流，其规模和速度都超过 2008 年次贷危机爆发后的水平（图9）。资金回流美国进一步加剧了外部市场美元流动性紧张的局面。

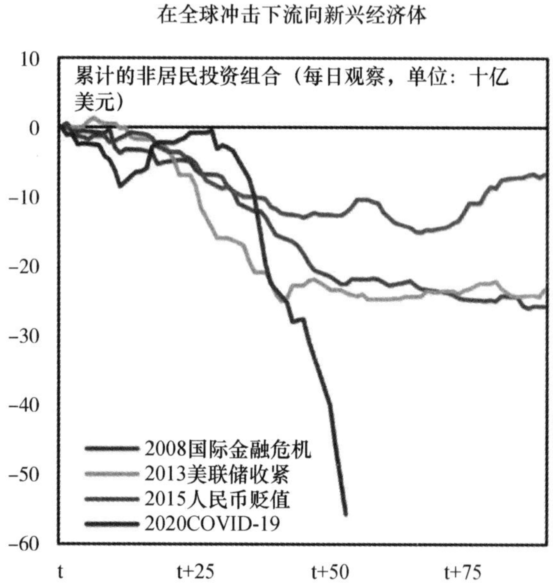

图9　新兴经济体资本回流的态势

资料来源：Sergi Lanau, Jonathan Fortun, "Economic Views – The COVID–19 Shock to EM Flows", March 17, 2020。

3."选择性"的美元货币互换基本与新兴经济体无关

美联储"选择性"的货币互换基本与新兴经济体和发展中国家无关。依据最新的数据，到2020年4月16日美联储和其他央行货币互换的总额为4009.214亿美元，图10给出了至今的10家央行各自占比以及美联储货币互换的比例，可以看出，除了墨西哥是美墨加自贸区成员外，其他的全是发达经济体，或者说是不同程度的国际金融中心。

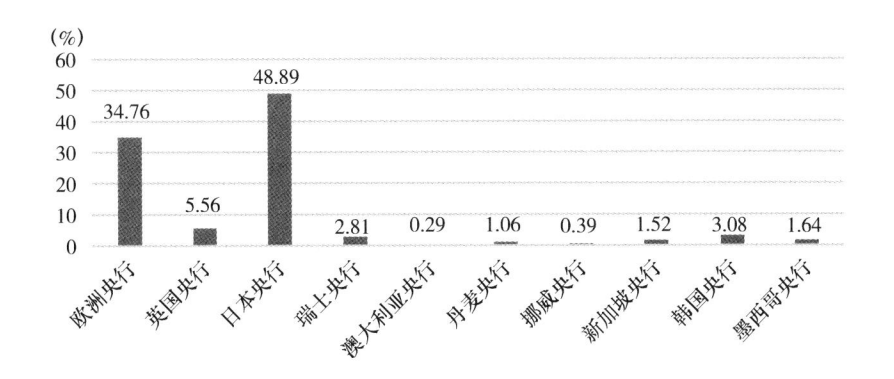

```
(%)
60
50        48.89
40  34.76
30
20
10       5.56        2.81   0.29   1.06   0.39   1.52   3.08   1.64
 0
   欧洲央行 英国央行 日本央行 瑞士央行 澳大利亚央行 丹麦央行 挪威央行 新加坡央行 韩国央行 墨西哥央行
```

图10　不同央行在美联储美元货币互换中的占比

资料来源：美联储，U. S. Dollar Liquidity Swap – Amounts Outstanding。

4. 很多经济体并没有多少外汇储备

在现有的国际外汇储备中，中国占据了大约25%，其次是日本、瑞士、沙特阿拉伯等。大多数中等收入国家的外汇储备数量不多。依据世界银行2018年的数据，平均水平上中等收入经济体外汇储备只有其外部债务的74%左右，低收入经济体外汇储备数量都没有统计数据。因此，对大多数发展中经济体来说，仅靠储备不可能提供相对充足的美元流动性。

最近我们看到IMF采取了一些措施，向部分满足IMF贷款和援助条件的经济体提供美元流动性，开始减免25个低收入国家的债务等。这些措施有助于部分缓解外部美元需求的压力，但难以从根本上解决问题。前几天有媒体报道了过去有不少主权债务违约记录的阿根廷又出现了债务事件。4月19日，阿根廷经济部部长在接受媒体采访时表示阿根廷处在"事实违约"状态，目前无力偿还债务，提出了全面债务重组的设想。一个G20的主权国家在这一轮疫情冲击和金融大动荡背景下，成为全球首个提出全面债务重组设想的较大的经济体，令人唏嘘。

总结一下：在疫情"大冲击"的背景下，美国采取了"粗暴"的政策应对"残暴"的疫情，政策毫无"羞涩感"。美联储的"爆表"集中体现了美国应对疫情大冲击和金融大动荡宏观政策"粗暴"的一面。美联储"爆表"行为并没有给外围市场带来安静，居高不下的美元指数表明美元流动性呈现"内松外紧"的状态，给其他经济体外汇市场带来了巨大的风险，很多经济体的货币贬值此起彼伏。

"内松外紧"的美元流动性问题短期恐怕难以解决，美国以外的市场的动荡也不会停止。美元是美国的，问题却是世界的。

故事不同、应对不同，结局也应该不同

——2020 全球金融"大动荡"的复盘与未来的思考

4 月 26 日

一 故事的起点：人类大灾难

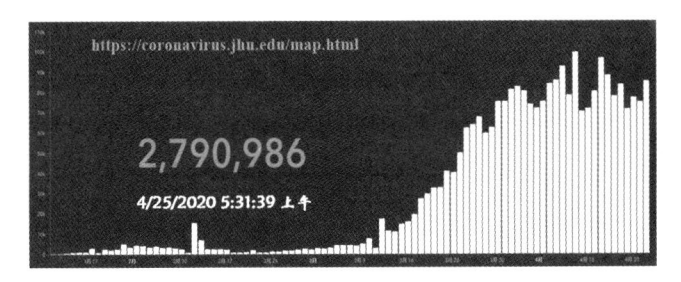

图 1　人类大灾难

阶段 1：投资者情绪开始恐慌。

图 2　VIX（CBOE 波动率）（2020 年 1 月 2 日—4 月 24 日）

资料来源：Wind。

阶段 2：投资者追求无风险资产。

3 月 9 日是关键节点之一。之前是投资者情绪酝酿发酵，再过渡到追逐无风险收益阶段：黄金价格达到阶段性高点、美债收益率达到阶段性低点。市场在这个过程中开始大规模抛售风险资产（比如股票）。

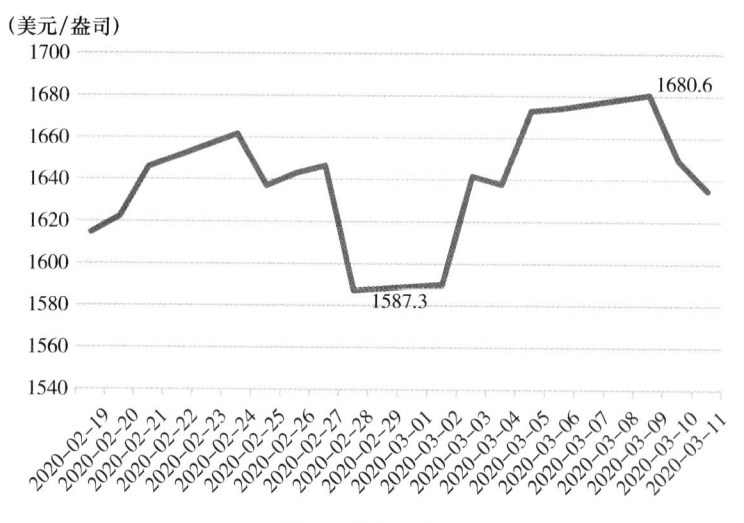

图 3　黄金价格

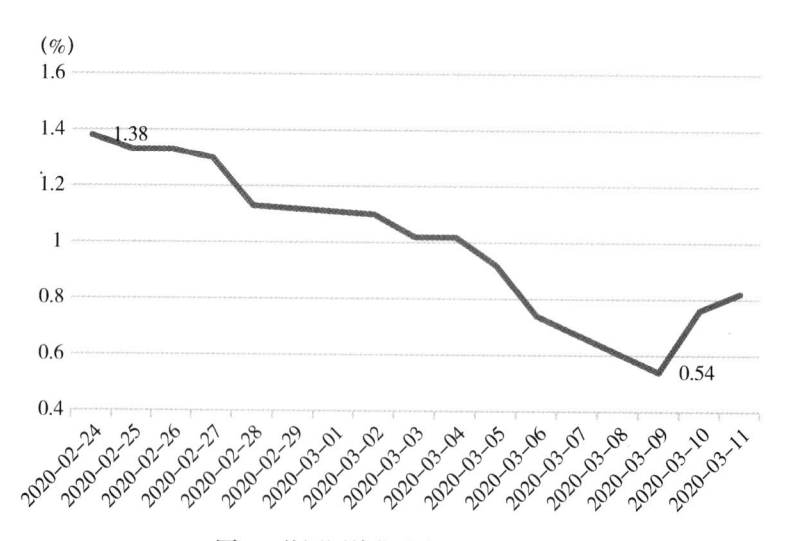

图 4　美国国债收益率（10 年期）

3月3日美联储紧急降息0.5个百分点（emergency rate cut）：没挡住持续下挫。

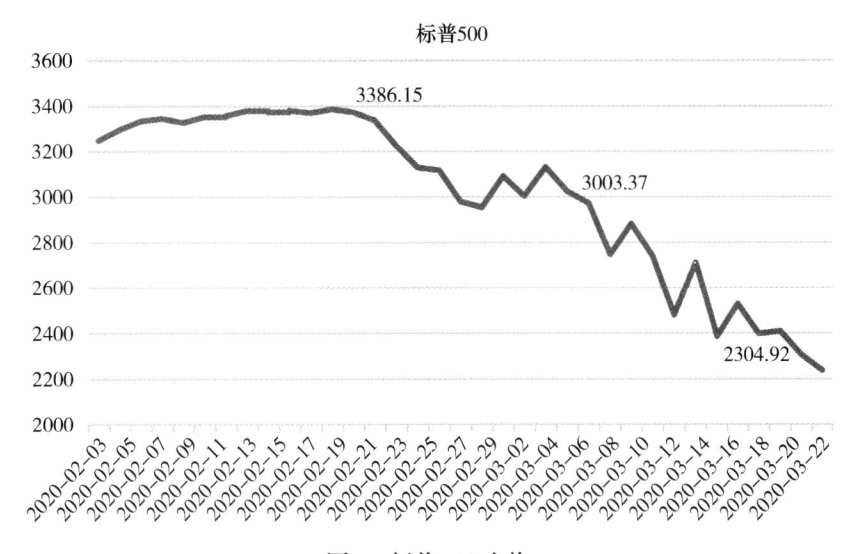

图5　标普500走势

图6　道琼斯指数走势

图 7 纳斯达克指数走势

油价战登场：3月6日协议谈判破裂。3月9日拉开了全球金融"大动荡"的序幕，触发首个"熔断"，开启了"特朗普熔断周"。全球绝大多数股市开始"暴跌"。

二 "大动荡"："泥沙俱下"的3月9—20日

3月15日：进一步降息0.75个百分点，联邦基准利率0—0.25%区间；同时银行贴现窗口借贷利率下降1.5个百分点，银行准备金降至0。

3月17日：美联储开始购买商业票据；

3月18日：启动为货币市场共同基金的融资计划；

3月19日：启动央行货币互换（国际）（3.31国债回购计划）；

3月20日：扩大资产购买计划至市政债券。

政策没有挡住市场流动性恐慌：伴随"泥沙俱下"的资产价格暴跌。

图 8　COMEX 黄金价格的变化

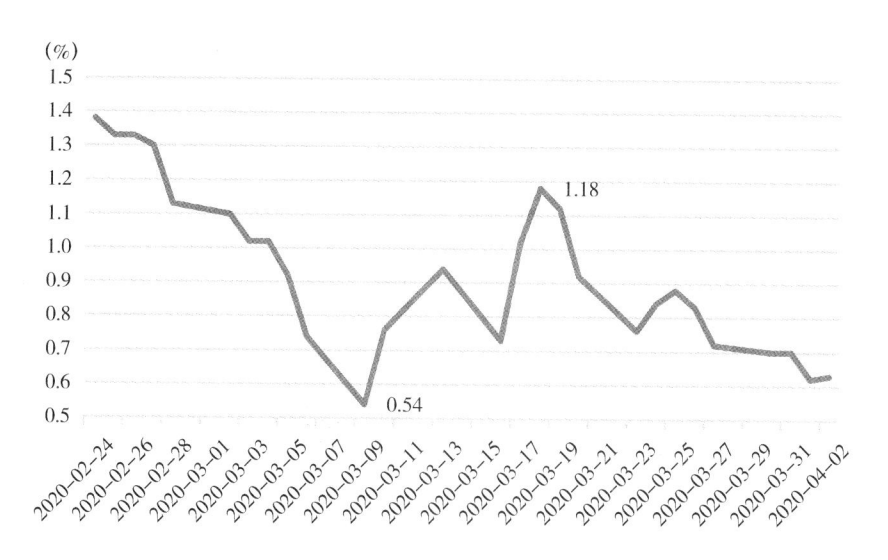

图 9　美国国债收益率（10 年期国债）

3 月 9—20 日是"黑暗时刻"：流动性危机一触即发，进入流动性高风险阶段。

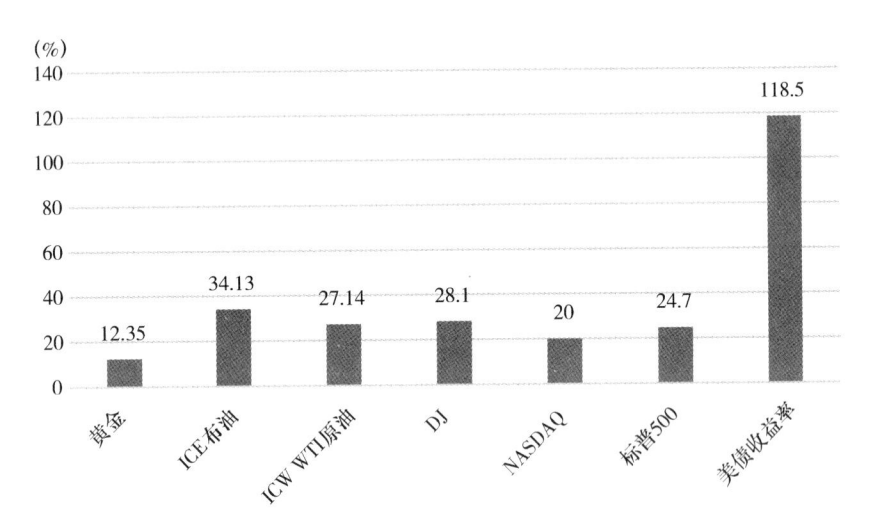

图10 大类资产价格：3月9—20日下跌的幅度

黄金 12.35；ICE布油 34.13；ICW WTI原油 27.14；DJ 28.1；NASDAQ 20；标普500 24.7；美债收益率 118.5

美国股市市值急剧缩水，全球股市基本在23日前后达到本轮的低点。

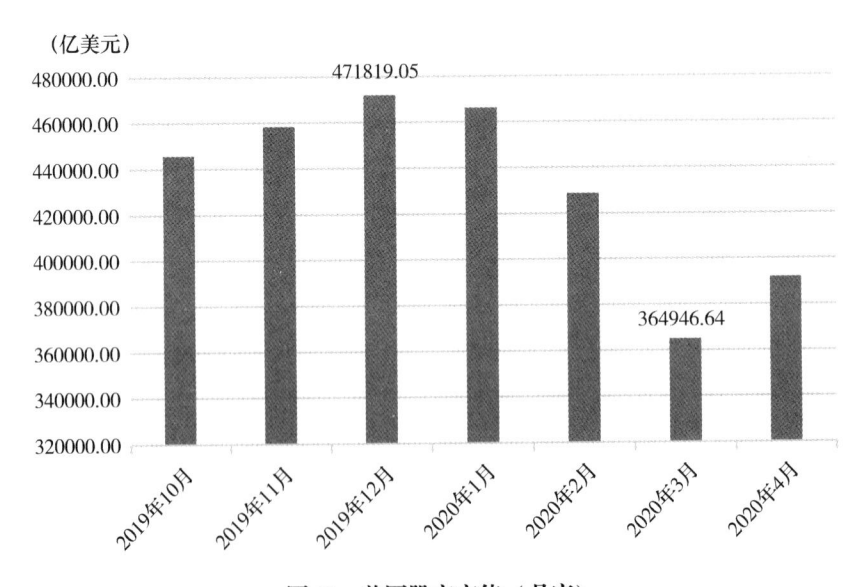

图11 美国股市市值（月度）

2019年10月 约445000；2019年11月 约458000；2019年12月 471819.05；2020年1月 约467000；2020年2月 约430000；2020年3月 364946.64；2020年4月 约394000（亿美元）

资料来源：Wind。

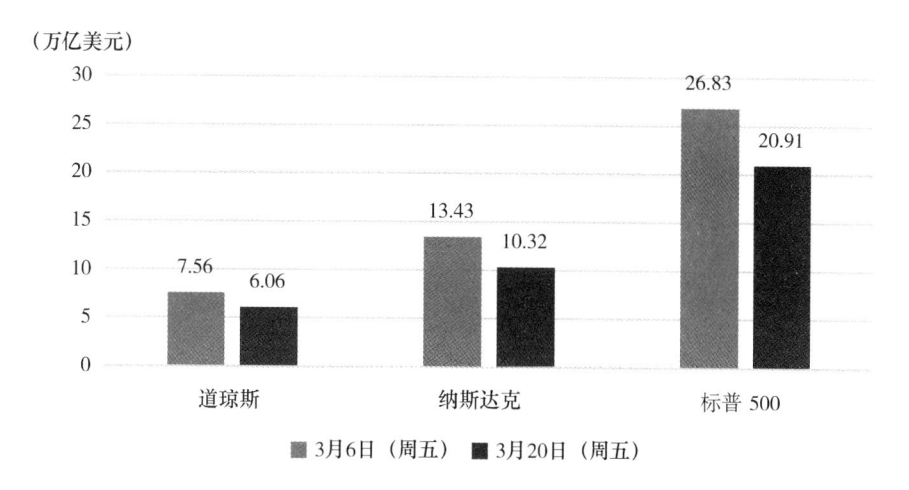

图 12　美国股市三大股指市值

（万亿美元）
- 道琼斯：3月6日（周五）7.56；3月20日（周五）6.06
- 纳斯达克：13.43；10.32
- 标普500：26.83；20.91

阶段3：流动性危机一触即发。

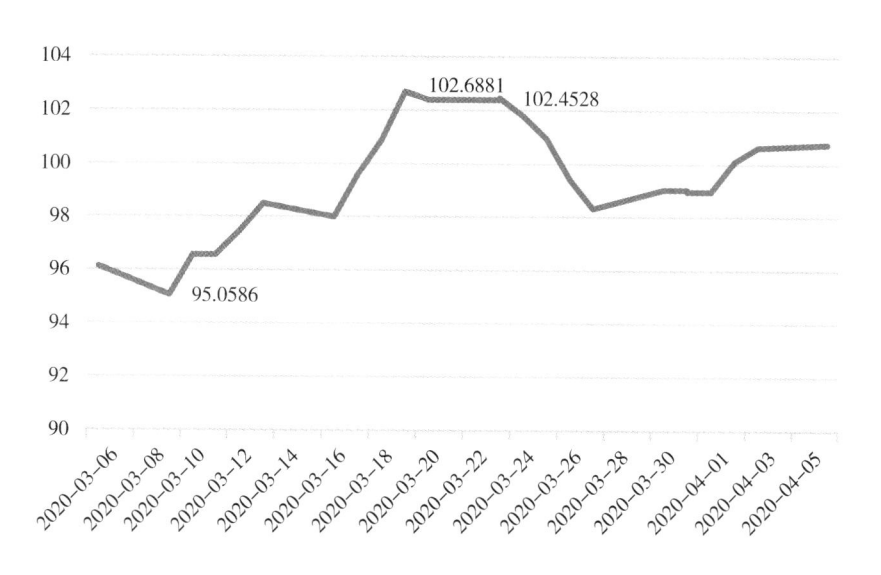

图 13　美元指数走势

美元指数从2020-03-06的约96，下行至95.0586，随后上行至3月20日的102.6881高点，102.4528，之后回落至98附近，到4月初回升至约100.5。

3月9—23日其他经济体外汇市场的"大动荡"。

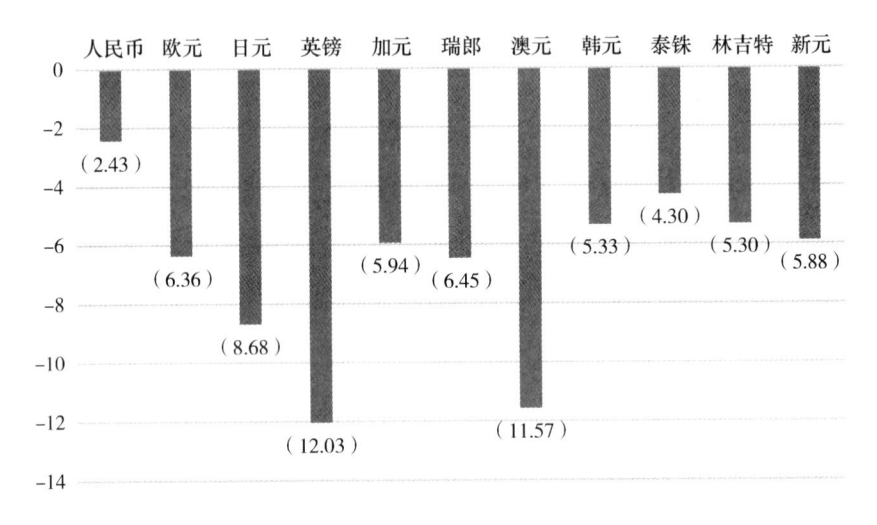

图 14　流动性恐慌中的汇率"超调"：3 月 9—23 日

流动性恐慌中的各种"对冲"政策

开始宽松：3 月 13 日，欧洲央行管委维勒鲁瓦表示，欧洲央行正为银行提供无上限的流动性，让银行可以提供贷款。全球主要经济体的央行大都在酝酿是否要进一步加大实施宽松的货币政策。

"禁止做空"：3 月 13 日，德国、英国、西班牙、泰国等多国的证券市场禁止做空；15 日意大利、17 日比利时、18 日希腊等都采取了"禁止做空"的市场交易机制。菲律宾从 3 月 17 日起暂停外汇和固定收益交易，在证券市场的发展历史上是极其罕见的。至此，全球宏观政策开启了不再"羞涩"的模式。

3 月 19 日，美联储购债规模达到每天 750 亿美元的峰值，一直持续到 4 月 1 日。

不再"羞涩"的政策：对冲"大动荡"3月23日—4月21日

表1　　2020年3月23日—4月21日美联储对冲政策

3月23日	7000亿美元的购债规模，开启无上限宽松；同时出台针对企业和消费者3000亿美元信贷计划
3月27日	特朗普签署《冠状病毒援助、救济和经济安全法案》，规模2万亿美元
4月6日	美联储宣布向财政部的支付保护计划提供支持，鼓励企业不裁员
4月8日	取消先前对富国银行施加的资产上限，允许参与政府的小企业贷款计划
4月9日	美联储公布2.3万亿美元的贷款计划，通过"SPV"来实施
4月14日	美联储发布的一项临时最终条例，暂时推迟与房地产相关的评估
4月21日	美国参议院批准了共和党与民主党都支持的4840亿美元紧急救助新计划

这届美联储变了，变得和以前不一样了：美联储已经不是传统意义上的央行了。美联储接受企业债券抵押意味着美联储扮演了商业银行的角色；用财政注资"SPV"多倍杠杆放大信贷意味着美联储兼具财政和商业银行的功能；在美元主导的国际货币体系下，美联储还扮演了"选择性"提供国际流动性的功能。

不再"羞涩"政策的效果：金融市场

（亿美元）

3月：364946.64
4月：391753.14

图15　美国股市市值（月度）

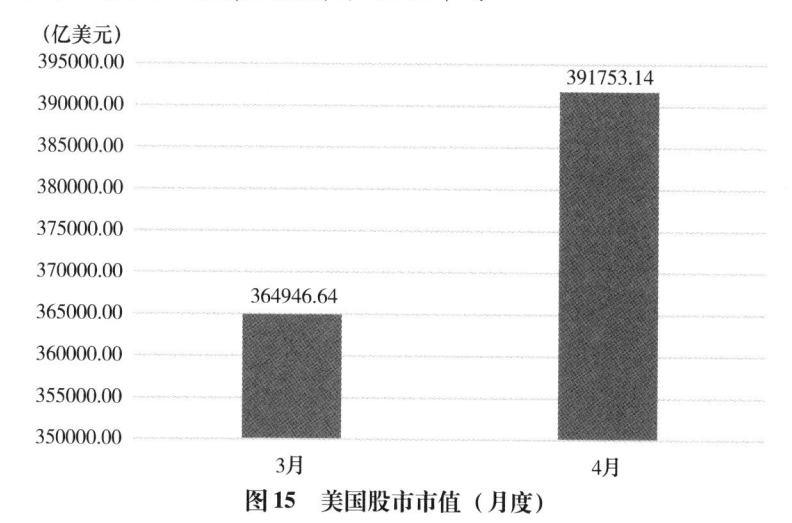

资料来源：Wind（截至4月22日）。

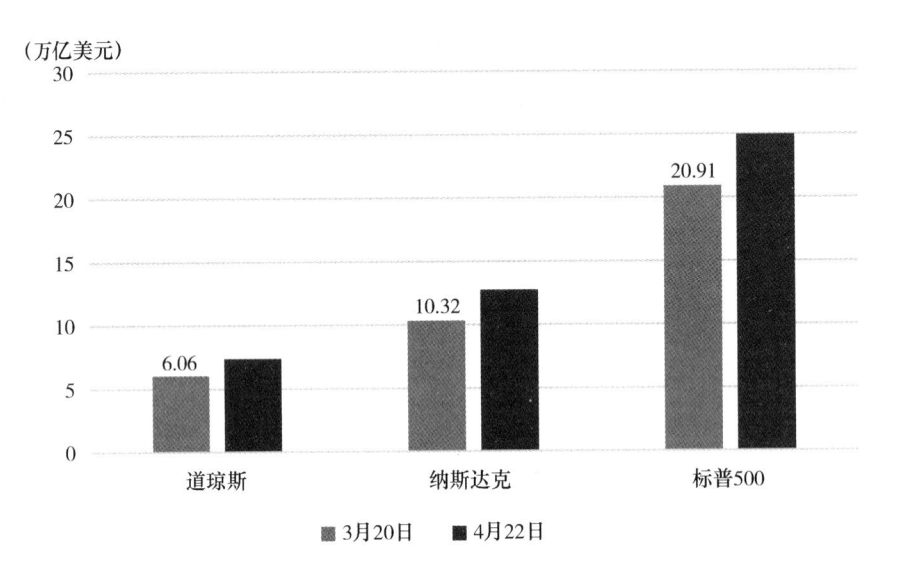

图 16 美国股市三大股指市值

美联储发布的一项临时最终条例,暂时推迟与房地产相关的评估(4月14日)。

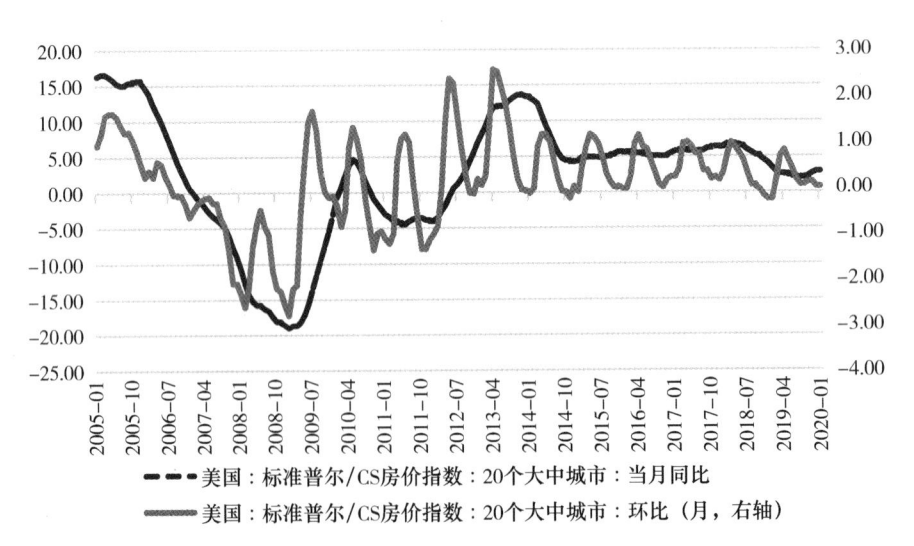

图 17 美国房价走势

美联储委员会、联邦存款保险公司和货币监理署正在提供临时救济。

阶段4：财富基本盘风险：可控。

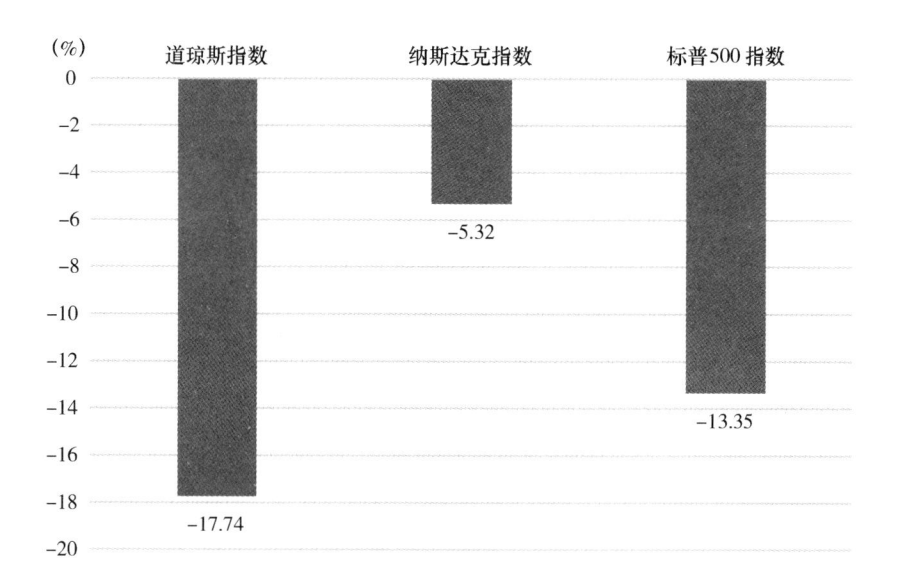

图18　美国三大股指2020年初至4月22日的跌幅

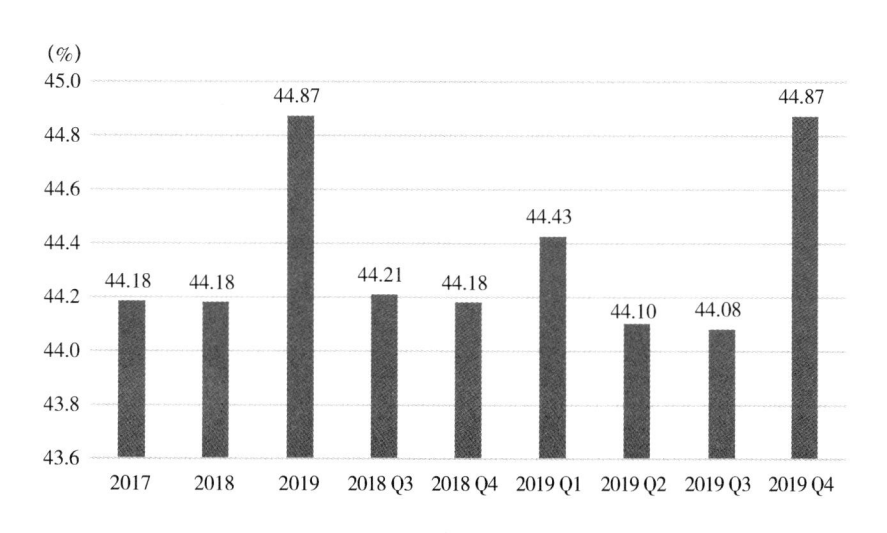

图19　美国经济中非金融类企业金融资产/总资产（无季节调整）

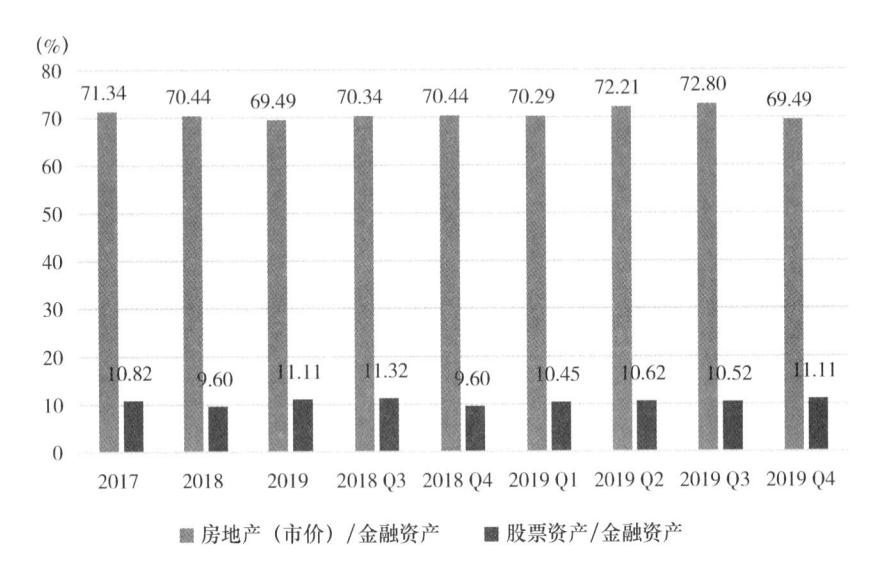

图 20　美国非金融类企业金融资产中房地产和股票资产占比（无季节调整）

油价"大动荡"：在"吵闹"中"上蹿下跳"，会慢慢趋稳，低位运行。

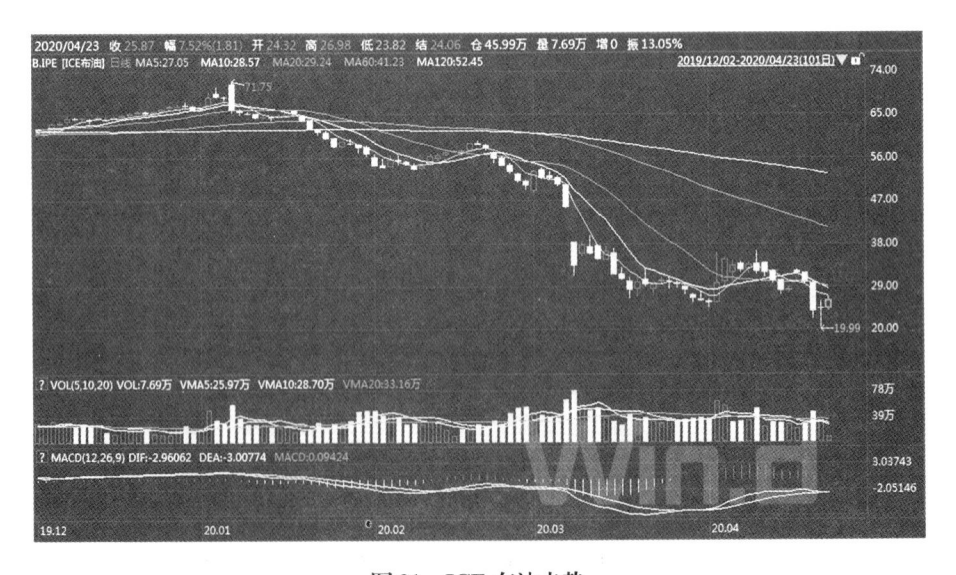

图 21　ICE 布油走势

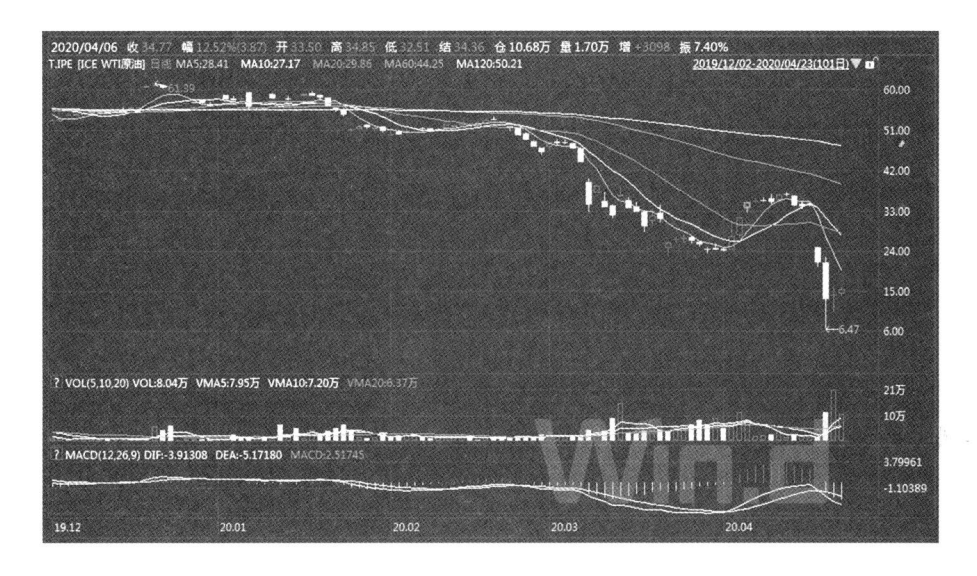

图 22　ICE WTI 原油走势

阶段 5：步入投资者意见分歧阶段。

大类资产不再同向变动，市场本身可以寻求到对冲风险的工具。美国金融市场流动性风险得到了明显的缓解。4 月 24 日，美联储表示从 4 月 27 日至 5 月 1 日，国债日回购规模为 100 亿美元，比上周每日减少 50 亿美元。

除非疫情不可控，否则美国股票市场未来一段时间很难再出现前期的低点。

股票市场上投资者开始进入价值重估阶段，不再那么恐慌。

人类历史上没有哪一次能像 2020 年这样，在这么短的时间（大约 3 个月）把教科书中的知识综合起来如此经典地演绎一遍。笔者称之为：识别金融动荡的五大阶段。

故事不同、应对不同，结果也应该不同。

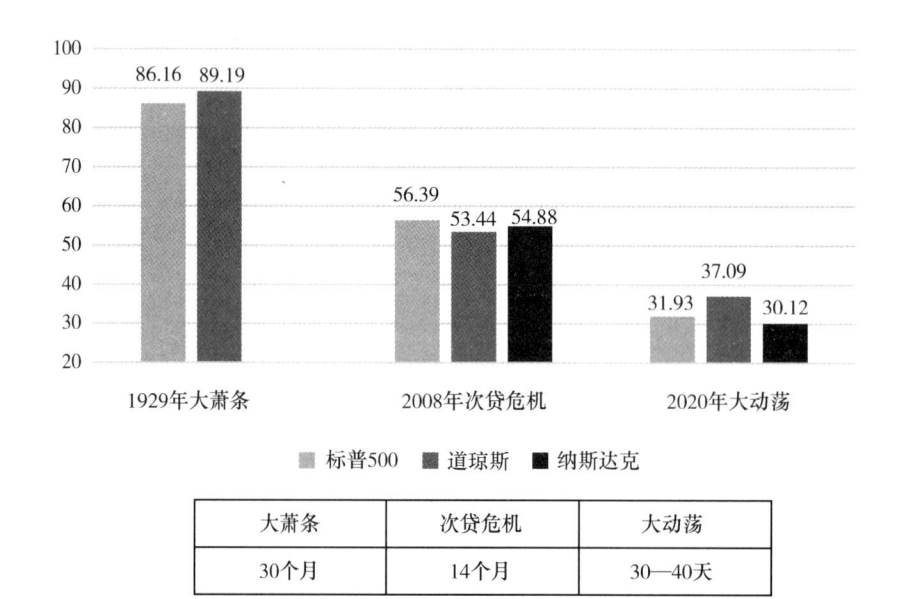

大萧条	次贷危机	大动荡
30个月	14个月	30—40天

图 23　2020 金融大动荡与前两次大危机的对比

大萧条：自由放任的政策。

次贷危机：2008 年 10 月 3 日《2008 年经济稳定紧急法案》为 7000 亿美元。2009 年 2 月 17 日奥巴马签署了《2009 年美国复苏与再投资法案》（ARRA 法案），法案涉及投资总额 7870 亿美元，法案生效时间为 2009—2019 年。

大动荡："无上限"的宽松政策，财政赤字货币化。美联储坚定做多，"迅猛而粗暴"的政策让市场瞠目结舌。

未来之一：投资者避险情绪犹存，会在波动中逐步平复。

图 24　VIX 指数的变化

未来之二：应该没有全球性的金融危机。

美国不发生金融危机，应该就没有全球性的金融危机。原因在于：2020 年美国应对疫情"大冲击"的宏观政策让国际市场瞠目结舌。目前大约为 GDP 的 25%，美联储变了：坚定迅速做多。经济基本面的杠杆不算高，"有毒"资产不多。政策面临的更多的是"隔离"和"社交距离"带来的经济活动停滞所要求的救助。

2008—2009 年美国大约动用了 1.5 万亿美元（大约占 GDP 的 10%）。2008 年 10 月 3 日国会通过了以"不良资产救助计划"为核心的《2008 年经济稳定紧急法案》（Emergeney Economic Stabilization Act of 2008，EESA 法案），7000 亿美元，后来削减至 4750 亿美元。2009 年 2 月 17 日在美国进入经济衰退期 14 个月后，美国总统奥巴马签署了《2009 年美国复苏与再投资法案》（ARRA 法案）。法案涉及投资总额7870亿美元，法案生效时间为2009年至2019年。

未来之三：部分新兴经济体动荡常伴。

"内松外紧"的美元流动性是动荡的根源。

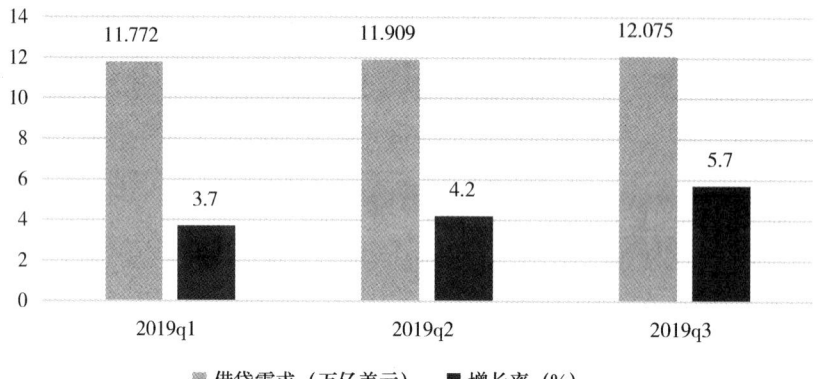

图25 美国以外的投资者对美元的借贷需求和增长率

资料来源：BIS，Global liquidity indicators，Updated 1 March 2020。

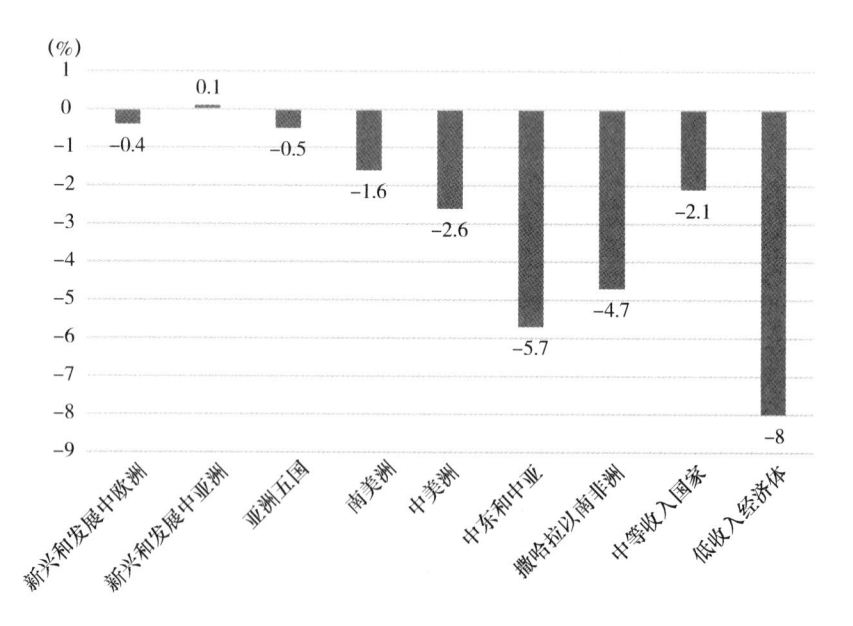

图26 2020年不同区域经常账户顺差占GDP的比例

贸易活动急剧萎缩带来美元流动的"冻结"。IMF最新的《世界经济展望》提供的数据，2020年世界贸易（货物和服务）将下降11%，其中新兴市场和发展中经济体贸易进口和出口分别下降8.2%和9.6%。出口的萎缩带来的必然是经常账户的恶化。

资本流出与"选择性"货币互换。

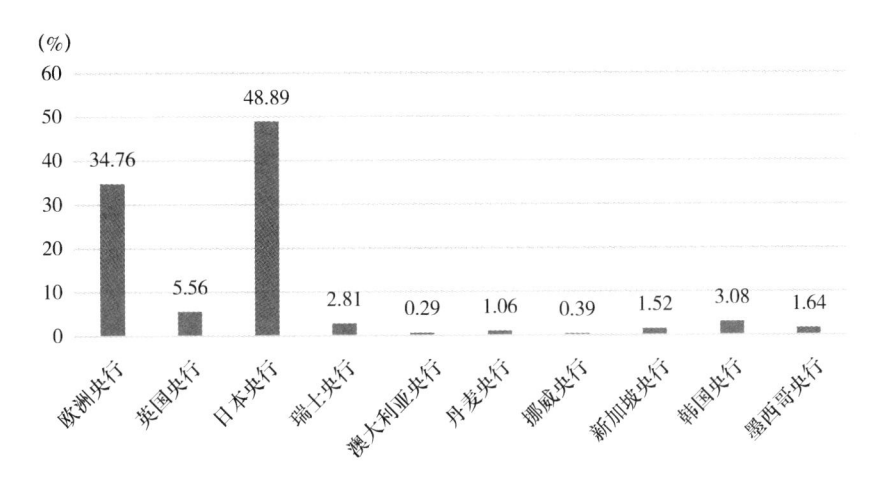

图27 截至2020年4月16日，美联储和其他央行货币互换的总额为4009.214亿美元，至今的10家央行在美联储美元货币互换中的占比

你有外汇储备吗？对很多中等收入和低收入经济体来说，这是个扎心的问题。比如近期阿根廷"债务问题"。

未来之四：全球低利率时代会延续。

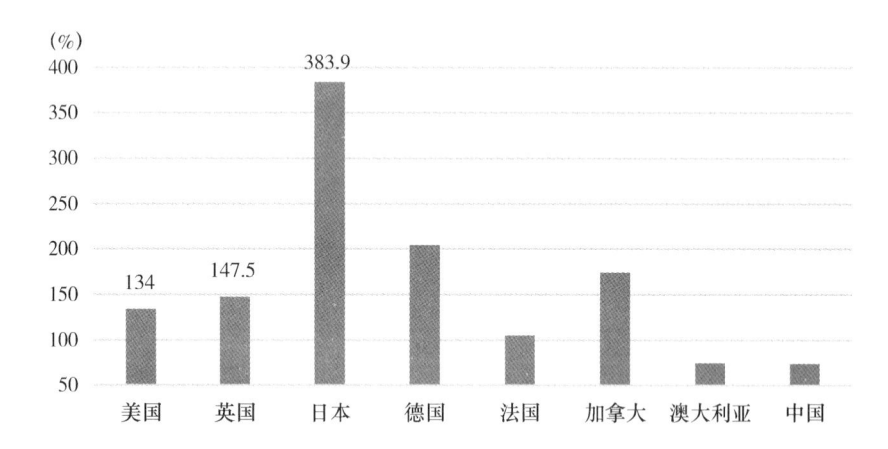

图 28 全球部分重要经济体央行资产负债表扩张速度（2008 年至 2020 年 3 月底）

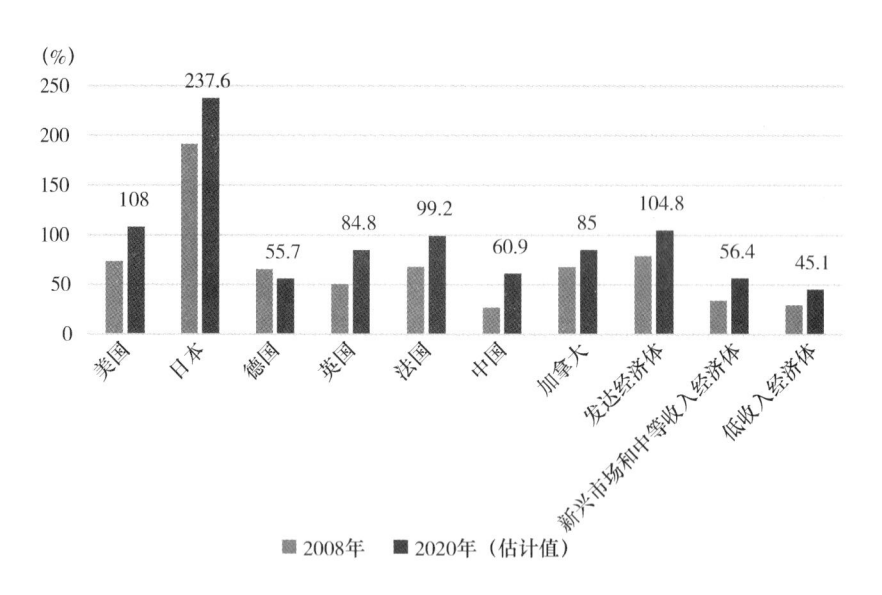

数据（%）：美国 134，英国 147.5，日本 383.9，德国约 205，法国约 105，加拿大约 173，澳大利亚约 75，中国约 73。

图 29 全球部分重要经济体的政府债务/GDP

2020年（估计值，%）：美国 108，日本 237.6，德国 55.7，英国 84.8，法国 99.2，中国 60.9，加拿大 85，发达经济体 104.8，新兴市场和中等收入经济体 56.4，低收入经济体 45.1。

图例：■ 2008年　■ 2020年（估计值）

美联储资产负债表的扩张速度："爆表"。

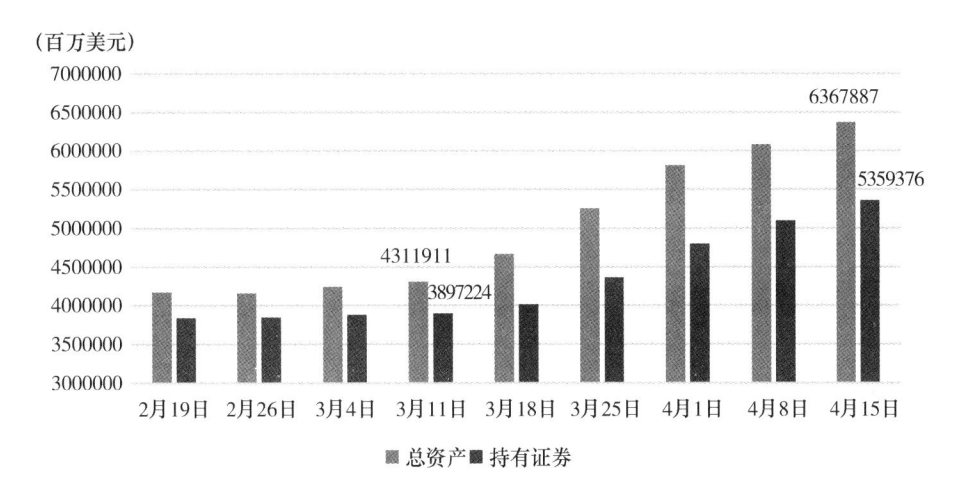

图 30　美联储总资产数量和持有证券数量的变化

M1 和 M2 翻番的增长率、美国股市过大幅度的反弹、美债价格的"高位"运行。美联储的"财政货币化"问题或许成为全球某些经济体未来的苦难。

未来之五：2020 年的关键词："大分化"。

全球利率水平"大分化"。

全球金融（股票）市场的"大分化"（不同经济体、不同行业）。

全球外汇市场的"大分化"。

全球各个经济体经济增长预期的"大分化"。

世界经济格局也会有"大分化"？新全球化怎么走？值得我们深入思考。

2020 年大疫情给世界带来了悲伤的故事，也导致了全球金融市场"大动荡"。疫情终会走远，此轮金融"大动荡"也会因此而逐步结束。

但"大分化"使得未来充满挑战，也因此是考验人类智慧的新起点。

美国金融市场的"大动荡"或许已经过去

4月27日

第一,美国金融市场股债价格趋稳,并与油价偏离度的程度发生分离,说明油价左右全球金融市场系统性风险的作用大幅度下降。黄金价格应该体现了投资者避险情绪和市场宽松货币定价的综合体,其揭示市场信号的能力越来越模糊。

最近两周以来,我们看到美国金融市场资产价格的波动幅度已经显著下降。从大类资产价格走势来看,首先是股市价格波动急剧下降。以收盘价计,美国三大股票指数的月度绝对偏差的均值急剧缩小,尤其是近10个交易日,基本回到了2020年1月份的水平。股市价格已经从3月的剧烈波动中迅速下降(图1)。

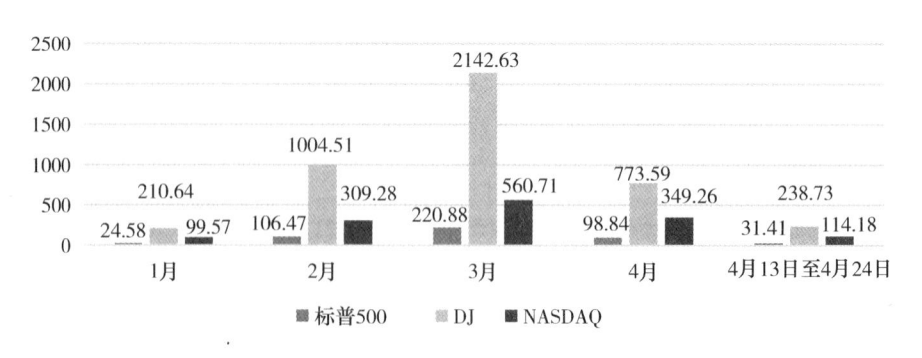

图1 美国三大股票指数月度样本的平均离散程度(AVEDEV函数)

其次是美国国债价格波动也急剧缩小。以收盘价计，国债市场价格已经从2020年2—3月的较大波动中明显趋缓，尤其是近10个交易日价格波动已经低于2020年1月份价格的波动程度。因此，与2—3月份相比，美国国债市场的价格波动已经大幅度下降，表现为国债两大市场的价格离散程度急剧收窄，美国国债市场价格有逐步趋稳的迹象（图2）。

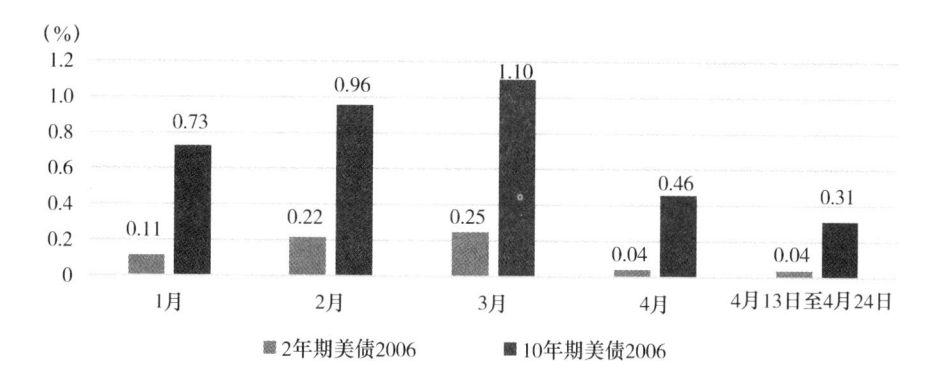

图2　美国两大国债期货价格的月度平均离散程度（AVEDEV函数）

COMEX黄金价格仍然呈现上下一定程度的波动性，这在一定程度上体现了宽松流动性下投资者避险情绪犹存。与国债市场波动性下降不同，油价在各个主要产油国的"吵闹"声中"上蹿下跳"，甚至出现了4月20日美国WTI原油期货5月合约（4月21日到期，在5月交割）价格出现了负值（4月21日该合约收盘结算价为10.01美元/桶）。以收盘价计，图3显示了2020年以来国际油价月度样本的离散程度，可以看出两个特点：一是油价还呈现出比较大的波动幅度，尤其是ICE WTI原油价格波动剧烈。二是ICE布油价格波动幅度明显下降，但仍表现出较大的波动幅度。但前者对国际油价的影响力要低于后者。

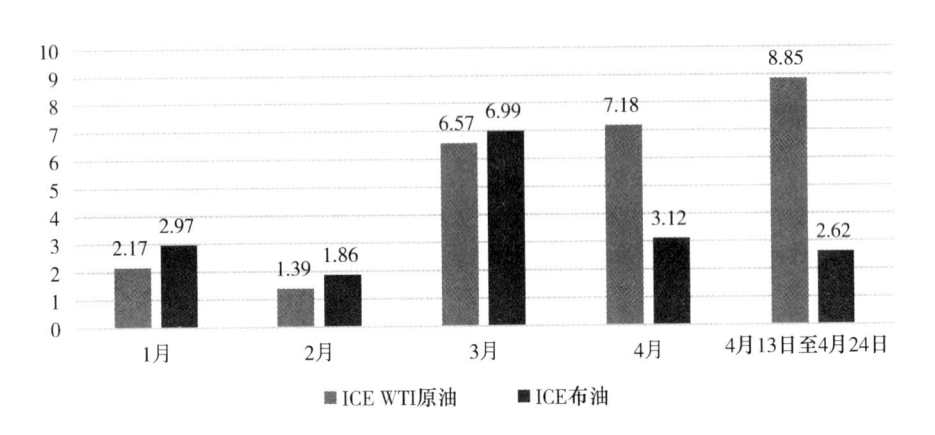

```
10
 9                                                          8.85
 8                                          7.18
 7                      6.57  6.99
 6
 5
 4
 3   2.17  2.97                                    3.12
 2         1.39  1.86                                       2.62
 1
 0
     1月        2月        3月        4月     4月13日至4月24日
              ■ ICE WTI原油    ■ ICE 布油
```

图3　国际原油市场价格月度平均离散程度（AVEDEV 函数）

对比美国股债价格月度样本的离散程度和国际油价的离散程度，我们发现：股债市场价格离散程度和油价离散程度已经出现了明显的分离，说明在较大程度上油价已经成为整个国际金融市场的定向风险。未来主要产油国在"争吵"中趋于妥协的概率不低。换言之，油价成为左右未来国际金融市场系统性风险的作用应该显著下降了。这与3月9日引爆美国股市"熔断"相比，其对国际金融市场的冲击力显著下降。

第二，美联储"爆表"幅度的急剧减少，说明美联储判断美国金融市场的流动性问题已经不是大问题，这或许暗示美国金融市场的"大动荡"时期已经过去。美国宏观政策的重点开始转移到财政救助方面。

我们观察到的另一个重要的现象是：美联储的"爆表"行为呈现快速递减的趋势（图4）。3月18日—4月1日两周时间美联储总资产增加了1.14万亿美元。到4月15—22日的这一周，美联储总资产增加了2052.5亿美元，比3月18日—4月1日的两周平均水平

下降了 64.1%，美联储"爆表"的边际速度出现了快速下降的趋势，尤其是从 4 月 27 日—5 月 1 日这一周，美联储购债规模进一步缩减为每天 100 亿美元，美联储"爆表"速度的进一步快速边际递减。

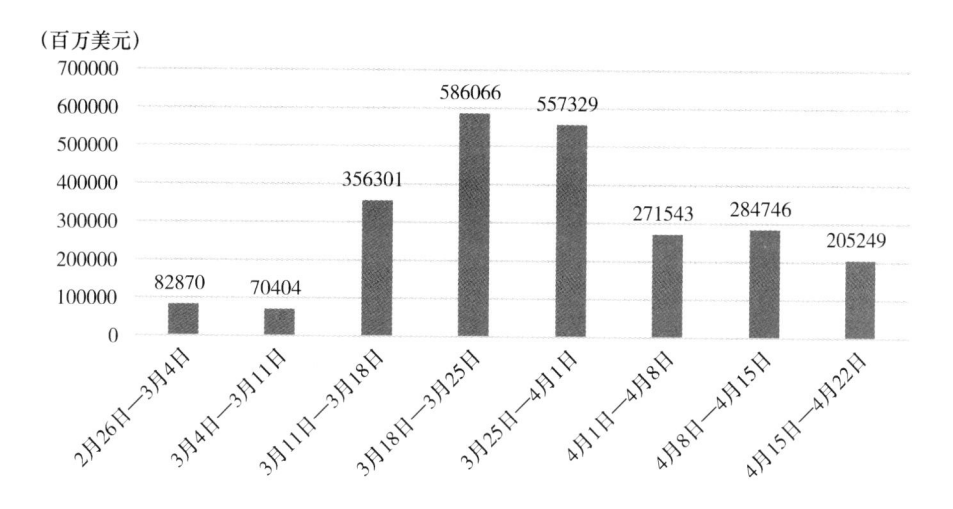

(百万美元)

2月26日—3月4日	82870
3月4日—3月11日	70404
3月11日—3月18日	356301
3月18日—3月25日	586066
3月25日—4月1日	557329
4月1日—4月8日	271543
4月8日—4月15日	284746
4月15日—4月22日	205249

图 4　美联储总资产的阶段性扩张数量（新增加部分）

资料来源：美联储，H.4.1. Factors Affecting Reserve Balances，以下同。

从美联储"爆表"的细类来看，主要是美联储购买证券类产品的扩张（图5）。除了 3 月 18 日—4 月 1 日两周外，证券类的扩张占据了美联储总资产扩张的 90% 以上，这说明美联储主要是通过购买国债、MBS 等向市场投放美元流动性。其中在证券类中国债从 3 月 18 日开始是最主要的，在 3 月 18 日—4 月 1 日两周接近 90%，并且在 4 月 1 日—4 月 8 日的一周占比达到 113.65%，这是因为其他证券有收缩的部分，导致比例超过 100%。

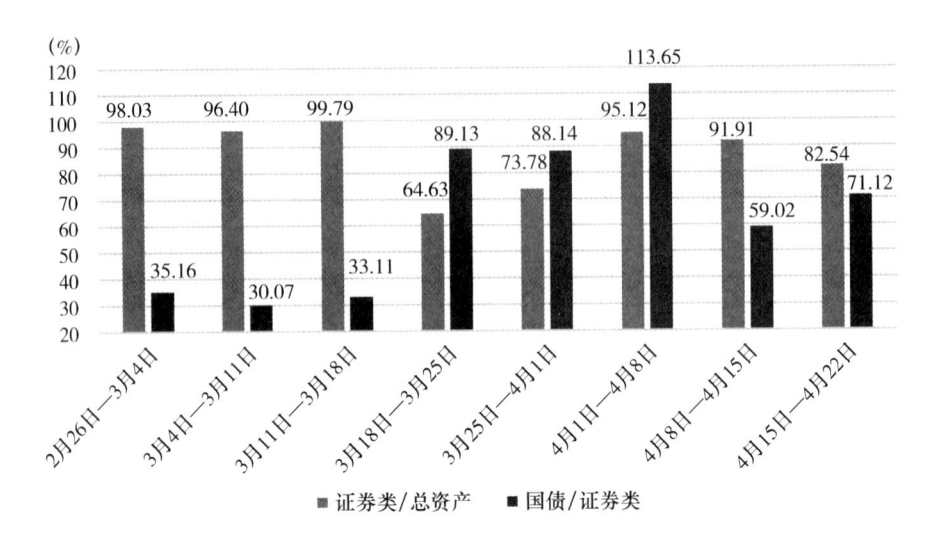

```
(%)
120                                                       113.65
110
100   98.03    96.40    99.79                    95.12
 90                              89.13   88.14            91.91
 80                                                                82.54
 70                       64.63  73.78                             71.12
 60                                                        59.02
 50
 40           35.16              33.11
 30    30.07
 20
     2月26日— 3月4日— 3月11日— 3月18日— 3月25日— 4月1日— 4月8日— 4月15日—
     3月4日  3月11日 3月18日 3月25日 4月1日  4月8日  4月15日 4月22日

           ■ 证券类/总资产    ■ 国债/证券类
```

图5　证券类资产在美联储总资产扩张中的占比

事实上，美联储从 3 月 13 日开始购进国债，并且在 3 月 19 日—4 月 1 日的两周达到了峰值的每日 750 亿美元，但图 5 中这两周证券类资产的增加占同期美联储总资产的占比只有 64.6% 和 73.8%。主要原因是 3 月 19 日美联储开启了央行货币互换业务，导致了央行互换流动性在这两周占总资产扩张规模较大的比例。图 6 可以清楚看到 3 月 18 日—3 月 25 日和 3 月 25 日—4 月 1 日，央行流动性互换占据了同期总资产增加的大约 35.2% 和 25.6%，才出现了美联储在市场购债峰值时证券类比例反而低一些的结果。这也显示了自 3 月中下旬开始，美联储开始采取多个措施来向市场释放流动性。

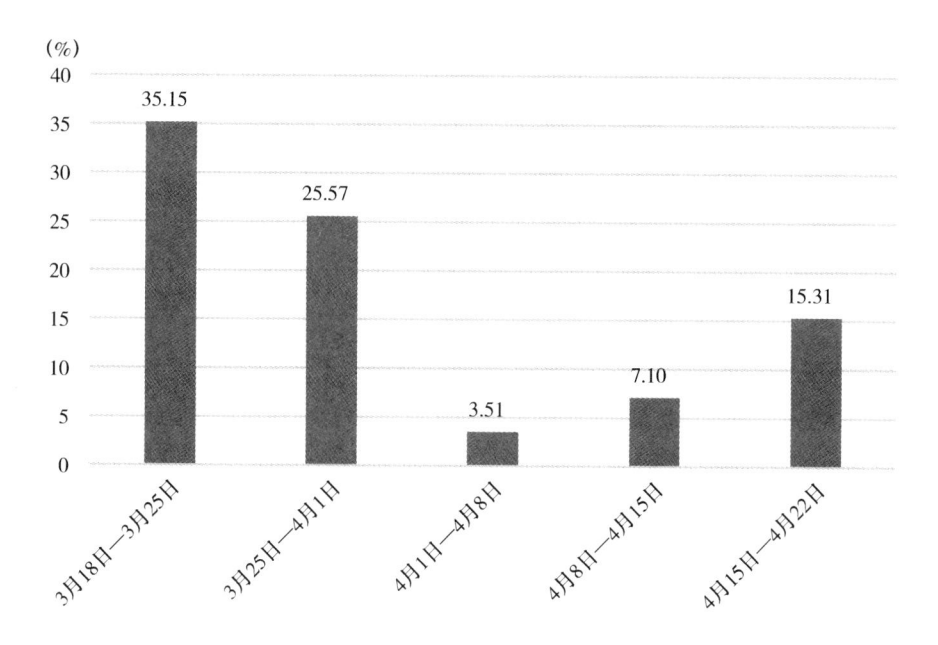

图6 美联储央行流动性货币互换占总资产变动的比例

总结：美国金融市场股债价格有明显的趋稳迹象。油价波动偏离度的程度与股债价格波动偏离度的程度之间的分离说明了：在较大程度上油价波动成为金融市场上的定向风险，油价左右未来国际金融市场系统性风险的作用显著下降了；而美联储"爆表"幅度的急剧减少，说明美联储判断美国金融市场流动性问题已经不是大问题，这或许暗示美国金融市场"大动荡"时期已经过去。

除了疫情本身存在的不确定性之外，在美联储快速"爆表"以及"爆表"快速递减的背景下，美元指数仍处于100以上的高位，这表明：外围市场动荡的逆反馈来冲击美国金融市场的概率大大增加了。

新兴市场要高度重视金融市场资产价格的变化

4月30日

以收盘价计,此次国际金融市场"大动荡"至今,美元指数在3月18日上100开始,截至4月29日总计30个交易日,美元指数在100以上的一共有15个交易日(图1)。最低的3月27日美元指数也达到了98.32。

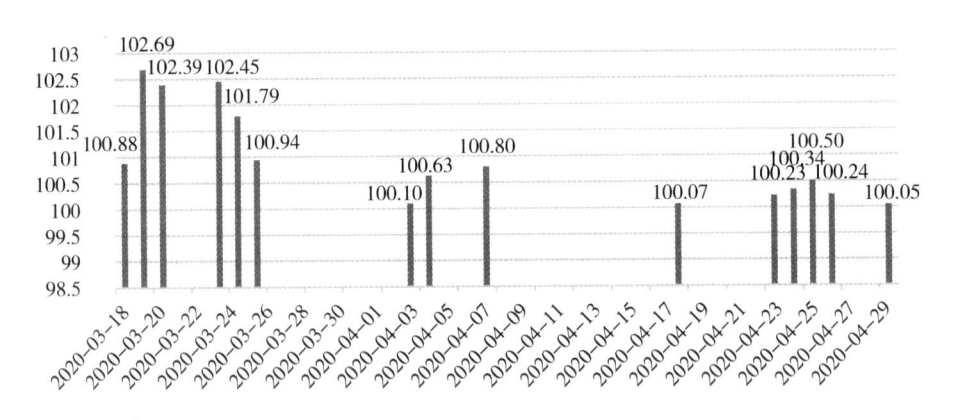

图1 3月18日—4月29日以来美元指数收盘价在100以上的情况

资料来源:Wind。

对比图2,我们发现美元指数突破100的时期也是美联储"爆表"速度最快的开始时期,这说明在3月18—23日前后金融市场美元流动性紧张达到了高点。在这期间，3月19日美联储开启了央行货币互换业务。3月23日美联储推出了无上限宽松的货币政策后，美元指数终于在3月26日跌破100，结束了连续6个交易日美元指数在100以上的局面。

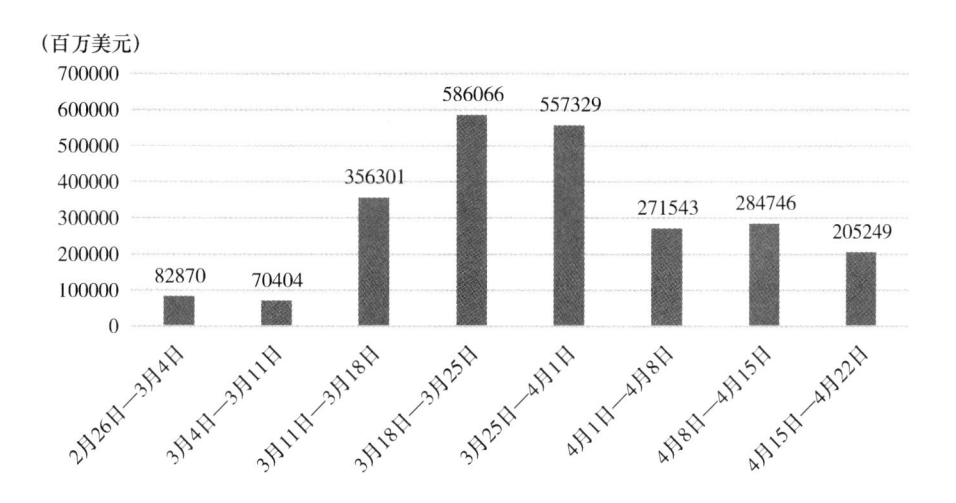

图2 美联储总资产的阶段性扩张数量（新增加部分）

资料来源：美联储，H. 4. 1. Factors Affecting Reserve Balances。

4月2—6日连续3个交易日美元指数再次维持在100以上，这很可能与美联储"爆表"速度的快速递减直接关联。图2显示了4月1—8日，美联储资产扩张的速度只有前一周的48.7%。除了4月16日美元指数有一次在100以上以外，4月7—20日美元指数均在100以下，但全部维持在99.5以上。4月21—27日美元指数再次走出了连续5个交易日维持在100以上的局面，直到4月29日再次跌破100，收盘在99.59的水平。从4月27日至5月1日这一周，美联储购债规模进一步缩减为每天100亿美元，美联储"爆表"速度进一步快速边际递减。

从以上美联储"爆表"的时间力度和美元指数走势来看,为什么在美联储如此快速"爆表"的期间内美元指数还保持如此强势?我们先看一下美元指数构成中的货币走势。图3显示,截至4月28日,年初至今欧元兑美元一直是贬值的,即使在美联储从3月18日开始快速"爆表"后,贬值幅度与3月18日之前相比快速减少,但3月18日至今贬值0.84%。今年年初以来日元兑美元一直是升值的,总计升值了1.87%。英镑在美联储3月18日进入快速宽松后兑美元升值了6.8%,使得年初到3月17日9.16%的贬值幅度缩小到4月28日的6.44%。加元和英镑的走势类似,在3月18日后至今有3.15%的升值,使得年初到3月17日9.25%的贬值幅度缩小到4月28日的8.27%。瑞士法郎则保持了相当平稳,年初至今对美元只贬值了0.87%。

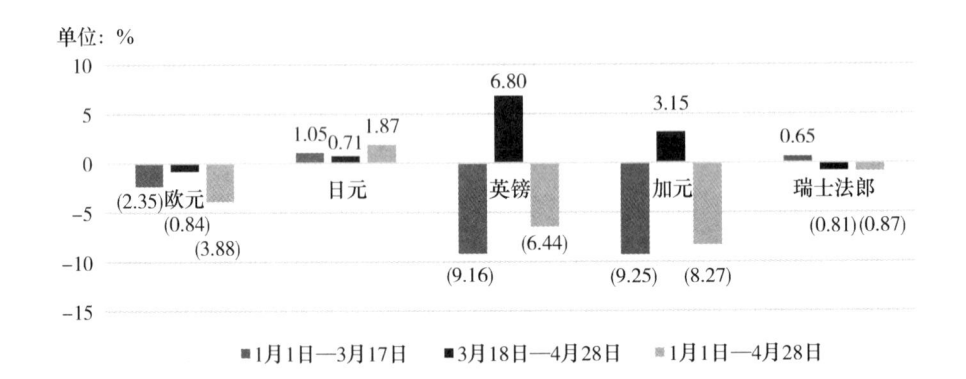

图3 2020年年初至今和分阶段美元指数中货币对美元的升贬值情况

资料来源:Wind。

因此,从美元指数占比57.6%的欧元来看,欧元对美元可能很难出现走强的态势。主要原因是欧洲央行也是无限宽松,基本是零利率,同时欧洲疫情也很严重,经济下行压力大;英镑和加元的贬值幅度虽有缩小，但两者货币比重加起来占美元指数的25%左右；日元一直是升值，估计难以维持持续升值的态势。那么从美元指数的货币组成来看，美元指数维持高位可能还要持续一段时间，尤其是在美联储资产扩张进入快速边际递减的时期。

除了美元指数的货币组成以外，有几个因素是需要关注的。首先，新兴市场资金回流美国和部分发达经济体的基本态势没有出现任何逆转，而且是2008年以来历次资金回流规模最大、速度最快的一次，导致外部市场对美元流动性的需求进一步增加，这会推高美元指数（图4）。

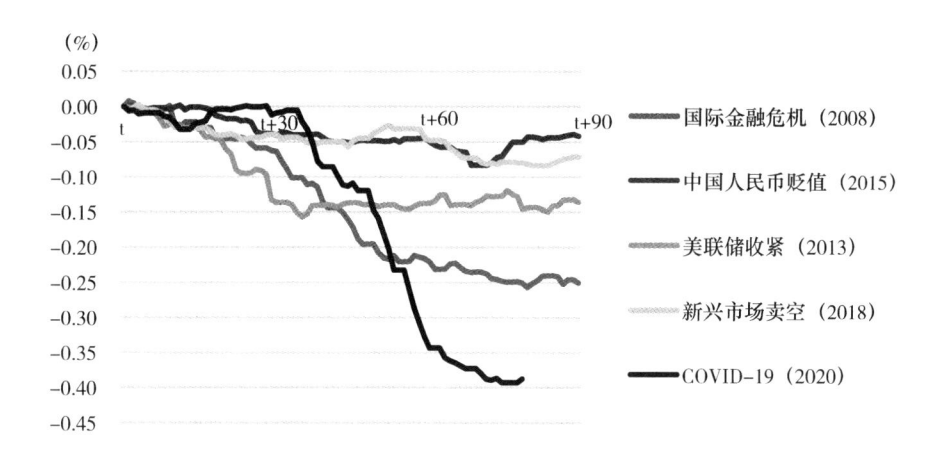

图4　非居民收入流入新兴经济体的资金占GDP的比例
（累计值，基于每日的观察）

资料来源：IMF，Global Financial Stability Report，April 2020。

从发达经济体资金回流的区域和资产来看，除了中国以外，亚洲区域资金回流的力度和速度是最快的。因此，在全球新兴市场承受资金回流美国和发达经济体的背景下，除了中国之外的亚洲金融市场承压不小；同时，新兴经济体股票市场资金回流的速度和力度要显著高于债市资金的回流。我们看到这一段时间新兴经济体股票市场的表现一般,这与股市资金回流有密切的关系。

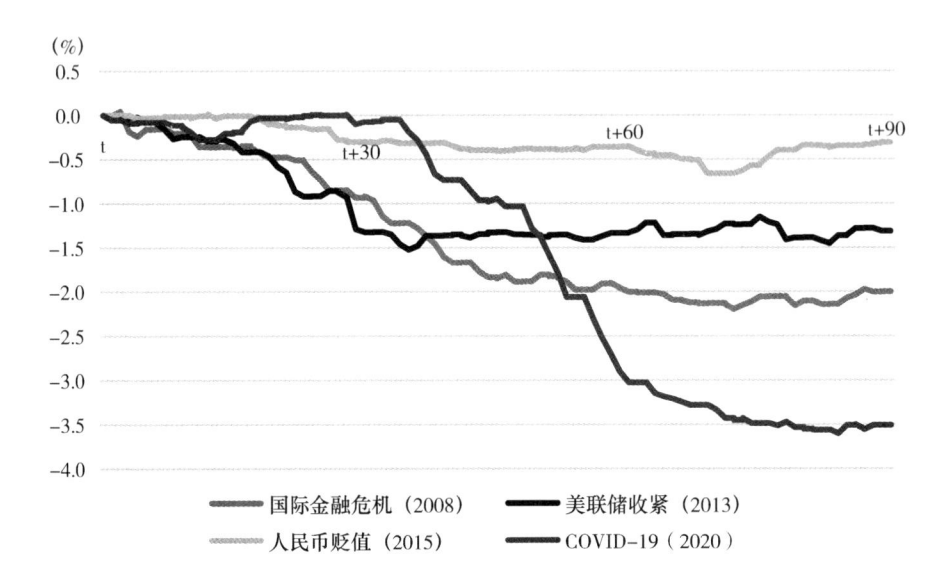

图 5　非居民收入流入新兴经济体区域和资产占 GDP 的比例

（累计值,基于每日的观察）

资料来源:IMF, Global Financial Stability Report, April 2020。

其次,美联储的"选择性"货币互换、贸易的急剧萎缩和部分新兴经济体储备的不足也是导致美元指数持续高位的原因。最后是部分新兴经济体存在外币债务的问题。

美元指数走强,美元资产就相对值钱,就会有更多的投资者追逐美元资产。因此,未来仍然需要密切关注美元指数的走势,这是表达全球美元流动性的风向标。从目前的状况来看,还有一个不利于美元指数走软的重要因素,那就是美国等部分发达经济体股市在恐慌指数大幅度下降的背景下,开始走出了所谓的"技术性"牛市的趋势,这将产生发达经济体资本市场的"虹吸"效应,进一步导致外部资金回流美国等发达经济体。图6给出了本轮国际金融市场"大动荡"的阶段性最低点(大部分是3月23日)到4月29日的反弹幅度。我们会发现美国股市反弹的力度太大了,令人难以置信。像NASDAQ指数基本抹平了今年以来的所有跌幅,2020年年初至4月29日跌幅只有0.65%。

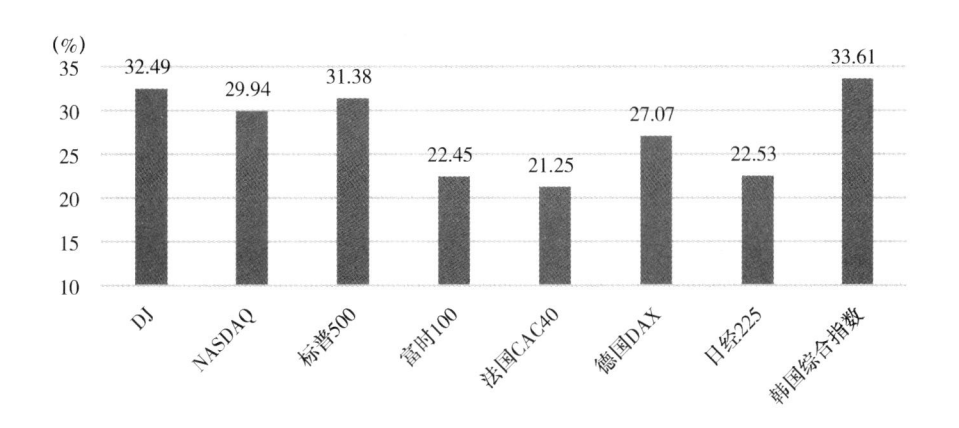

图6 主要发达经济体股市低点反弹的幅度

主要的欧洲股市的反弹力度也在20%以上。从亚洲来看,日经和韩国综合指数反弹的力度都在20%以上。日经和韩国股市过大幅度的反弹也会对亚洲其他经济体的资金带来"虹吸"效应,从而对其他股市产生一定的负面冲击。

问题是:2020年一季度美国实际GDP年化增长率为-4.8%,而2019年四季度实际GDP增长2.1%,2020年一季度创下了自2009年以来的最大单季跌幅;而且市场普遍预期2020年二季度美国的GDP将会下降更多。经济基本面和资产市场强劲反弹表现的"错配"体现了什么?

昨天鲍威尔在美联储FOMC公布利率决议和政策声明中将基准利率0—0.25%和超额准备金利率0.1%维持不变,并阐述了仅货币政策难以推动美国的经济复苏,强调了财政政策的作用,并说:"我们离耗尽财政部的资产还有很久。"随着美联储持续的扩表,财政的货币化将成为这届美联储政策的显著特点。也许是"政策信心"使得美股产生了脱离当下经济基本面的、如此强劲的持续反弹。

对新兴市场来说,要高度重视资产价格的变化,资产价格的走势要成为宏观金融政策关注的要点之一。依据IMF最新的数据,我们看到亚洲太平洋地区房地产商业债务的70%是被商业银行持有的(图7)。如果某些经济体持续出现资金外流,在美国和发达经济体股市走出"技术性"牛市的背景下,金融市场资产价格逆发达经济体资产价格而行,整个金融风险的脆弱性就会显现出来,尤其是在强势美元阶段,这种大风险的爆发也许就是瞬间的。

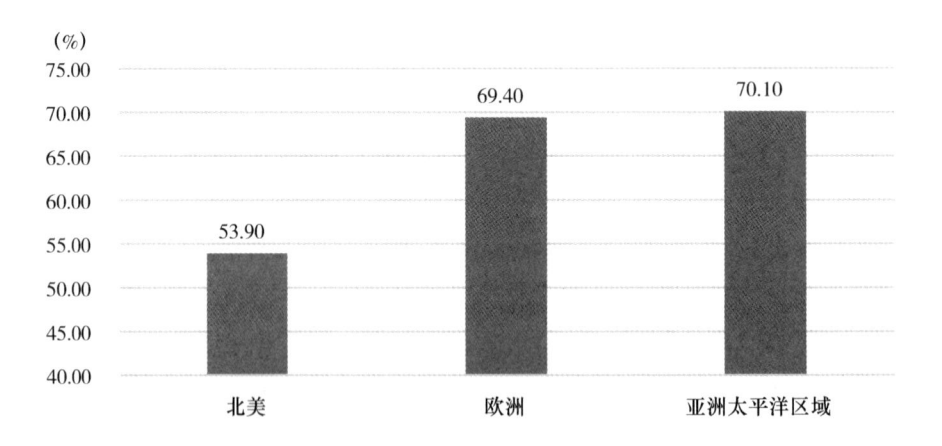

图7 商业银行持有的房地产商业性债务的比例

地区	比例(%)
北美	53.90
欧洲	69.40
亚洲太平洋区域	70.10

资料来源:IMF, Global Financial Stability Report, April 2020。

总结：从美联储"爆表"快速递减、欧元走势和资本回流等因素来看，美元迅速走软的概率不大。同时，美国和部分主要发达经济体股市价格过大的反弹带来了"虹吸"效应。在强势美元和资本市场"虹吸"效应的共同作用下，将给新兴经济体的金融市场和经济复苏带来持续的压力。因此，新兴市场要高度关注资产价格的变化，谨防由于资产价格的变化带来金融系统性风险的冲击。

零利率＋无上限宽松货币政策下的强美元

5月6日

2020年3月15日，美联储将联邦基金利率下调75个基点，联邦基准利率维持在0%—0.25%区间，美国政策性利率基本进入零利率阶段。

2月26日美联储开始扩表应对疫情大冲击。在2月19—26日的一周美联储还处于缩表阶段（本周缩表大约130亿美元），总资产大约4.16万亿美元。而在2007年年底，美联储总资产大约0.89万亿美元，次贷危机爆发后美联储开始扩表，一直扩到2014年年底的大约4.51万亿美元。之后美联储开始缩表，缩减到2020年2月的大约4.16万亿美元左右的水平，5年时间大约缩表了0.35万亿美元，但到4月29日美联储总资产高达大约6.66万亿美元。这就是说大约两个月的时间，美联储总资产扩张了大约2.5万亿美元，增幅高达约60%。因此，这一次美联储的"爆表"速度是非常惊人的！对比这两次扩表和缩表的力度与速度，美联储的行为呈现出"扩表容易缩表难"的特征。

美联储为什么缩表难？根本原因还在于经济增长的疲乏。正如很多经济学家所说，次贷危机后全球经济增长进入了"大平庸"或者"大停滞"阶段。考虑到2019年美国经济增长和就业的水平，如果不是疫情大冲击，美联储应该会继续缓慢缩表。2019年年底美国实际

GDP增速为2.3%，CPI为2.3%，失业率是1954年以来的最低失业率3.5%。应该说，新冠肺炎疫情打乱了美联储缓慢缩表的节奏，这才有3月3日的紧急降息和随后的无上限宽松的货币政策。

图1给出了今年2月26日到4月29日美联储"爆表"的每周资产增加情况，截止到4月22日—4月29日，这一周美联储扩表的速度基本与开始扩表的2月26日—3月4日这一周的扩表速度差不多，大约300亿美元。美联储扩表速度的快速递减也反映了美联储判断美国金融市场上的流动性紧张问题已经基本得到了解决。

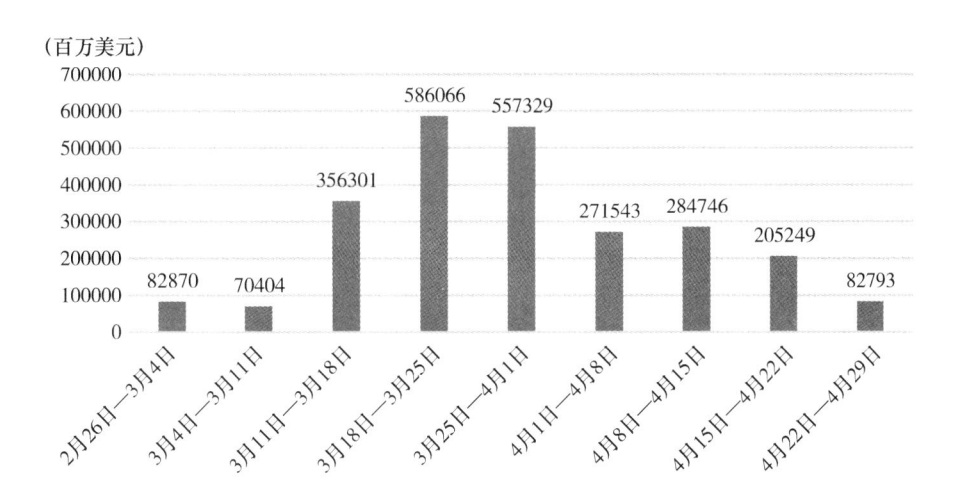

图1 美联储总资产的阶段性扩张数量（新增加部分）

资料来源：美联储，H.4.1. Factors Affecting Reserve Balances。

4月29日，美联储FOMC发布了货币政策声明，声明指出货币委员会将评估实现的和预期的经济状况，以实现其最大就业目标和2%的对称通胀目标（Federal Reserve issues FOMC statement，April 29，2020）。考虑到目前3月1.5%的通胀水平和二季度的预期高失业率，在排除疫情失控的情况下，美联储的扩表有可能会表现出图1中的长尾状态。

那么问题就是：在"零利率+无上限宽松"的货币政策下为什么美元还这么强？这与2008年次贷危机后的零利率宽松政策下的美元走势不同。如果美元保持足够长时间的强势，那么对其他经济体，尤其是对部分新兴经济体来说，金融市场动荡的概率就大幅度提升了。

图2给出了2007年1月以来的美元指数走势。次贷危机爆发后美元指数也由于流动性问题从2008年7月开始一路走高到2008年12月中旬，直到2008年12月6日美联储完成了年内的第7次降息，把联邦基金利率降到0.25%，美元指数有一个明显的下降，并在2008年12月18日达到阶段性的低点79.78。随后尽管有波动，整体上美元指数维持在80左右的水平，直到2014年美联储开始酝酿加息，美元指数开始上扬，并在2015年的3月13日突破100。

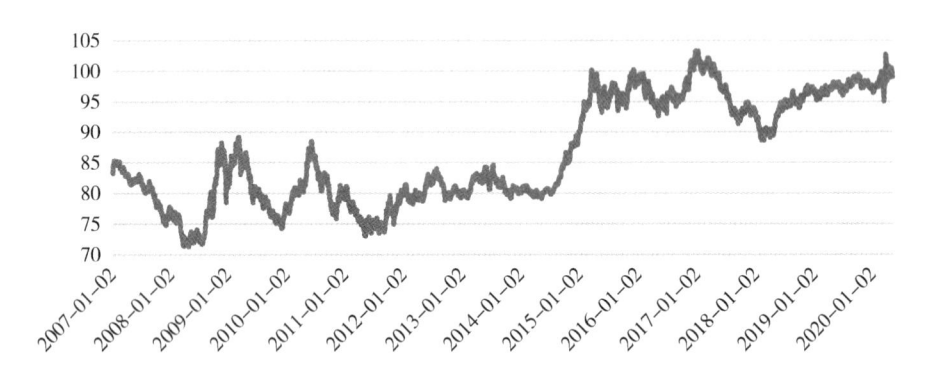

图2　美元指数走势（2007年1月2日—2020年1月2日）

资料来源：Wind。

2020年3月的金融大动荡美元指数只有在3月9日达到了阶段性的最低点95.06。对美国金融市场来说，3月9日是个特殊的日子，是整个市场追求无风险收益率阶段的最后一天，也是美股受"油价战"冲击导致今年第一次"熔断"的日子,所以美元指数在市场上是个阶段性的低点。但美国股市"熔断"之后的美元流动性需求激增使得美元指数迅速走高,到3月18日再次达到100。从3月18日到5月1日33个交易日美元指数在100以上的有15个交易日,美元指数保持了非常强势的态势。

"大疫情"冲击下"零利率+无上限宽松"的美元指数这一次为什么能保持如此强势的基本面,原因在于:与2008—2009年次贷危机爆发在美国不同,外围是受到了次贷危机的冲击,美元指数很难持续走强。我们看到,2008年12月6日当美联储把联邦基金利率降至0—0.25%区间时,2009年几乎全年美元指数基本是走弱的。这一次是全球都遭受了新冠肺炎疫情的冲击,是全球大灾难,尽管目前美国新冠感染人数接近全球的1/3。美元指数货币组成中最重要的是欧元,欧洲区域疫情也很严重,也是零利率,甚至负利率加无上限宽松。因此,从货币相对强弱就不难看出,欧洲严重的疫情以及英国脱欧的影响在基本面上促使欧元相对美元走软,美元指数保持在高位本身就具有一定的相对基本面支撑。

除了上述疫情冲击全球的基本面之外,我们还看到几个不利于美元走软的因素。第一,从利差角度来说,美元指数组成中的货币基本都是零利率,甚至负利率,导致美元由于利差走软的因素消失,这也是2015年以来美元加息持续走强的重要原因之一。第二,美联储与10家央行的"选择性"互换,尽管可以缓解这些经济体美元的流动性,但反过来也产生了外部市场持续需求美元的预期。第三,IMF等国际性机构对受到疫情冲击的、符合发放贷款条件的经济体提供的贷款都是以美元计价的,美元融资会增加对美元的需求。第四,不少新兴经济体持有大量的美元债务,这些债务需要以美元来偿还,也需要美元或者能够变现的美元资产。第五，美联储"爆表"力度边际急剧缩小，也降低了美元走软的供给推力。第六，我们看到美国股市过大的反弹造成美元资产值钱的现象会产生"虹吸"效应，导致外部资金进一步回流美国，也可能推升了美元指数。

就发达经济体的债务来说，都希望维持低利率来缓释债务压力。而发展中经济体由于疫情冲击也降低了政策性利率，发展中经济体与发达经济体之间还需要一定的正利差来稳定资本流动。因此，发展中经济体本身很难促使美元走软，尤其是部分新兴经济体，如俄罗斯、印度的疫情还处在攀高的状态下。

就美国的对外战略来看，美国会不遗余力地维持美元信用，维持美元霸权。同时，强美元可能是符合当下美国控疫情、促经济政策的有利选择。因为零利率政策下的强美元有利于提升美国资产的价值，有利于吸引全球资金，并有利于美国政府债务的进一步扩张。当然强美元会带来美国经常账户的不平衡，美国就会用贸易摩擦和谈判来缩小外部经常账户的不平衡。从2019年下半年开始，美国经常账户呈现了不断缩小的态势。同时，在全球外贸急剧萎缩的时候，强美元对美国经常账户造成赤字的压力是快速边际递减的。

因此，美元指数维持高位可能是美国希望看到的：有助于维持美元信用和美元资产的价值，增加全球对美元及美元资产的吸引力，也有助于美国抗击疫情并恢复经济。从这个角度来看，不排除美国会不断地在国际上制造各种口头的和实际的摩擦，使得世界觉得只有美元或者美元资产是安全资产的"幻觉"来维持强美元。这对新兴经济体来说，会造成外汇市场和金融市场的波动压力。

美国财政部二季度的新借款计划

5月8日

2020年5月4日,美国财政部网站公布了"Treasury Aannounces Marketable Borrowing Estimates"(Press Releases,May 4,2020),该新闻称财政部在假设2020年6月底持有现金余额8000亿美元的基础上,4—6月(二季度)财政部预计将借入2.999万亿美元私人持有的可销售的债务净额,借款估计比2020年2月公布的数字高出0.55万亿美元。

这就是说美国财政部将在今年二季度发行私人持有可以交易的政府债券,借钱规模约3万亿美元,这一数字比2月份公布的数字要高0.55万亿美元,说明原来是准备缩减大约0.55万亿美元的。按照美国财政部的解释,增加如此规模的借款主要是受COVID–19暴发的影响,包括协助个人和企业的新立法支出、税收收入的减免等。

图1给出了2000年以来美国政府发行在外债务存量的规模。2000年时,美国政府发行在外债务存量为5.67万亿美元,2008年次贷危机爆发后突破10万亿美元,2012年突破15万亿美元,2017年突破20万亿美元,2020年5月突破25万亿美元。从数额和时间来看,美国政府债务存量增加5万亿美元的时间越来越短,最后一个5万亿美元只用了3年的时间。因此,美国政府债务的增长速度是很

快的。

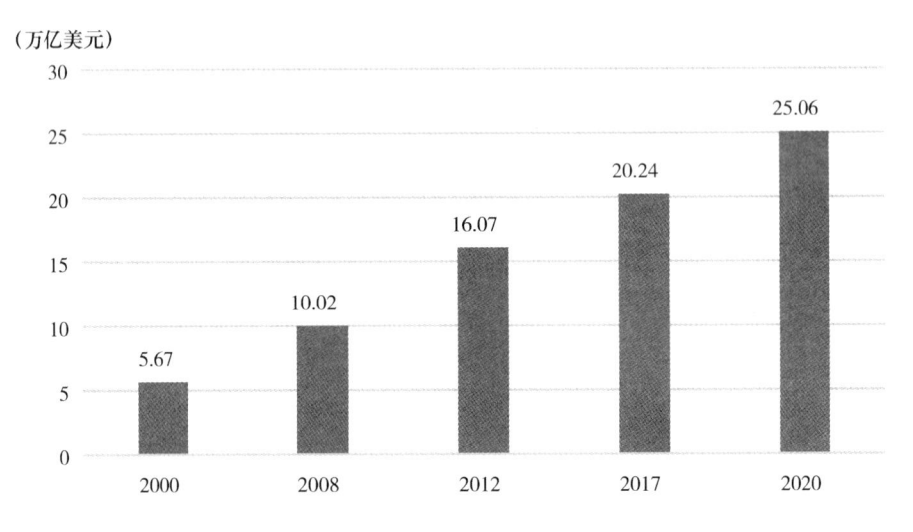

```
(万亿美元)
```

年份	债务存量
2000	5.67
2008	10.02
2012	16.07
2017	20.24
2020	25.06

图 1　美国政府发行在外的债务存量

注：2000—2017 年的数据均以每年 9 月 30 日为统计时间，2020 年的数据是截至 5 月 5 日的数据。

资料来源：美国财政部，Treasury Direct，Historical Debt Outstanding。

从债务成本来说，美国政府的借债成本是不断下降的。从图 2 可以看出，2006 年前后美国政府在市场上的筹资成本大约是 5%，到了次贷危机爆发后的几年大约在 2%，目前接近 2%。仅从利率成本来说，现在借钱的成本只有 2006 年的 40%。换言之，原来能够承受 5 万亿美元债务的利息成本，完全以新债计算现在可以放大到 12.5 万亿美元。由于目前美国财政部尚未公布详细的计划，如果从还本压力的角度来看，美国财政部这一次大规模的举债中长期债券的数量应该占主导地位，不排除发行超长期债券的可能性。

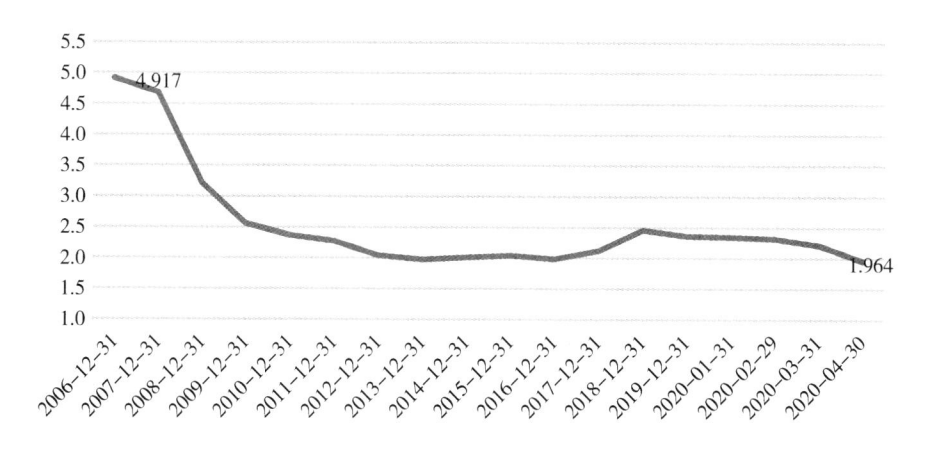

图 2　美国政府借债的市场可交易债券的成本（平均成本）

注：平均成本包括可交易中的 Bills、Notes、Bonds 等几类。

资料来源：美国财政部，Average Interest Rates on U. S. Treasury Securities。

因此，随着发债成本的下降，在发债数量急剧增加的条件下，美国财政部承担的利息成本并没有出现急剧的增长。图 3 显示 2020 年 4 月的利息成本与 2018 年 4 月利息成本并没有出现大的不同，但债务存量总规模上涨了大约 3.9 万亿美元。

从美国政府债务持有人来看，从次贷危机开始美国以外的投资者持有的比例超过 28%。在 2014 年前后处于高点，大约 34%。从 2015 年下半年开始这一比例逐步下降，目前大约为 30%，70% 左右的美国政府的债务是由美国人自己持有的（图 4）。而且美国以外的投资者中绝大部分是政府之间相互持有的，但这一比例近些年有所变化。截至 2020 年 5 月 5 日，政府之间持有的美国国债存量的比例大约为 23.6%，而在 2018 年年底这一比例大约为 26.5%，2015 年年底这一比例大约为 27.7%。这就是说新增加部分中有相当部分是美国以外的私人投资者持有的。

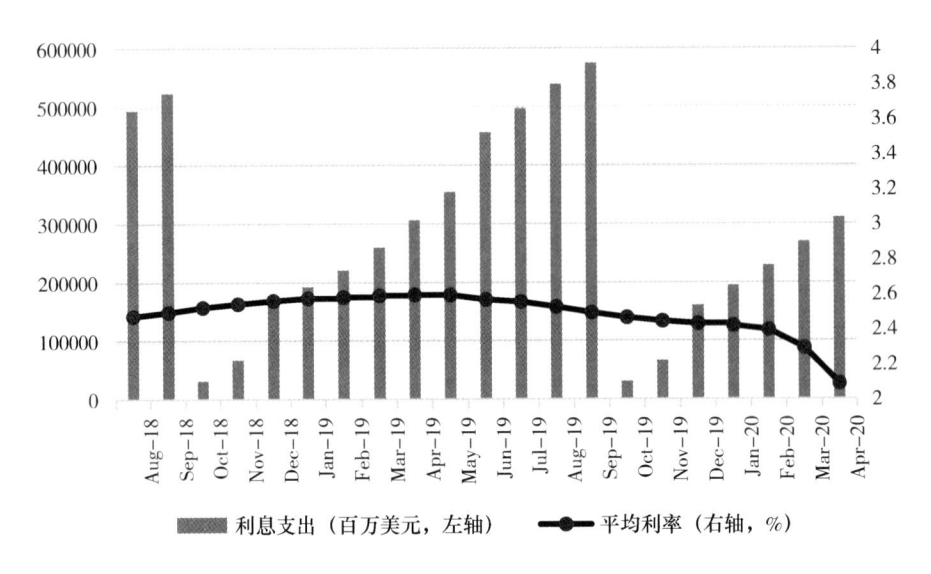

图3 美国政府债务的利息支出和平均利率

资料来源：美国财政部，Interest Expense and Average Interest Rate Graph。

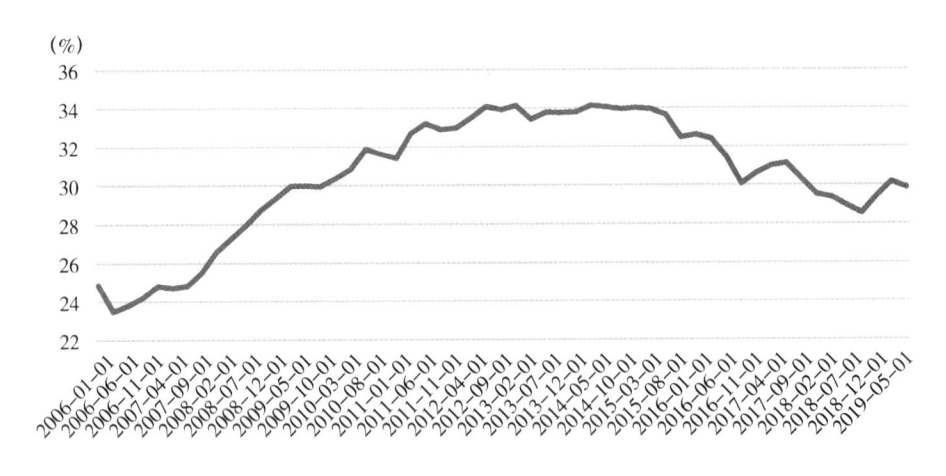

图4 美国以外的和国际投资者持有美国政府债务的比例

资料来源：U. S. Federal Reserve Economic Data, https://fred.stlouisfed.org。

从相互依存的宏观政策的溢出效应来看，美国经济中80%多是靠消费拉动的，而且对外依存度在大经济体中是相对低的。同时作为美元主导的货币体系，美国的货币政策外溢性是很强的；但财政政策的外溢性需要等到财政政策刺激经济的效果显现之后，才会通过进口的增加来对其他经济体产生正面的外溢性。由于美联储政策性利率接近零，在如此宽松的货币条件下，发债对市场利率的影响应该不大。

在货币政策放松到接近极限后，美国财政政策的力度开始走向极限政策，这两个政策能逼近极限都靠的是美元主导性的国际货币体系。在筹资成本不断下降的时期，美国财政部急剧放大了市场债务筹资的额度。美国财政部大规模的举债一方面挤压了国际市场上其他投资者筹集美元资金的空间；另一方面进一步做大了美元债券资产市场。

可以预计的是，美国财政部继续大规模从市场筹集资金，金融市场上的美元数量会减少，这样在近乎零利率的条件下，并不利于美元的走软。对外围经济体来说，其溢出效应应该是负面的。

这一次新冠肺炎疫情冲击，尽管全世界都采取了扩张性的财政和货币政策，但美国的政策力度是最大的，都是在采用趋于极限的宏观政策。美国的宏观政策为什么如此凶猛？根本原因可能有两点：一是美国面临大选，特朗普恢复经济的迫切心情促使美国的宏观政策向极限走；二是世界已经进入经济增长速度的高度竞争期，美国希望快速从疫情冲击中恢复，在暂时看不到没有通胀压力的背景下也促使宏观政策往极限走。至于说这种走向极限的宏观政策带来的后遗症，暂时就不管了，而且特朗普也没有心思去管了，他眼里只有大选。

疫情冲击下，人民币成为区域货币里的强势货币是大势所趋

5月12日

这次回过头来看，包括金融大动荡引发问题的根源，我同意各位的观点，它主要是新冠肺炎疫情的冲击导致的措手不及。过去从来没有想过会有这么一个突然的事情，本身它并不是美国经济周期到了周期性内生要求的周期性调整。它快速地把过去的进程打断了，也把还在往前走的经济进程快速打断了，而且打断的程度非常大，因为它很严重。所以可以看到很多政策的对冲根本不是按照正常的经济周期性的政策去对冲的，而是一些非常应急性的大对冲政策。

在这个过程中，我们发现一个问题，即使美国把货币放到了最松的水平，美元指数、美元这两个月来很强。最近特朗普有一个表态，他讲"强美元比较符合美国的策略，有助于美国经济的恢复"，他的这句话有一定的道理，在这样一个全球都很难过的时候，如果它能够保持一个比较长期的强美元，美元资产对全球吸引力会进一步上升，这有利于美元霸权的进一步巩固，这也是我们非常担心的事情。

所以，在这样的状态下，我非常同意新兴经济体要分波来看，有像中国这样健康的经济体，也有一些像俄罗斯、巴西比较脆弱的经济体。现在俄罗斯每天新增新冠肺炎患者还有1万多人。这些新兴经济体即使想借钱成本也很贵，再加上有不少外部债务，新兴经济体的债

务压力还是比较大的,现在整个市场想借钱也挺难的。过去经济就不怎样,现在还要进一步搞主权债,在国际上筹资也是非常困难的。

但是有一种办法,对这些经济体来讲,最重要的工作包括像一些新兴经济体的当务之急还是疫情防控,如果疫情防控做不好,后面一系列的问题都会出来。我们假设它在严格防控疫情的情况下,在贸易萎缩、经常账户恶化的情况下,如果还需要钱,实在借不到钱的话,它们也会想办法借到一些钱。比如这个国家总有一些好的资产,那么好的资产能否作为抵押?主权债务不好借,是否可以通过好的资产抵押来借钱?未来我们有可能看到这种现象的出现,但很显然,对这些相对脆弱的经济体来说,日子肯定会非常难过。

但对整个东亚经济体来讲,前面专家讲了,中国现在疫情防控做得是最到位的,日韩的疫情防控做得也不错,东亚作为全球三大经济区域角度来讲,现在整体状况和表现在全球来讲也是好的。但是通过这个时间是否能够迅速推进区域货币体系的改革,我觉得还是很困难的。我个人始终不看好"亚元",从我个人的角度来理解,中国没有必要搞"亚元"。随着时间的推移,中国经济体量不断放大,如果我们今天搞了个"亚元",将来我们会后悔的。我个人认为人民币将来首先应该会成为一个区域性货币,在此基础上去逐步成长为更大的国际性货币,在亚洲区域性货币里成为强势货币是大势所趋。

从金融对中国问题的冲击,看中国的金融问题,我个人的思路是中国在国际上能够取得今天的成就不是靠金融,而是靠制造业。看中国的金融,目前还是要以这样一种思路:基于服务于实体经济的视角看金融。比如看未来十年甚至更长的时间,金融发展得如何都要依靠实体经济这个基础。再比如,人民币的国际化,为什么别人需要人民币,无非两个原因,一是用人民币能买你的东西,二是更重要的,我用人民币，到中国来投资你这个市场，你要给我提供一个强大的资产市场，能够让我保值增值。中间涉及很多环节，包括资本账户开放等一系列改革。根本上问题还是我用你的钱，就是两个目的：一是我能买你的好产品；二是我到你这儿能便利地投资，并能取得稳定收益。中国市场给别人提供长期收益，最终还是落脚在实体经济的创新和发展上面。所以，我认为各位专家刚才讨论的各种对国内冲击的看法我都赞同，强调一点，当下还是要想办法刺激经济的需求。随着疫情防控到现在取得了重大战略性的成果之后，想办法刺激需求是当前政策的核心要点，尤其是刚才张燕生老师讲的科技问题。在这轮刺激需求过程中，我个人侧重于一定要考虑如何使科技的进步更上一个台阶，这是个核心问题。基本的刺激需求的方法，比如强调的民生工程以外，怎么想办法在科技进步领域更好地刺激需求，恐怕是未来中国在疫情之后，综合实力更上一个台阶的核心要点。

人民币的货币国际化是个中长期任务，它可能需要很久。在目前的疫情冲击下，要把人民币国际化提高到一个什么水平，恐怕还是挺难的。最终人家需要你的货币，是你能够给我提供稳定的收益，强大的市场，你的经济创新和产业链要非常强。包括刚才张老师讲的主动去挂钩也是非常有道理的，就是说这么大的东西和别人挂钩，对别人还是有吸引力的。所以，当下之际还是要侧重从实体经济恢复角度来应对金融波动。从外汇储备和经济基本面来看，资本的流入、流出波动是可控的。一季度外储减少大约400亿美元的水平，每天股市流进流出规模也还可以，基本是可控的。

聚焦服务于中国实体经济发展战略的人民币汇率

5月14日

一 人民币汇率未来十年的目标：聚焦服务于实体经济发展战略

依据国家统计局的信息，按照年平均汇率折算，2019年中国GDP达到14.4万亿美元，经济体量在世界经济中的占比已经达到16%，进出口占GDP的31.8%。经济体量这么大、外贸依存度接近32%，人民币汇率每一次较大的波动对中国经济和世界经济都有影响。在资本"走出去"和美元处于加息通道的双重压力下，2015年人民币汇率中间价格经历了"8·11"汇改，中间价下调了2%，引发了资本的外流和进一步的贬值压力，时至今日，人民币兑美元汇率已由"8·11"时的6.2%左右贬值到今天的7.1%左右的水平。

结合附录表1的汇率"三因子"分析框架，我们就会发现，"8·11"的汇改和至今的人民币贬值基本呈现出和表1相反的结果，只不过次贷危机后外围环境发生了重大变化，一些渠道的传递效应没有凸显。在实体经济传递渠道上，人民币贬值输入性的通胀压力不大，基本原因在于外部整体的低物价水平。在金融传递渠道上，贬值条件下资本流出的压力在一定程度上被中国经济、金融改革开放力度的扩大带来的资本吸引力对冲了，尽管在"8·11"汇改后出现了几个月的资本外流。在国际地位传递渠道上，汇率换算后 GDP 的国际地位中国多年前已经是世界第二大经济体，现在的经济总量比世界排名第三名到第五名的加起来还要大，排名的重要性可以适度淡化。人民币国际化是个长期的目标，短期中不宜抱有过大的期望。英镑是靠枪炮、殖民主义成为世界主导货币的；美元是靠"一战""二战"的大变局完成了对英镑的替代，成为国际主导货币的。1945 年美元得到成为国际货币的全球正式名分时，美国的 GDP 成为世界第一已经过去了 50 多年。因此，人民币国际化是最考验中国人耐心的一件大事，需要很长的时间，因为人民币国际化的路径必然是建立在中国实体经济基础之上的国际化。至于每年排名第几的波动不要刻意看重，因为美元、欧元占据了国际货币体系的 85% 左右的水平，剩下的基本在 5% 以下。

中国经济能够取得今天的辉煌成就，是改革开放、深度拥抱经济全球化的结果。1994 年在对外开放程度不断提高的背景下，对美元的需求急剧增加，当时官方汇率和黑市价格之间的差距达到 40% 以上，人民币别无选择，只能一次性大幅度贬值大约 50%，当时中国经济在全球经济中的体量不足 2.5%，人民币一次性大幅度贬值对世界经济的影响不大。而现在每一次稍微大一些的调整都会引起全球市场的重点关注。

人民币汇率不宜戴上过多的冠，汇率承受不起（参见附录）。人民币汇率要的是国家的长期利益。长期利益是什么？长期利益就是要服务于中国的崛起。中国的崛起靠的是中国实体经济的发展，尤其是制造业的发展。因此，破除人民币成长中汇率波动的烦恼就是汇率要聚焦服务于实体经济的发展战略。

坚持一篮子货币汇率稳定是着眼于长期发展战略的。尽管外部市场存在各种摩擦，但"稳外贸"是中长期战略。因此，汇率不宜大幅度调整。

二 疫情冲击下的人民币汇率：或许已错过了最佳贬值窗口，就不再刻意回补

今年以来，受疫情和金融大动荡的冲击，在美元流动性紧张的压力下，全球部分重要新兴经济体的货币对美元出现较大贬值，货币危机爆发的风险骤然上升。图1显示，在美元流动性最紧张的顶部3月20日前后，像巴西、墨西哥、俄罗斯的货币贬值幅度都超过25%。人民币贬值的幅度相对小很多，只有2%左右。

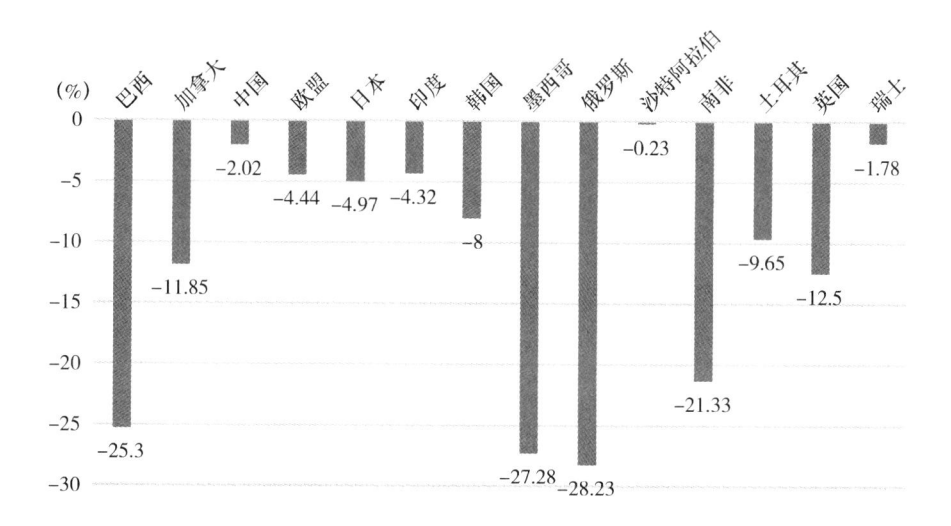

图1 2020年年初至3月19日全球主要货币兑美元汇率的贬值幅度

资料来源：Wind。

在全球主要货币普遍出现较大贬值的情况下，人民币兑美元汇率或许已经错过了这个最佳贬值窗口。原因可能比较复杂，今年一季度

由于出口的急剧下降，汇率贬值对于出口的边际作用变小，同时今年一季度面临着货币政策放松和资本流出的压力。在全球汇率大动荡的时期，人民币汇率一直保持在相当强的态势，对稳定国内资产市场起到了重要作用，典型的就是金融大动荡期间股市的跌幅几乎是全球最小的。在3月18日美元指数上100之后，美元一直保持强势，人民币汇率基本维持在较小的双向波动幅度之内。

我们可以推断一下，等疫情接近结束时，美国经济逐步恢复了，美国想出口了，美元走软应该是较大概率事件。在美国经济尚未出现明显恢复的背景下，美元指数走软的可能性比较小。我们为什么会出现这样的推测，逻辑的出发点是：在美国疫情防控未基本结束、美国经济恢复困难重重的背景下，强美元符合美国的利益。因为零利率政策下的强美元有利于提升美国市场资产的价值，有利于吸引全球资金，并便利于美国政府债务的进一步扩张。当然强美元会带来美国经常账户的不平衡，美国就会用贸易摩擦和谈判来缩小外部经常账户的不平衡。同时，在全球外贸急剧萎缩的时候，强美元对美国经常账户造成赤字的压力是快速边际递减的。

因此，最近以来美国的宏观政策体现出经济和美元之间"对冲"的政策组合："经济困难+强美元。"美元维持强美元的几个基本原因，我们在5月6日的《零利率+无上限宽松货币政策下的强美元》中做了分析。近期的两个新现象也不利于美元走弱：一是本周美联储宣布不采用负利率；二是黄金价格在一个月以来基本稳中有降。在未来这么大的不确定背景下，黄金价格不涨反跌也是美元强势的直接表现。

过去十来年，不断成长中的人民币经历了"你不升值不对，你不贬值我做空你"的烦恼。人民币不升值遭受过"汇率操纵"贬值刺激出口的无理指责；人民币离岸市场规模扩大也遭受过做空的压力。这就是人民币成长的烦恼。要减少人民币波动的这种烦恼，要给人民币汇率坚决的定位：维持一篮子货币稳定。强调汇率价格稳定对中国进出口贸易的作用，强调汇率是服务于中国实体经济发展的。这就要求人民币国际化不依靠汇率来调节。由于新兴货币要成长为更大的国际货币，必须有时间足够长的升值空间对国际投资者才有长期吸引力，这依赖于经济的持续健康增长。从这个角度来说，长期升值显然不利于中国的对外贸易，中国恰恰是一个外贸依存度较大的大经济体。

从上述角度来看，人民币汇率服务于实体经济和刻意的人民币国际化之间是有冲突的，但人民币汇率服务于实体经济和自然的人民币国际化之间是协调的。中国经济未来十年的关键期（当然也包括更长的时间）强调的是国家的经济增长，没有较好经济增长基础之上的人民币国际化是不稳健的。

货币国际化本质上也是一个"销售"货币的过程。从货币史来看，"销售"的方式差异很大。对于人民币国际化来说，当下及未来数年的战略应该是侧重于需求侧权力的人民币国际化。中国在一些重要的国际大宗商品需求端是需求大户，本来具有一定的定价权。比如石油人民币期货、铁矿石采购人民币计价等。走需求侧的人民币国际化具有实体经济的坚实支撑，是当下加快推进人民币国际化的稳健方式。

侧重需求侧的人民币计价也需要人民币汇率的稳定。因此，可以继续采取防御性的人民币汇率管理策略，坚持发挥逆周期调节因子的作用。在外部投资环境恶化的背景下，适度收缩美元的对外直接投资。中国的国际收支平衡表中，经常账户顺差是人民币汇率稳定的

"压舱石"，在目前的情况下，资本账户的投资收益很难有理想的表现。

因此，等疫情接近结束时，美国经济逐步恢复了，美国想出口了，在美元走软应该具有较大概率的条件下，人民币也不用升值太多。既然前面不太跟美元，后面也不用太跟美元。保持相对稳定符合中国经济未来发展的战略，随着中国出口产品在价值链上越向上端走，出口需要汇率变动配合的作用越小，更何况中国现在是世界第一大出口国，不靠汇率贬值来出口，应该靠的是加大改革，释放国内大市场带来的内部稳定需求及其带来的内需性增长，在内外部逐步平衡的路径上去推动中国经济的持续健康增长。

附录：人民币汇率不宜戴上过多的冠，汇率承受不起

汇率作为国际贸易和投资结算中的相对价格，其变动对一国经济、金融的影响极为复杂。人民币汇率的升值和贬值对中国经济、金融影响的讨论要避免采取"既要又要"的思维，人民币作为一个在成长中的国际货币，它承受不起这种"既要又要"的结果，人民币汇率不宜戴上过多的冠，汇率承受不起。我们认为：人民币汇率如何走，关键是要长期利益，短期侧重于防止汇率过大幅度的波动，尤其要避免汇率"超调"对经济金融带来的负面冲击。汇率是大类资产价格变动的风向标，汇率避免了"超调"也就避免了由于汇率调整带来的国内资产价格的过大波动及其他冲击。

附表1我们给出了一个"三因子"模型讨论人民币汇率升值对中国影响的基本框架。人民币贬值，则反向理解。

附表1　　　　人民币升值效应分析的"三因子"框架简表

实体经济渠道		金融渠道	国际地位	
直接效应	间接效应		GDP 外币计价	人民币国际化
进口最终消费品价格下降（CPI）；进口中间品价格下降（PPI）	出口需求下降，就业下降，工资下降；进口商品相对便宜，国外需求替代	资本流入和央行资产负债表的估值效应	人均美元GDP增加了	国内金融资产值钱，有吸引力。但人民币借贷更贵了

表1的分析框架表明，人民币升值对实体经济的影响主要有两点：第一是降低进口物价水平，从而降低国内物价水平；第二是出口会下降，因为出口到国外市场以外币计价的产品更贵了。同时，由于国内产品相对于外国产品变得贵了（进口品价格下降了），会出现国外产品需求替代（进口的产品以人民币计价变便宜了或者人民币出国买产品购买力增强了）。对国内投资的影响将出现复杂的结果：升值带来外部需求下降，但进口的中间品价格也下降（成本下降）。不同行业会出现不同的结果，汇率升值是否会带来制造业投资的下滑，要看制造业对外市场的依赖度以及投入品占制造业投入品的比例，没有一致的结论。但由于外部需求的减少，在总体经济结构上会出现调整：鼓励国内产业发展（非国际贸易部门），抑制外贸部门的发展。

人民币升值的金融渠道效应主要有两点：第一是人民币升值预期会带来国际资本流入，尤其是短期资本流入，外国投资者也愿意持有人民币或者人民币资产；第二是人民币升值会带来估值效应。在结汇售汇制下，央行的资产负债表会出现汇率暴露风险，会出现恶化，因为央行持有的美元资产存在抵补不了人民币负债的风险。

中国是一个发展中的大经济体，以美元计价的人均GDP在国际上表达了中国的发展速度和地位，人民币升值提高了以美元计价的人均GDP，有利于提高中国的国际地位。从人民币国际化的角度来说，人民币升值可以吸引外国人持有人民币、进入中国国内资产市场，提高人民币国际化程度；但升值预期的货币不利于对外借款，因为你的货币更贵了，没有人愿意借一个不断升值的货币，因此从人民币国际借款的角度来看，升值预期是不利于人民币国际信贷的。但总体上，一个新兴市场的货币要成为更大的国际货币，货币的升值对国外投资者才有更大的吸引力。

等风来？边看边做？还是率先复苏？

5月20日

人类也许会从每一次大危机中吸取教训，应对大危机的经济政策也是如此。相比1929—1933年的"大萧条"，2008—2009年应对次贷危机的美国宏观政策有两大变化：首先是采用"零利率+QE"的货币政策以及出台经济稳定和复苏法案的宏观政策来稳定市场和刺激增长；其次是尚没有出现1929—1933年那样"以邻为壑"的贸易政策。2020年新冠疫情的大冲击，美国宏观政策力度突破了以往任何一次应对大危机的政策力度，体现出了大外部冲击下的无上限对冲政策。同时，全球经贸投资领域出现了种种摩擦。

现在看来，2008年次贷危机美国的应对政策力度不算大。次贷危机爆发在美国，美国一共花费了不到1.5万亿美元，大约占2007年的10%。2008年10月3日《2008年经济稳定紧急法案》批准的金额为7000亿美元；2009年2月17日奥巴马签署了《2009年美国复苏与再投资法案》（ARRA法案），法案涉及投资总额7870亿美元，法案实施持续数年。在全球反危机的过程中，美国以外经济体大力度的刺激政策有助于美国以及大宗商品出口国的复苏。2020年新冠肺炎疫情美国仅财政援助和刺激政策已经历过四轮，数额高达3万亿美元，占到2019年GDP的大约14%。而且目前正在酝酿3万亿美元的第五轮财政援助和刺激计划；货币政策更是实施了"零利率+无上限宽松"的政策。

鲍威尔在美国当地时间5月17日的一次采访中说，在新冠肺炎病毒疫苗出现之前，美国经济可能无法完全复苏，经济的复苏可能要等到2021年年底。5月13日鲍威尔在货币政策的讲话中明确表态，美联储不会采用负利率，货币政策还有工具和空间；同时美联储需要财政政策配合来防止出现由于疫情持续冲击带来的企业偿付风险问题。

美联储最近一系列的表态信号至少有三个方面的意思：一是美国经济在疫苗出来之前无法全面复苏，经济全面复苏时间会延迟，尽管特朗普是非常想要美国经济率先复苏。二是拒绝负利率，保持强美元。三是美联储仍有工具，财政还会出台进一步的刺激措施，实施救助以及减轻或阻止企业出现偿付风险等问题。

从今年一季度的情况来看，由于疫情冲击，欧美经济情况很不乐观，预计二季度也不乐观。在上述背景下，对于其他经济体的宏观政策来说，就面临三个选择。

第一种选择是"等风来"。到美国等全球主要经济体复苏之后，通过外需来拉动自己的增长。宏观政策聚焦于疫情防控和社会救助，尽力保住居民基本生活的消费能力。

第二种选择是"边看边做"。观察最重要的几个经济体宏观政策能做到什么水平，然后确定自己的宏观政策，依据自己的财力和货币政策空间来相机抉择。

第三种是"率先复苏"。率先复苏首先取决于疫情防控效果；其次取决于财政能力和货币政策的空间。

选择第一种的应该是绝大多数G20以外的经济体，大多数属于中等、中低和低收入经济体。从IMF提供的全球疫情政策来看，这些经济体的财政本身困难、在国际市场筹资困难，而且疫情防控需要采取各种国际援助的形式来完成。

选择第二种的经济体大多属于中等或中等以上收入的经济体。这类经济体有一定的财力，宏观政策的特点主要是动用自己的资源抗击疫情，保持社会救助，尤其是对于就业最重要的中小企业的各种财税和信贷政策安排，政策的力度相对适中。

选择第三种的经济体主要是大经济体或者是外贸依存度大的小经济体（比如新加坡等）。率先复苏对于维持和提升自己在国际市场上的产品供应链极其重要，这也关乎出口导向型经济体的发展战略。

对于选择第一种的经济体来说，本身就不具备参与国际市场竞争地位的能力和条件，能够抗疫成功是一切政策的出发点，对世界经济总量的影响不大。对选择第二种的经济体来说，大多数宏观政策保持相对温和的态势，因为过大的货币政策降息将进一步导致资本外流，货币政策的空间受到明显的约束。

对美国以外的出口导向经济体来说，选择率先复苏将面临四个问题：一是未来一段时间外部市场急剧萎缩，出口面临巨大压力；二是强美元下的汇率波动风险问题；三是全球经贸摩擦带来的种种逆全球化问题；四是全球的生产能力已经远大于消费能力的问题。

从2020年4月份的复工复产、进出口等数据来看，全球表现相对好的大经济体主要是中国和日本。对于日本来说，过去十几年的增长始终处于平淡的水平，也难以有爆发力出现持续的好增长。对于中国来说，同样面临上述四个问题。对于第一个问题，近期出口除了疫情防控物资等有大幅度增加外，其他的大多出现了明显的下降。尤其是在欧美主要市场耐用品消费急剧萎缩的条件下，非抗疫类的制造业出口（比如汽车行业等）将面临严峻的压力。对于第二个问题，人民币汇率是相对稳健的。不管是从经济基本面、利差还是外汇储备来说，具备保持相对稳定的能力。对于第三个问题，目前很难给出未来全球化状态的完整判断，但有一点可能会逐步显现出来：技术市场和产品市场的分离可能是全球化未来的趋势。美国及部分发达经济体的跨国公司研发技术的核心环节可能会逐步回流本土，但产品的销售是全球化的。换言之，未来的全球化不会终止，但不是分享技术的全球化，而是分享产品的全球化。对于第四个问题我们可以看出，疫情期间疫情防护用品的短缺在很短的时间内得到了明显的改善，有些甚至过剩（比如口罩）。全球生产能力已经远大于消费能力，这一点也是过去十年来全球货币急剧增长并没有带来明显通胀压力的主要原因之一。

因此，对于中国来说，率先复苏应该是基于内需的率先复苏。宏观政策的出发点侧重于两点：内需增加和技术进步。要坚持供给侧结构性改革和扩大内需。这里的内需增加要强调外溢性的减少，不会走2008—2009年次贷危机刺激投资需求的老路。财政和信贷政策会侧重于把政策红利放在扩大居民的内部需求和就业上，减少政策红利的外溢性。从全球疫情的发展来看，截至目前仍然具有很大的不确定性。因此，政策红利聚焦于国内居民需求，提高居民消费是形成有消费能力的国内大市场的关键因素；政策红利聚焦于技术进步是稳定和提升产业链的关键因素。

从目前全球对美元的需求来看，疫情对美元体系的冲击不会太大。美国的宏观政策侧重于解决国内问题，美国会充分利用美元国际货币霸权的优势，财政的赤字问题不会成为当下约束美国宏观政策的条件。非常时期美国的非常政策在美国经济复苏之前会延续，这些非常政策也会在美国经济复苏之后逐步退出。此次应对疫情大冲击的政策可能会体现出与2008—2009年不同的一面：政策更加聚焦于内部潜力的挖掘，各经济体政策红利的外溢性将会下降。同时尽力前瞻性预期美国退出非常政策后，在未来1—2年给汇率调整留下空间，避免汇率成为全球经济复苏后分享全球市场的成本。

不分享技术但分享产品的疫情后全球化

5月21日

2020年新冠肺炎疫情进一步冲击了全球化进程。从人类全球化加速和全球化倒退的历史来看,依据Peterson研究所最近的一项研究(Irwin,D. L.,April 23, 2020, The pandemic adds momentum to the deglobalization trend),1945—2008年经历了1870年以来时间最长的全球化时期,从2008年开始,全球化进入了减缓全球化(Slowbalization)阶段,到2017年全球化程度明显下降。2018年特朗普主动挑起了全球贸易摩擦,尤其是对中国实施了大规模的关税摩擦,全球化进一步遭受逆流。

2020年新冠肺炎疫情暴发,美国等发达经济体以疫情防控物资的紧缺危及国家安全为理由,出现了要把海外企业搬回本土的各种言论。4月10日,美国白宫首席经济顾问呼吁美国在中国的企业搬回美国,并给予搬迁费用补偿;同一天,日本政府准备出资20亿美元支持日本在中国的企业搬回日本,等等。

目前的全球产业链是过去几十年全球化进程中通过激烈的市场竞争慢慢沉淀下来的,遵循了国际市场的成本-收益原则。中国目前拥有全球最大、最长的产业链,这与跨国公司相关。跨国公司之所以愿意来中国投资,从生产角度来说,中国可以提供跨国公司产品生产所需要的相关零部件,中国国内的劳动力和产业链可以满足其投入的生产要素需求；从消费来说，中国的大市场已经成为全球跨国公司不可能不考虑的商业利润来源。因此，大规模搬迁是难以做到的，因为任何政府都无力补偿这些跨国企业在华的巨大商业利益。今年4月份我们也看到了美国政府对苹果的关税"豁免"等现象，也反映出搬迁的巨大难度。

随着中国人均GDP突破1万美元，人口接近14亿，整个市场的消费能力会上台阶，这么庞大的商业利益跨国公司都不会错过。因此，产品市场的全球化步伐不会停止。放弃了中国市场，在较大程度可以认为是放弃了世界市场的消费红利。这对于跨国公司的母国来说，其制造业产值以及GDP也会下降。

就目前全球制造业产业链来看，美国等发达经济体主要集中在高附加值的制造业技术、信息技术（软件等）环节，这是历史累积的技术底蕴和全球化成本分工的结果。在技术高附加值方面，中国与发达经济体还有明显的差距，这一点可以从单位出口额附加值中得到明显的证据。近几年，随着中国技术的发展，中国技术（比如5G）已经具备相当程度的国际话语权时，美国就开始了对中国高新技术企业的打压。北京时间5月15日美国商务部安全局发布公告，要求采用美国技术和设备生产出的芯片，必须先经过美国批准才能出售给华为，同时给了120天的过渡期。这是自2019年5月美国将华为列为"实体名单"后进一步对华为的打压。

美国为什么如此打压华为？道理很直接：在中低端制造业上中国在全球很难遇到对手，现在中国开始了在高技术领域与美国等发达经济体竞争，华为5G技术是全球第一梯队，这才是美欧等发达经济体最担心的地方。事实上，随着人工成本的上升，中国低技术制造业也会逐步转移到其他经济体，产业追随成本的漂移是全球化分工的必然结果。任何经济体随着人工成本的上升，产业结构都会出现向高端行走的趋势，这是劳动生产率内在要求提升的结果。

从2018年中美贸易摩擦开始，美国对技术贸易和投资出台法案严禁技术扩散。2018年6月《外国投资风险审查现代化法案》加强了对外国在美国投资的审查，涉及高科技行业的审查更为严格，并有专门的条款明确要求美国商务部每两年向国会提交"中国企业在美国的FDI"和"国企在美交通行业的投资"报告。2018年7月，美国国会通过了《出口管制改革法案》，强化了美国总统对出口管制的行政权力。2018年11月，美国商务部产业与安全局（Bureau of Industry and Security）按照该法案的要求，修订和出台了涉及14个领域的多项技术出口控制（1）生物技术；（2）人工智能和机器学习技术；（3）定位、导航和定时技术；（4）微处理器技术；（5）先进计算机技术；（6）数据分析技术；（7）量子信息和传感技术；（8）物流技术；（9）增材制造；（10）机器人；（11）脑机接口；（12）高超音速空气动力学；（13）先进材料；（14）先进监控技术），涉及的技术出口都要受到美国商务部的监督和审核。因此，美国在通过逆全球化来重塑全球化的过程中，全球技术贸易的稀缺性将显著增加。

跨国公司研发是美国研发的重要推动者，2015年美国跨国公司研发金额占美国研发总金额的57%。过去几十年，美国跨国公司研发（R&D）中心在美国境外的地理位置发生了一定的变化。1989年美国跨国公司在英国、德国、日本、法国和加拿大五个国家进行了74%的国外研发，2014年这个数字下降到43%，新的研发中心主要转移到中国、印度和以色列，但在2015年美国跨国公司研发的83%都是在美国境内完成的（Branstetter, L. G., 2019, US Multinational Corporations Have Shifted Foreign R&D towards Nontraditional Locations）。因此，研发回收美国本土是一个趋势。随着美国对中国高新技术企业的打压，尽管美国在中国的跨国公司大规模搬迁回美国的可能性几乎没有，但即使是使用了中国本地人力资本某些跨国公司的研发中心留在中国，对于技术的保护和交易使用将更加严格，也会进一步收紧，以维持其技术的高附加值。

中美之间完全脱钩的可能性很小。中国的大市场决定了美国的跨国公司以及美国本土的出口企业具有巨大的商业利益，但技术市场的分享空间将进一步收窄，美国对高新技术的保护和交易监管将越来越严。

对任何一个经济体来说，由于全球产业链的深度交错，重建一个重要产品完整的产业链将是一个漫长的过程。同时也没有任何一个经济体有能力在国际上垄断生产一个需要很长产业链完成的重要产品所需要的所有高新技术。再好的技术生产出来的产品都需要通过市场使用、检验和改进，尽管有各种贸易摩擦，产品市场全球化的步伐不会停止。

疫情后的全球化不会终止，但会继续放缓。有可能是一种产品和技术更大分离的全球化：只分享产品而不分享技术的全球化。

疫情金融与疫情经济大脱离刷新了我们的估值观?

5月24日

现象1：截至5月22日，美国股市年初至今的跌幅大幅度收窄。DJ指数和标普500指数分别下跌了14.27%和8.52%，而NASDAQ指数则上涨了3.92%。年初至今跌幅超过15%的主要是欧洲股市（图1）。

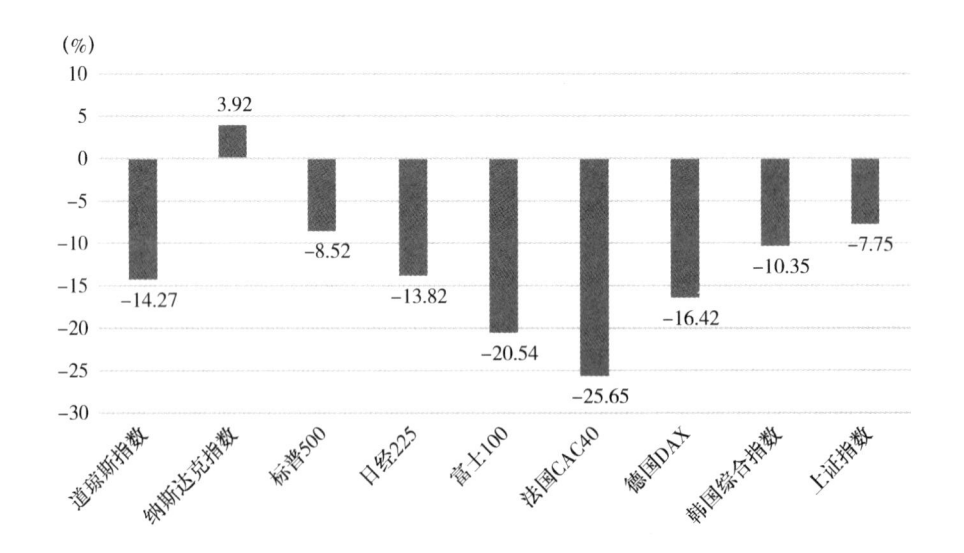

图1　2020年初至5月22日全球主要股市的跌幅

现象 2：IMF 今年 4 月 20 日出版的《世界经济展望》的标题叫"大封锁"（The Great Lockdown），报告指出，2020 年是 1929—1933 年"大萧条"以来最严重的经济衰退。与图 1 中的经济体相对应，图 2 给出了 2020 年一季度这些全球主要经济体的 GDP 增速。今年 1 季度中国受到新冠肺炎疫情冲击最大，GDP 同比下降了 6.8 个百分点。美国 GDP 在一季度也深度下滑，同比下降 4.8 个百分点，由于美国的疫情依然较为严重，市场普遍预计二季度 GDP 有更深度的下滑。

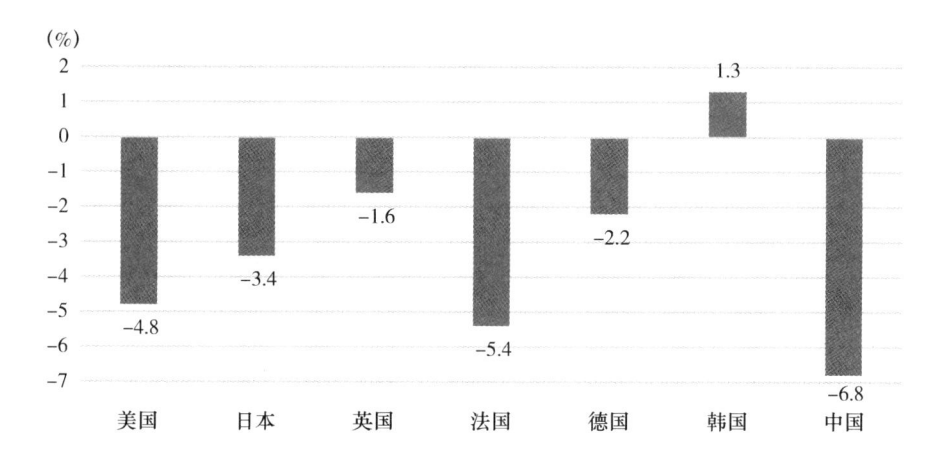

图 2　2020 年 1 季度全球主要经济体 GDP 增速（同比）

现象 1 和现象 2 明确显示了疫情金融与疫情经济的大脱离。尤其是美国的股市与美国的经济之间的脱离非常明显。如此大的疫情冲击下美国股市中标普 500 指数就用了大约 8 个百分点可以补偿吗？在市场普遍预期 2 季度美国经济将进一步衰退、失业率进一步攀升的背景下，股市却从年内最低点走出了强劲的反弹（图 3）。美国三大股指从 3 月 23 日前后到 5 月 22 日反弹幅度均超过 30%；德国和韩国的股指反弹力度也超过了 30%。

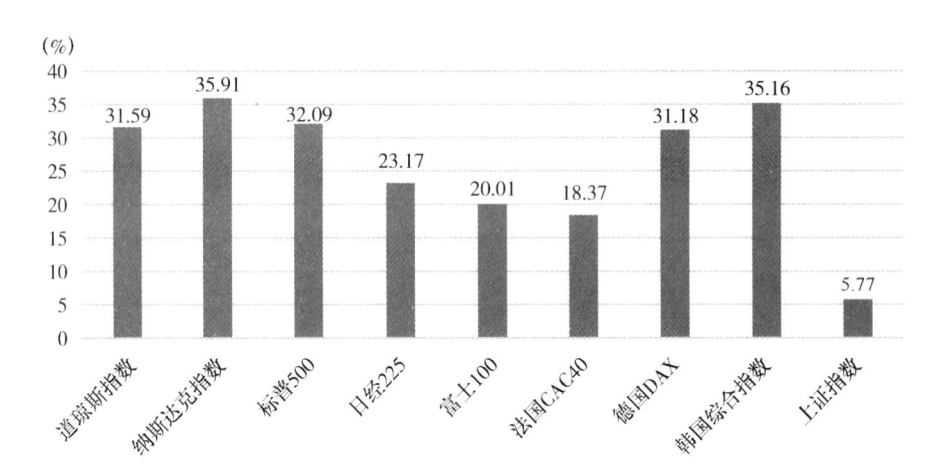

图3　全球主要股市本轮最低点至 5 月 22 日的反弹幅度

注：依据 Wind 提供的数据，2020 年年初至 5 月 22 日之间的收盘价从最高点到最低点的时间分别是：DJ（2.12—3.23）、NASDAQ（2.19—3.23）、标普 500（2.19—3.23）、英国富士 100（1.17—3.23）、韩国综合指数（1.22—3.19）、法国 CAC40（2.19—3.19）、日经 225（1.20—3.19）、德国 DAX（2.17—3.18），括号中后一个时间是各个股市金融大动荡时期触底的时间。

估值观 1：不要强行说股市是经济的晴雨表？

过去书上总是说，股市是经济的晴雨表。疫情金融和疫情经济的大脱离表明显然不是这样。2020 年一季度中国经济 GDP 同比增速下滑 6.8%，二季度经济压力不减，年初至 5 月 22 日创业板的指数却上涨了大约 13.82%；2020 年一季度美国经济 GDP 同比增速下滑 4.8%，二季度增长市场预期更差，但年初至 5 月 22 日 NASDAQ 指数却上涨了约 3.92%。

那么是不是长期中股市就是经济的晴雨表呢？次贷危机到今年年初，美国股市走出了长达十年的牛市，DJ 指数从 9000 多点走到了 29000 多点，涨了 2 万点，而美国经济增长速度却表现平常。过去十年，中国经济的 GDP 保持了较高速增长，经济总量翻了一番多，但上证指数比十年前还要低。再要强行说，股市是经济的晴雨表，恐怕心有点虚。

股市是否是经济的晴雨表在理论上就是股市与经济增长之间的关系，传统的金融发展与经济增长理论就是研究这个的。从20世纪60年代开始，金融抑制、金融约束和金融控制等理论相继出现，大量股市与经济增长的实证研究得出的结论并不一致。但在全球货币没有出现急剧增长的时期，股市与经济之关系还算稳健，毕竟大多数早期的研究说股市发展能够促进经济增长，或者股市与经济增长之间相互促进。

次贷危机以来，反危机的货币政策导致全球货币量急剧增长，货币增速远超过GDP增速，金融资产价值的膨胀速度也远远大于GDP的增速。过去十年我们几乎很难看到股市与经济增长之间的直接关系。货币多了不一定促进实体经济，这就是近些年研究者指出的"太多金融"现象。在这个大背景下，股市与经济增速的不同步成为常态，以至于大多数有关金融周期的研究都不敢把股票资产价格走势纳入构建金融周期因子，因为股价就是和经济增长之间的关系不紧密，在特殊时期甚至没啥关系。

也许我们需要有新认识：股市资产是财富，不一定非要和当下整个经济的走向密切挂钩，股价也许更多包含的是投资者对未来的预期，至于投资者的预期有多长，恐怕没有人能够回答。我们只知道股市规模越大，股价代表的财富增值对于提升居民消费、降低企业杠杆率和促进企业投资的正向作用越明显，这些应该是经济学原理中的常识，恐怕不需要做太多的实证研究就能看出来，这也是现代货币政策如此关注股市等资产价格的重要原因。

估值观2：需要动态改变金融资产价值估值框架的传统习惯？

关于股票估值只有两种基本方法：一是绝对评估法：基于红利（现金流）戈登增长模型；二是相对评估法：基于戈登增长模型推演出

来的相对指标（主要是 P/E、P/B 或者 P/S 等）。由于任何资产当前的价值都是未来现金流量贴现至今的结果。因此，金融资产（股票和债券，债券是一种特殊类型的股票）的价值评估都在上述评估框架中。

上述框架是一个最朴素的估值框架，难以被超越。问题在于这个框架中关于风险贴现率的参数会发生变化。我们先看一个例子再进一步讨论。

图 4 给出了美国三大股指的市盈率（P/E），我们可以看出，相对于 2015—2019 年年均市盈率，截至 2020 年 5 月 22 日，可以看出现在的 P/E（TTM）还是很正常的。问题在于随着时间的推移，2020 年 2—3 季度美国上市公司的盈利会受到疫情的显著负面冲击，如果税收减免、利率成本下降甚至延迟支付等对冲措施无法抵补疫情冲击对盈利的负面影响，P/E（TTM）未来的值会变大（P/E 反过来就是投资收益率）。那么是不是一定就是泡沫呢？

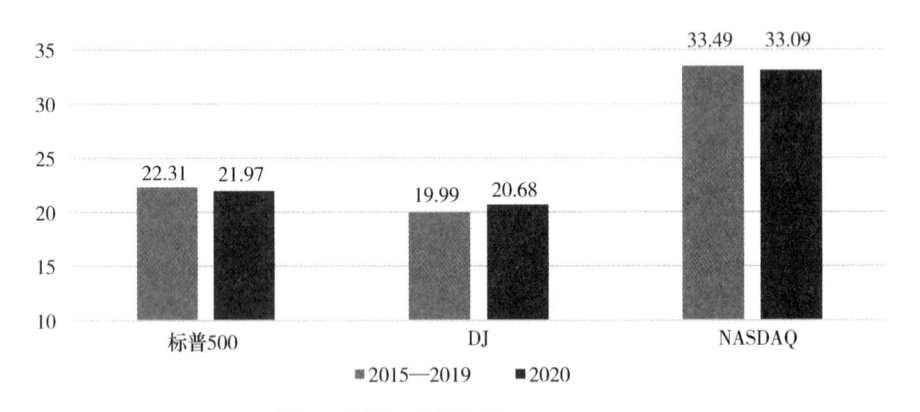

图 4　美国三大股指的 P/E（TTM）

注：2015—2019 年表示这五年的简单均值；2020 年数据截止到 5 月 22 日。

资料来源：Wind。

答案应该有两个需要重点思考的方面：第一方面是要取决于投资者对疫情冲击时间长短的预期。如果疫情持续时间长，政策对冲无法抵补疫情冲击，那么股价存在高估的倾向。这也就是说，在此期间美联储坚决做多，用货币放水或者自己直接进入资产市场购买来"托市"提高了市场估值。如果疫情持续时间不够长，投资者会内在消化这段时间疫情冲击带来的企业利润偏离正常轨迹的风险。第二个方面是要密切关注市场风险偏好的变化，或者说是市场投资对风险要求溢价补偿的变化。简化一下，假定过去5年美国政策性利率在1%，美联储自己要求的资金风险补偿为1%，那么整个市场按照利率的期限结构和风险等级等因素考虑的风险溢价都会在此基础上依次递加，整个市场要求的贴现率也会相应增加。现在的情况是，美联储自己把政策性利率的风险溢价定为0，整个市场风险溢价的定基大幅度下降，导致整个市场的风险贴现率也相应下降。同时，随着美联储的政策带来的市场金融条件的明显改善（图5），市场要求的风险溢价补偿也会下降，这个也会助推整个市场资产估值的提高。

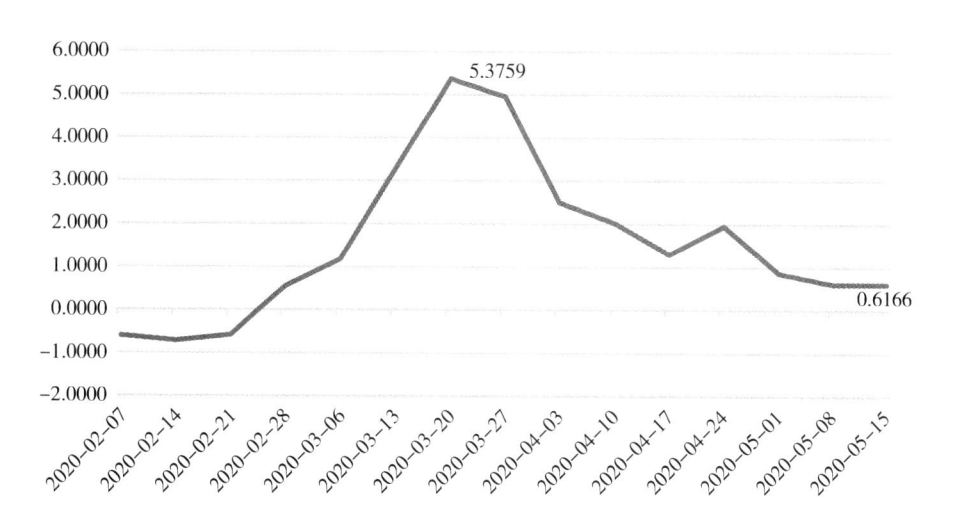

图 5　美国市场的金融压力指数变化（截至 5 月 15 日）

资料来源：Federal Reserve Bank of St. Louis, St. Louis Fed Financial Stress Index, Index, Weekly, Not Seasonally Adjusted。

在上述思考的基础上，由于疫情持续时间和风险偏好的变化存在很大的不确定性（依据理论框架用历史数据测算出来的风险偏好都存在显著滞后的问题）。因此，在传统的框架评估的基础上，我们可能需要动态改变金融资产价值估值框架中的风险偏好，而这个只有市场本身才能给出及时的答案，这也是未来市场调整动荡的根源之一。

在2020年这个特殊的金融大动荡时期，任何依据传统风险溢价测算出来的因子其参考价值极为有限，拥抱高度的不确定性是这个市场给所有投资者的"礼物"。

新兴市场的风险会逐步释放出来

5月26日

2001年美国高盛公司首席经济师吉姆·奥尼尔首次提出"金砖四国"这一概念，特指世界新兴市场。2010年南非加入后改称为"金砖国家"。十年来金砖国家的经济增长率是大分化的，但金砖国家的称呼沿用至今。依据IMF 2020年一季度《世界经济展望》提供的数据，2019年中国占新兴市场和发展中经济体GDP总量的32.2%，巴西、俄罗斯、印度和南非分别占新兴市场和发展中经济体GDP总量的4.1%、5.2%、13%和0.9%。2019年中国占新兴市场和发展中经济体货物和服务出口总量的29.2%，巴西、俄罗斯、印度和南非分别占新兴市场和发展中经济体货物和服务出口总量的2.9%、5.3%、5.7%和1.2%。2020年新冠肺炎疫情大冲击后，这种分化会进一步显现。

图1给出了2020年除中国以外的四国GDP的预期增长率，除了印度保持1.9%的实际GDP增长率以外，巴西、俄罗斯和南非的实际GDP增长率将深度下滑，分别下滑5.3个、5.5个和5.8个百分点。

近期我们看到，在IMF今年一季度《世界经济展望》公布了阿根廷2020年GDP将出现5.7%的下滑后，阿根廷宣布延期偿还一笔5亿美元的债务，阿根廷成为2020年首个全球比较大的新兴经济体债务延期偿还的国家。阿根廷的债务违约，使得新兴市场中的巴西、印

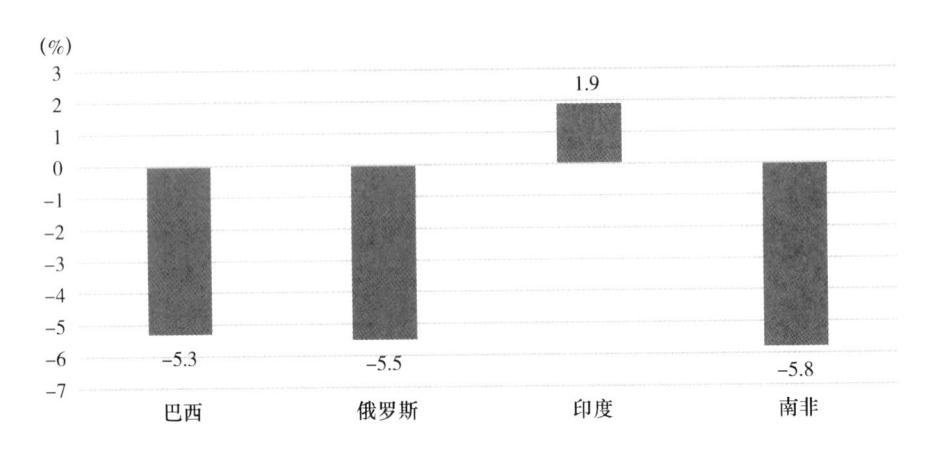

```
(%)
 3
 2                            1.9
 1
 0
−1
−2
−3
−4
−5
−6  −5.3        −5.5                        −5.8
−7
    巴西        俄罗斯        印度          南非
```

图1 部分新兴市场实际 GDP 预期增长率

资料来源：IMF, World Economic Outlook, April 2020; The Great Lockdown, April 2020。

度、俄罗斯和南非的情况令人关注。

从疫情情况来看，截至2020年5月26日上午10点，依据霍普金斯大学公布的数据（https://coronavirus.jhu.edu/map.html），巴西新冠肺炎感染人数累计374898人、俄罗斯新冠肺炎感染人数累计353427人、印度新冠肺炎感染人数累计144950人、南非新冠肺炎感染人数累计23615人。更为严重的是，依据霍普金斯大学提供的新冠确诊人数的趋势来看，这些经济体仍处于上升状态。巴西已成为仅次于美国新冠肺炎感染人数的国家，全球第二。俄罗斯全球第三，印度全球第十，南非处于三十二位。可见，新兴市场中巴西、俄罗斯疫情极为严重，印度也相当严重，南非处于严重的情况。由于疫情防控未来还存在很大的不确定性，"隔离"措施的持续将会导致经济活动进一步停滞，与世界其他经济体的交流也会骤然下降。据 CNBC 报道，当地时间5月24日，美国白宫宣布鉴于巴西新冠肺炎病例数不断激增，特朗普总统将限制来自巴西的非美国公民入境。对于这些经济体来说，未来的经济增长无疑存在极大的风险。

从汇率波动幅度来看，今年年初至今，巴西和南非的货币兑美元的贬值幅度均超过20%，其中巴西雷亚尔贬值幅度高达25.4%。俄罗斯的卢布兑美元贬值15.5%；印度卢比兑美元也贬值6.4%（图2）。

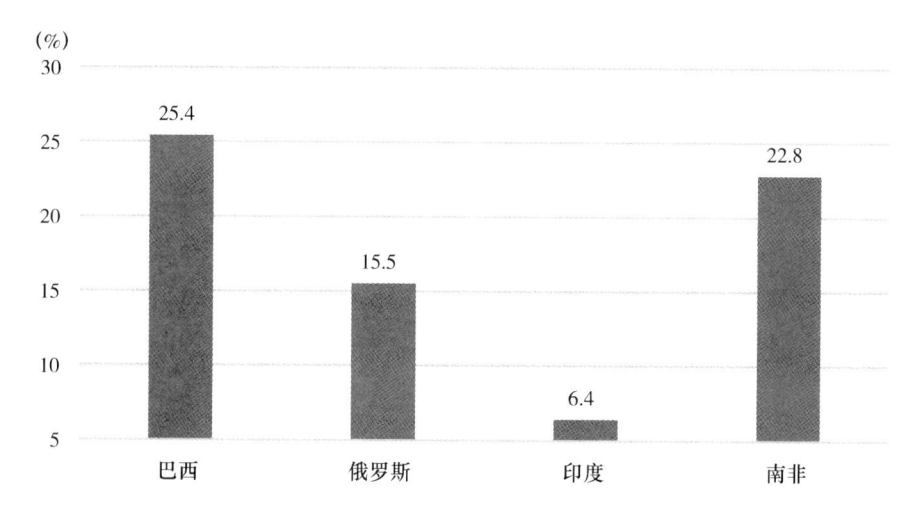

图2　部分新兴市场货币年初至5月26日对美元的贬值幅度

上述四个经济体都不是美联储美元货币互换的经济体，难以通过美元互换来稳定汇率。从经常账户来看，2015—2019年的5年期间，巴西、印度和南非的经常账户/GDP的年均比例分别为 -2.0%、-1.35%和 -3.32%；只有俄罗斯的经常账户是顺差，5年年均数据为3.93%（图3）。这就是说，这四个经济体中，除了俄罗斯外，巴西、印度和南非是要靠借债过日子的。

从这几个经济体的出口结构来看，南非、巴西、俄罗斯的出口结构相对单一。南非的出口侧重于矿产品、贵金属及制品；巴西出口侧重于农产品和矿产品；俄罗斯出口侧重于能源。相比之下，印度出口结构的多元化程度要高很多。依据IMF的预测，由于进口也大幅度下降，2020年巴西、俄罗斯、印度、南非的经常账户/GDP分别为 -1.8%、

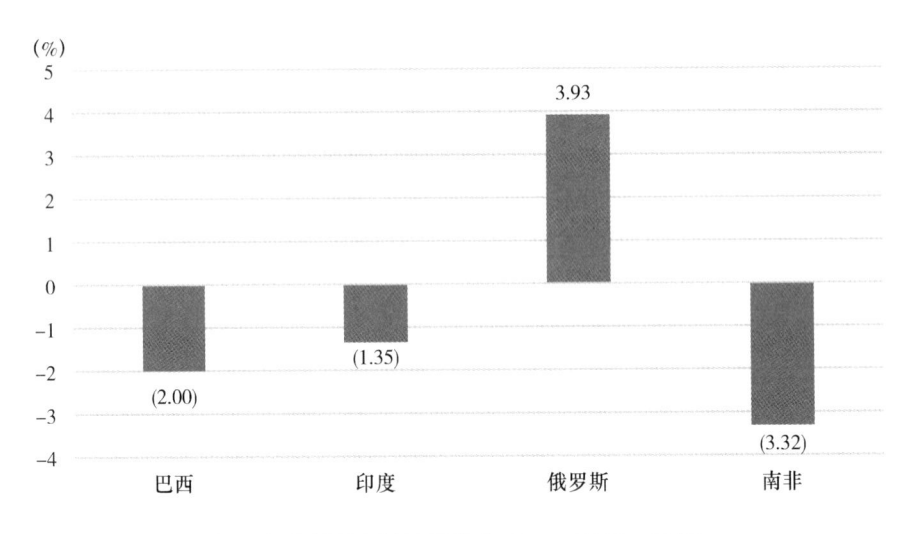

```
(%)
 5
 4                              3.93
 3
 2
 1
 0
-1           (1.35)
-2  (2.00)
-3                                           (3.32)
-4
    巴西      印度     俄罗斯      南非
```

图3　部分新兴市场经常账户/GDP（2015—2019）

0.7%、-0.6%、0.2%。虽然预测南非的经常账户由过去多年的负值转为正值，一个重要原因是由于经济深度下滑导致进口大幅度下降。

从货币政策空间来看，这些经济体的货币政策面临两难：降低利率刺激经济，但资本会进一步外流。今年以来，新兴经济体资本外流的速度和力度是过去几十年以来最严重的时期。从具体情况来看，印度：3月27日，印度储备银行（RBI）将回购利率和反向回购利率分别下调75个基点和90个基点至4.4%和4.0%；4月17日至20日，印度央行将反向回购利率再次下调25个基点至3.75%。巴西自2月中旬以来，巴西央行将政策利率（SELIC）下调125个基点，至3%的历史低点。南非央行3月19日将政策利率下调100个基点至5.25%，4月14日又下调100个基点至4.25%，5月21日再次下调50个基点至3.75%。4月24日，俄罗斯央行将政策利率下调50个基点至5.5%；4月27日，俄罗斯央行为支持中小企业贷款，将包括支持和保持就业的迫切需要贷款的利率从 4.0% 下调至 3.5%。从利率水平来看，这些经济体在资本外流的压力下，进一步降低利率的空间有限。除非实施严格的资本管制，才可能创造出降息空间，但逆市场化的操作会进一步挤压这些经济体在国际市场上筹资的机会和空间。

目前，疫情持续冲击全球，IMF 也正在向面临 COVID–19 大流行病经济影响的成员国提供紧急融资援助和债务减免。截止到 5 月 20 日，IMF 对接近 60 个经济体紧急融资安排 161.34 亿 SDR 单位或者 220.42 亿美元。通过灾难遏制和救济信托基金（CCRT）对 26 个经济体实施了大约 1.67 亿 SDR 单位或者 2.29 亿美元。这些获得紧急贷款的经济体基本是中低或者低收入经济体，上述四个新兴市场经济体目前尚不在 IMF 紧急贷款的视野内。

2020 年新冠肺炎疫情大冲击对全球的经济体都是严峻的考验。在上述四个经济体中巴西经济的风险或许是最高的。对于强美元下的外债持有和资本外流、经常账户赤字、疫情形势持续严峻的经济体来说，能熬过疫情，不在疫情中像阿根廷那样违约，便是晴天了。

人民币贸易汇率和金融汇率的小背离

5月28日

在信用本位制下,如果存在主导性的货币,那么对任何经济体来说,原理上都存在两个汇率:双边的金融汇率和贸易加权的多边贸易汇率。在当前美元主导的国际货币体系下,双边的金融汇率是指一个经济体的货币对美元的汇率,这也是资本跨境流动中考虑的汇率。

从今年以来的情况看,依据Wind的数据,截至5月22日,CFETS人民币汇率指数(一篮子指数)年初至今上涨了1.97%,大约2%,而CFETS中人民币兑美元双边汇率大约贬值了2.2%。换言之,人民币对美元贬值了大约2%,但贸易一篮子货币人民币指数升值了大约2%。人民币贸易汇率和人民币金融汇率出现了背离。

图1给出了今年以来美元指数的走势。3月9日美元指数是今年截至目前的最低点,图1盘中最低点94.63,收盘价为95.06。随后由于金融大动荡,美元出现了流动性恐慌,美元指数一路走强,3月20日盘中最高点103.01,收盘价102.39。从18日开始连续6个交易日收盘价维持在100以上。从3月23日开始,由于美联储对市场坚定做多,公布了7000亿美元的购债计划,并承诺无上限宽松,美元指数随后下降,但仍呈现出了零利率下的强美元走势。截止到5月26日美元指数才跌破99,进入98—99的区间。

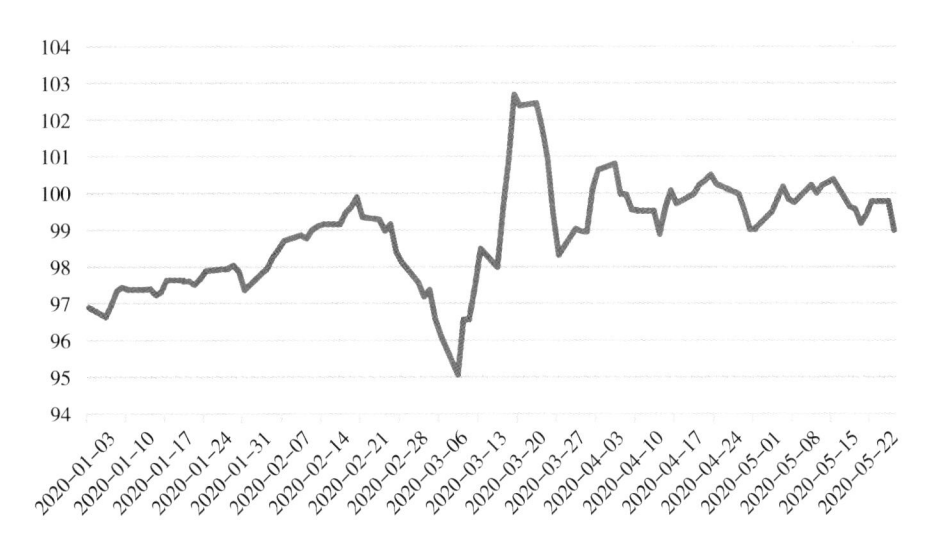

图1　2020年年初以来美元指数的走势

图 2 给出了人民币兑美元双边汇率的走势。人民币兑美元汇率在 1 月 20 日达到盘中最低点 6.84，收盘价在 1 月 17 日最低，约为 6.86。截止到 5 月 28 日，在岸人民币兑美元汇率约为 7.16，这期间的贬值幅度约为 4.4%。

5 月 27—28 日离岸和在岸人民币兑美元进一步贬值，接近 2019 年 9 月的前期高点，而不论是在岸汇率还是离岸汇率，当前美元兑人民币汇率创近 9 个月来的高点。

对照图 1 和图 2，美元指数的走势和人民币兑美元双边汇率的走势在趋势上并不一致。5 月 26—28 日美元指数收盘价连跌 3 个交易日，人民币兑美元也连续贬值 3 个交易日，出现了人民币兑美元双边汇率和美元指数走势相反的小趋势。

2020 年疫情经济和金融的特殊时期出现这样的特殊结果，任何非美元货币一篮子定价都会遇到此类问题。人民币汇率制度是保持一篮子货币稳定，强调贸易汇率（有效汇率），也重视人民币美元双边

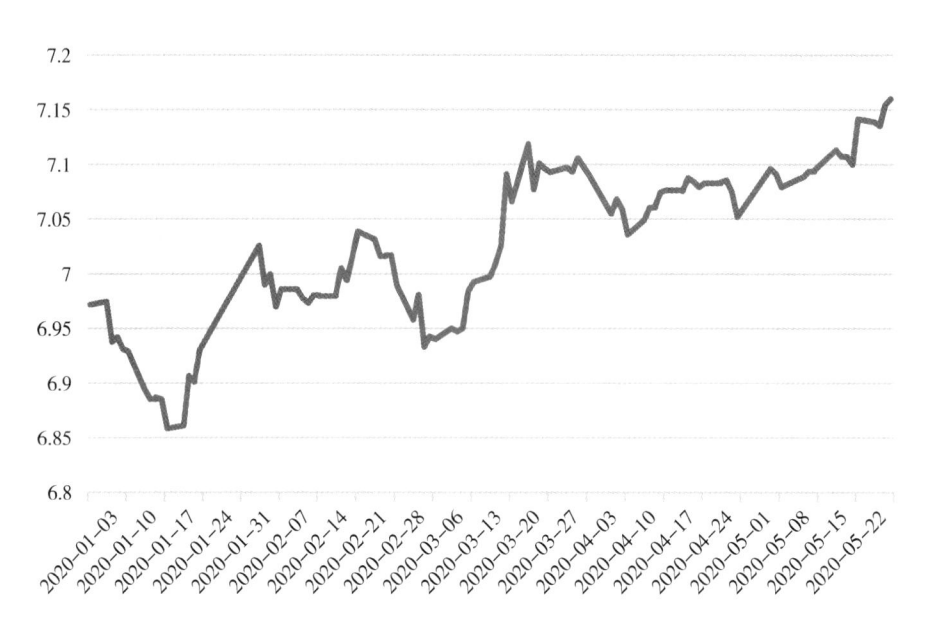

图 2　2020 年年初以来美元兑人民币汇率（每日收盘价，截至 5 月 22 日）

汇率（金融汇率）。在保持一篮子货币稳定的基础上倒推出人民币对美元的双边汇率（金融汇率），加上逆周期调节因子来校正人民币对美元汇率的过大波动。在此定价机制下，由于一篮子货币中有部分新兴市场货币对美元的贬值幅度较大，通过套算换算过来的人民币对这些货币就是升值的，结果导致人民币对美元是贬值的，但由于其他新兴市场货币贬值幅度更大，人民币一篮子货币汇率还是升值的。这就是上面所说的人民币兑美元贬值了，但贸易一篮子货币人民币指数升值了，也就是人民币贸易汇率和金融汇率出现了背离。

要维持一篮子货币的稳定，在这个疫情经济、疫情金融的特殊时期，部分新兴经济体货币兑美元过大的贬值放大了一篮子货币贸易汇率稳定性和中美双边金融汇率的稳定性之间的冲突。尤其是南非兰特、墨西哥比索、土耳其里拉，而这些货币对美元波动过大，导致人民币指数存在波动过大的压力，如果要维持人民币指数一篮子稳定，就需要调整人民币兑美元的汇率，导致人民币兑美元汇率会有承压。

可见，从定价方式上来说，在这个特殊时期，要维持一篮子货币稳定，人民币兑美元的双边汇率（金融）就存在贬值的压力。这就出现了图1和图2中的美元指数走弱，但人民币对美元也是贬值的结果。

从资金流动来看，近期北上资金也是流入的，没有资本外流导致的贬值压力。从经济的基本面来说，中国已经进入疫情防控常态化阶段，社会生活秩序在逐步恢复正常，但由于全球疫情防控存在很大的不确定性，总需求不足的压力依然存在，因此，降低利率也是未来货币政策的选择，中美利差会有一定的缩小。但从过去的经验看，利差也许不是套利资本影响人民币汇率的重要因素。

近期人民币的贬值，尤其是这两天离岸和在岸市场较大的贬值，更像是汇率的新闻模型中所说的新闻效应所致，觉得不用过于解读。

疫情经济和疫情金融会出现各种突发性的事件或者新闻，都会对汇率走势产生影响。今年以来，在美元指数大幅度上升的3月9日至3月20日前后，在全球非美元货币基本出现较大幅度贬值的情况下，人民币对美元汇率贬值太少，或许错过了最佳贬值窗口。依收盘价计算，3月9日至3月19日美元指数贬值8.03%，不少新兴经济体的货币贬值幅度都在15%以上，人民币兑美元才贬值2.04%，人民币兑美元汇率的稳定性超预期。在这个角度来看，人民币汇率如果存在某些补偿性贬值的话，是用时间平滑前期贬值的不足。

疫情经济和疫情金融，美国走的是零利率下的强美元线路。美元指数构成中的欧元、英镑等都在搞负利率，美元本身就具有走强的基础。同时，海外疫情尚存在重大不确定性，尤其是一些大的新兴经济体，如巴西等疫情情况还处于严重时期，其货币走软应该是常理。因此，人民币一篮子货币稳定和人民币兑美元汇率稳定之间的冲突还会存在。在疫情经济和疫情金融的背景下，人民币贸易汇率和人民币金融汇率的背离也许会时常出现，人民币汇率也会在一篮子货币稳定和中美双边汇率稳定之间不断权衡，去保持总体上的相对稳定。

疫情冲击下美国居民资产负债表的选票经济学

6月1日

截至北京时间2020年6月1日上午8：32，依据霍普金斯大学提供的数据，美国COVID-19确诊人数达到1789368人。从最近的趋势来看，并未呈现出明显的递减趋势（图1）。

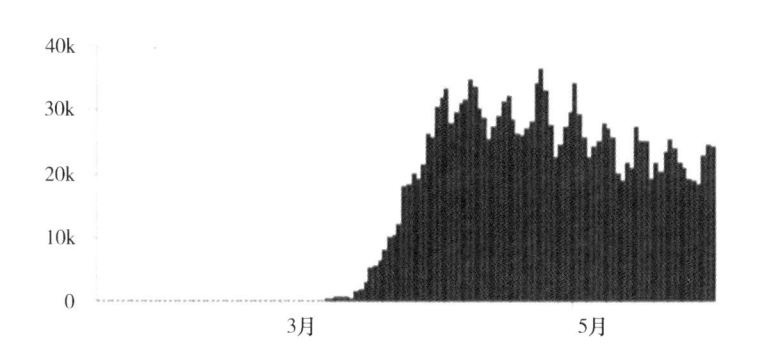

图1　美国COVID-19确诊人数（每日）

资料来源：https：//coronavirus.jhu.edu/map.html。

截至目前，美国50个州基本重启经济，在这样的状态下，疫情防控持续的时间将会更长。如果失业率仍处于高位，对美国居民资产负债表将会造成明显的负面冲击。从2019年的数据来看，在进入

2020年疫情冲击之前，美国居民的债务偿还能力要明显好于次贷危机时期。2007年一至四季度美国居民家庭债务支付占可支配收入比例（DSR）为13.03%，财务债务支付比例（FOR）为17.91%。图2给出了2007年一季度至2009年四季度美国居民DSR（包括抵押贷款MDSR和消费者债务支付CDSR）和2019年一季度至四季度的对比，可以发现，不论是哪一种口径统计的居民家庭债务支付占可支配收入的比例，2019年美国居民家庭资产负债表的健康状况好于次贷危机时期，也好于次贷危机爆发前的2007年的状况。

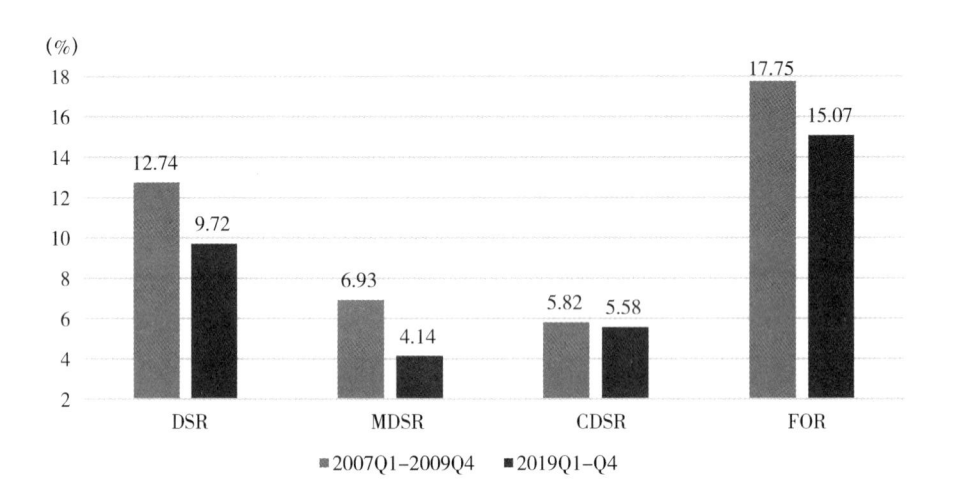

图2　美国居民债务偿还能力（各种口径债务支付/可支配收入，季度均值）

注：DSR：家庭债务支付占可支配收入比例。包括抵押贷款支付比例（MDSR）和消费债务支付比例（CDSR）。FOR：财务债务支付比例，是在DSR基础上，进一步包括租房支付、汽车租赁支付、家庭保险支付和财产税支付。

资料来源：https://www.stlouisfed.org/。

疫情持续的冲击，必然会对美国居民资产负债表产生负面影响。从美联储5月14日发布的一项侧重于就业和家庭财务状况的调查来看，样本中58%是结婚家庭；家庭收入低于4万美元的样本占20%，4万—10万美元的占36%，10万美元以上的占43%（Report on the Economic Well-Being of U. S. Households in 2019, Featuring Supplemental Data from April 2020），在总体状况上，7%的被调查者认为日子很难过，20%的人认为凑合，43%的人认为还可以，29%的人认为过得好。在应急花费400美元的调查中，11%的被调查者认为自己无力支付这笔应急支出，75%的人认为可以通过信用卡或者储蓄账户来支付。在调查本月费用支付能力情况时，81%的被调查者认为能够支付，18%的人认为某些费用无力支付。在就业方面，33%的人认为自己处于失业状态，并且没有找工作。在调查上周是否从事副业、临时工作或者寻找新工作来补充自己的收入时，95%的被调查者回答没有。在调查3月份收入和今年1—2月份收入相比的状况时，11%的人认为下降很多，13%的人认为有些下降，71%认为差不多。

4月份的上述调查至少说明：第一，美国居民中贫富差距明显；第二，大约15%的被调查者生活状况急剧下降；第三，没有兼职等收入来源。

我们再来看另外一项近期的调查。"主街道计划"是美联储提振经济最重要的信贷计划。从美联储4月份公布的"Perspectives from Main Street: The Impact of COVID-19 on Communities and the Entities Serving Them"来看，69%的采访者认为COVID-19对他们服务的社区经济条件造成了严重破坏，复苏将困难；超过1/3的受访者（35%）表示他们的社区需要12个月以上的时间才能恢复到COVID-19中断前的状态。在对于经济实体的调查中，72%的受访者表示COVID-19对他们所在的实体产生了重大影响，41%的受访者预计在经济开始复苏后会迅速反弹。在调查"在出现财务困境之前，贵公司能在当前环境下运营多少个月？"时，1/4 的受访者表示他们的实体在当前环境下可以运营不到三个月，然后就会出现财务困境。同时，近 2/3 的实体企业受访者（66%）表示对其服务的需求已增加或预计将增加，但超过半数的受访者（55%）表示，由于疫情冲击其提供服务的能力相应下降或预计下降。

上述"主街道计划"调查的实体企业 82% 是非金融企业和非政府机构，基本能够代表美国的实体经济。调查结果至少表明，整体上美国居民想在未来 2—3 个月从就业中获取收入来提高自己资产负债表的质量存在较大的不确定性。

我们也看到另外一个数据，美国经济中的私人储蓄率。2015—2019 年美国私人月均储蓄率为 7.4%。进入 2020 年储蓄率出现了上升，尤其是 4 月份私人储蓄率高达 33%，这就意味着私人将 4 月份可支配收入的 33% 拿来储蓄了（图3）。

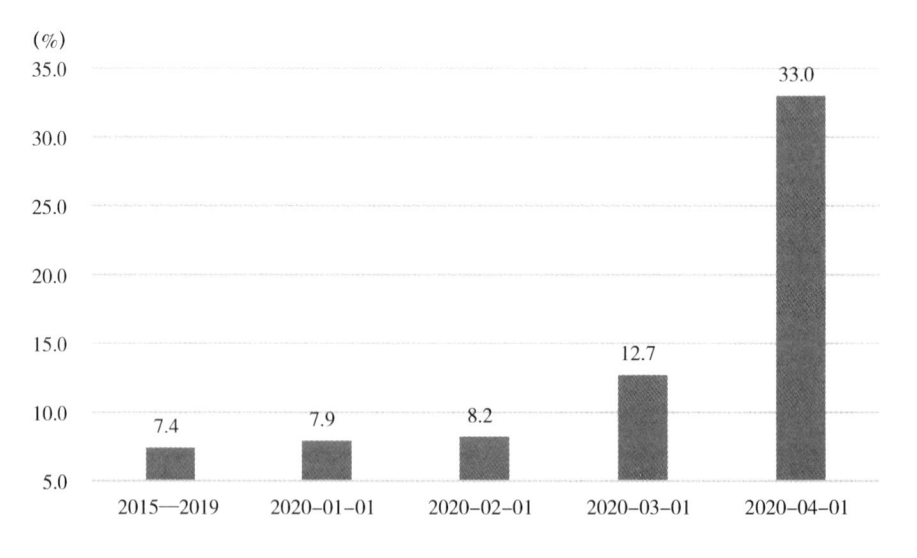

图3 美国经济中私人储蓄率

为什么突然会有如此高的储蓄率？根据美国经济分析局（Bureau

of Economic Analysis）5月29日的分析，4月份个人收入增加了1.97万亿美元（环比增长10.5%）。个人可支配收入增长2.13万亿美元（环比增长12.9%），个人消费支出下降1.89万亿美元（环比下降13.6%）。4月份个人收入的增加主要反映了政府对个人社会福利支出的增加，美国经济复苏计划为应对COVID-19大流行病向个人支付了款项。2020年的《关爱法案》为个人提供了3000亿美元的直接支持性经济影响付款，其中大部分提前退税付款在2020年4月发放；向符合特定标准的个人提供了1200美元的退税抵免（联合纳税人为2400美元）。此外，有子女的合格纳税人每名子女可获得500美元。4月份实际个人消费支出减少了16621亿美元，其中商品支出减少7583亿美元，服务支出减少9433亿美元。在商品中支出中主要是食品和饮料的减少；在服务业支出上下降最大的是医疗保健以及食品服务和住宿支出。可以预计，随着隔离措施的逐步解除，相比4月份，5月份美国实际个人支出将会有一定的提高。

在Envestnet Yodlee COVID-19今年4月份的收入和支出趋势的调查中，美国居民在拿到财政发放的资金后，排名靠前的就是储蓄、提现以及购买证券（炒股票）。美国居民参与股市投资的比例很高，依据2017年底美联储公布的Survey of Consumer Finances数据，大约52%的美国家庭拥有股票资产。

把上述信息归纳一下，大概包括以下几点：第一，在新冠疫情冲击之前，美国居民资产负债表的健康程度要好于次贷危机之前，也好于次贷危机爆发时期。第二，美国当下失业率及未来2—3个月预期失业率严重，部分居民财务困难，这一比例在15%左右。第三，4月份美国私人储蓄率高达33%一方面是因为政府财政发钱，另一方面隔离措施导致的商品和服务支出减少所致。第四，美国居民拿到财政发放的资金后，会储蓄和投资证券（股票）市场。

可见，当下美国居民脱离过去长期习惯性的储蓄行为在很大程度上与疫情冲击下的财政刺激政策紧密相关。由于下半年美国将进入总统换届大选，特朗普一方面用财政赤字来给美国居民发钱，另一方面美联储用无上限宽松的货币政策来支持美国资本市场的资产价格，导致了疫情金融与疫情经济的大脱离。一句话：美国当下的经济金融表现出了浓浓的选票经济学的味道，当然也有助于减缓美国居民家庭资产负债表的恶化。

美股强行"V"形反弹？

6月4日

2020年疫情大冲击导致了全球经济深度衰退，几乎无人敢想美国经济会快速出现"V"形反弹，但美国股市在今年短短5个月的时间里，走出了几乎完整的"V"形反弹。

2020年真是一个特殊的年份，我们见证了美股的"熔断周"及其带来的全球金融大动荡，也正在见证美股强劲的"V"形反弹。截至北京时间6月4日上午8:30，纳斯达克指数年初至今上涨了7.92%，收报9682.91点，离纳斯达克历史最高点也就只差150多点；年初至今美国三大股指中标普500指数和道琼斯指数的跌幅已经大幅度收窄（图1）。

随着美股大幅度的反弹，图2给出了美股三大指数2015—2019年年均的市盈率（TTM）和2020年6月3日市盈率（TTM）的对比。可以看出，标普500和纳斯达克的市盈率基本和过去5年持平，道琼斯指数的市盈率略高于过去5年的年度均值。换言之，以市盈率（TTM）来估算，美股是否存在泡沫还很难判断。尤其是纳斯达克指数的市盈率目前为33.41，这一数值低于2017年年底的36.29，更是低于2018年年底的38.99。在当前美国如此宽松的货币政策和财政政策刺激背景下，纳斯达克创历史新高的概率应该不低。

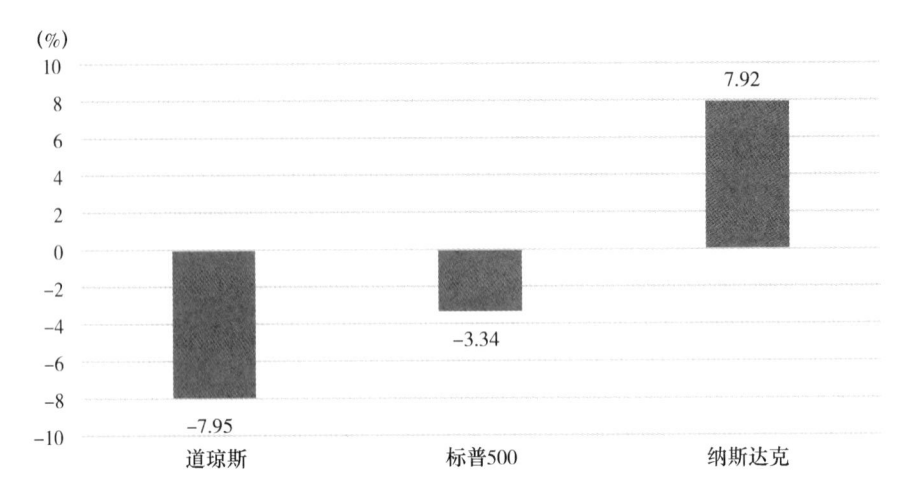

图1 年初至今美国三大股指的涨跌幅

资料来源：Wind。

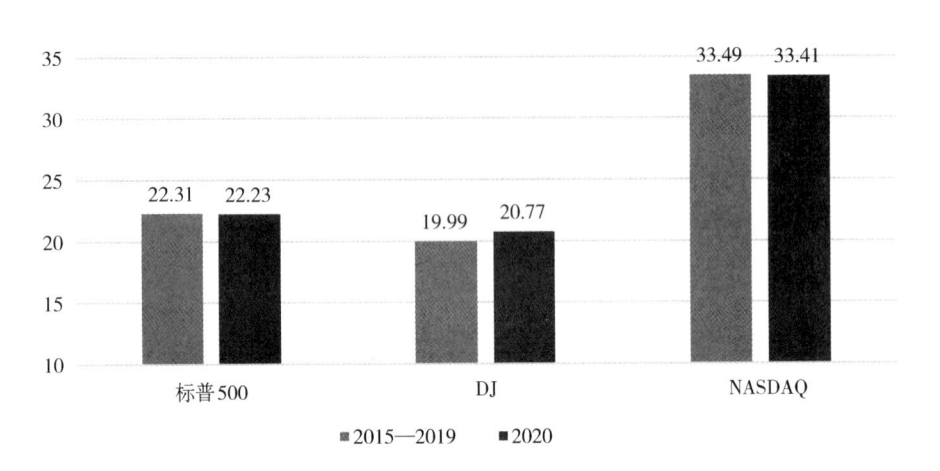

图2 美国三大股指的市盈率（TTM）

注：2020年数据是6月3日的数据。

资料来源：Wind。

美股这种走势，难道非要强行把美股的2020年金融大动荡变成一次疫情冲击的技术性大调整吗？从美国经济周期角度来看，目前还没有明确的研究证明2020年是美国经济周期的拐点。这就是说，

2020疫情冲击有可能是一次随机性大冲击，美股调整并不是经济周期本身内生的调整。即使如此，疫情引发的美国GDP增速的深度衰退，两位数的失业率，美国股市表现出来的疫情金融与疫情经济太脱离了。如果我们换一个角度看，截至6月3日，纳斯达克2702家、NYSE 1962家、AMEX 204家，三大交易所总计也只有4868家上市公司。从三大指数的市盈率（TTM）来看，说明科技类的公司、很多大公司（航空业等除外）受到疫情的冲击程度小得多，尤其是很多大的科技企业其财务状况抗疫能力强。换言之，上市公司并不能代表美国整体的公司情况，尤其是不能够代表大量中小企业的情况。在这样的逻辑下，我们还可以从以下几个方面去尝试理解美股出现"V"形反弹的原因。

1. 股市反弹包含了对未来进一步经济刺激的预期

截至当前，美国已经出台了四轮财政刺激计划，耗资约3万亿美元，大约是2019年GDP的14%。市场传闻美国财政部还会出台进一步的财政大刺激方案。这给了市场进一步经济刺激的预期，也会促使股价走高。

2. 科技股支撑了美国股指

美国股市五大科技股微软、苹果、亚马逊、谷歌母公司、脸书占标普指数权重的20%以上，目前除了亚马逊以外，这些科技公司抵抗疫情冲击能力要强很多，是支撑标普指数的重要支柱。同时，美联储宽松货币政策的零利率对科技股的估值有极大的支撑，市场对科技股的预期和追捧助推了股价走高。

3. 美联储坚定做多，过多的流动性强行推高了股价

在"零利率+无上限宽松"的货币政策下，美联储直接下场购买企业债ETF，这相当于为美国企业债市场"兜底"。自3月23日美联

储宣布扩大资产购买计划后，一直到 5 月 12 日美联储开始了购买企业债 ETF。截至 5 月 26 日，美联储持有的企业债 ETF 规模接近 30 亿美元。按照约定，美联储二级市场企业信贷计划（SMCCF）的 15%可以购买企业债 ETF。可见，美联储直接入市强行助推了债市价格，同样也推高了股价。

4. 强势美元刺激了美国资产价格

零利率下的强美元政策引发了大量的资金回流，加剧了部分新兴经济体外汇市场的动荡，反过来进一步强化了美元走强。依据 IMF 2020 年一季度《世界经济展望》中的研究，这一次新冠疫情冲击导致新兴市场资本的快速回流，其规模和速度都超过 2008 年次贷危机爆发后的水平，新兴市场已出现有史以来最剧烈的证券投资流逆转，数额高达 1000 亿美元（占其 GDP 的 0.4%），这给较脆弱的新兴经济体带来了严重的负面冲击，反过来进一步助推了美元强势。截止到 6 月 3 日，尽管美元指数回落至 97.5 附近，但年初至今的美元指数仍显著高于过去三年的均值，同时由于部分新兴经济体如巴西、印度、俄罗斯等疫情严重，这种资本外流的格局仍然没有被打破，这不利于美元持续回调走软。

5. 风险偏好补偿递减助推了美股走高

经济学最基本的原理之一是边际递减。一件事情连续冲击投资者，投资者要求的风险溢价补偿也可能会出现边际递减。从目前的情况看，依据美联储圣路易斯银行提供的数据，美国金融市场的金融压力指数已经基本恢复常态；美元 LIBOR 与美元 OIS 的价差在经过 3 月份的迅速扩大后，目前也基本处于正常水平。在这样的背景下，投资者风险偏好的溢价补偿会出现递减。一个现象是，依据 Envestnet Yodlee COVID-19 今年 4 月份的收入和支出趋势的调查中，美国居民在拿到财政发放的资金后，排名靠前的就是储蓄、提现以及购买证券（炒股票）。这也反映了美国整个市场投资者风险厌恶程度的下降。

金融市场是最复杂的市场，股票市场价格变化的原因也极其复杂。上述几个原因也许可以有助于理解美股的"V"形反弹，但最根本的原因恐怕还是美联储无上限宽松的货币政策、美国一波又一波的财政刺激计划，给了市场投资者太多的期许。美国非要强行把金融大动荡搞成一次疫情冲击的技术性大调整吗？美股2020年金融大动荡的"V"形大反弹其未来的调整应该是常理，但应该不会超过3月23日的低点。只有时间才能给出答案。

国际金融市场：大类资产价格走势的复盘与解读

6月8日

2020年3月15日，在全球金融市场处于动荡最剧烈的中间时期（金融大动荡时期：3月9—23日），我们在中国宏观经济论坛首发了《没有全球性的金融危机？只有全球性的经济疲软》，给出了没有全球性金融危机的判断。4月6日，我们在论坛首发了《国际金融市场风险：一个极简框架的复盘与思考》，给出了国际金融风险复盘演变的四大阶段。4月26日在经济学院云课堂《2020年全球金融大动荡的思考逻辑与未来》中，我们正式把解析全球金融大动荡分为五大阶段：投资者情绪（Ⅰ）、追逐无风险资产（Ⅱ）、流动性恐慌（Ⅲ）、基本盘冲击（Ⅳ）和投资者意见分歧（Ⅴ）。2020年的全球金融大动荡之所以没有出现全球金融危机，金融市场在发展阶段上触及Ⅲ—Ⅳ阶段，市场流动性恐慌在美联储坚定做多的威慑下，并没有演进为流动性危机，也就没有出现全球金融市场基本财富盘被实质性破坏的结果。

截止到6月8日北京时间上午9：00，以收盘价计，美元指数大约为96.84。3月18日美元指数上100，5月15日是这个阶段美元指数最后一个在100以上的日子，美元经历了整整两个月的零利率下的强美元，金融大动荡以及外围市场汇率动荡的故事大多发生在此期间。从5月18日开始，美元指数跌破100。截至当前，相比5月15

日，美元指数下跌了 3.53%（图 1）。

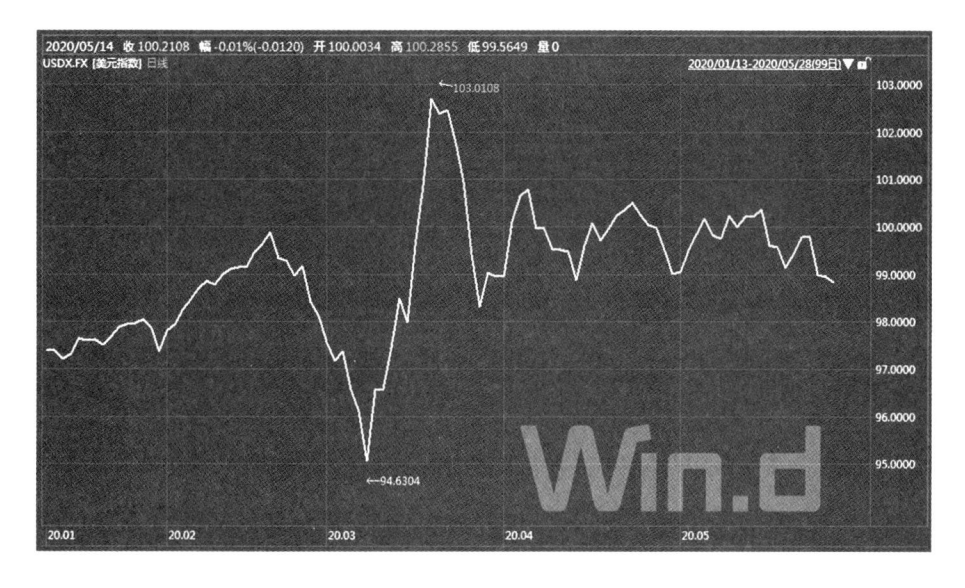

图 1　近期美元指数走势

资料来源：Wind。

美元指数的强弱是全球大类资产走势最重要的风向标。美元为什么会走软？我们看到了美联储"爆表"边际速度骤然减少。截至 6 月 4 日，美联储资产负债表总资产达到 7.165 万亿美元。从 4 月 22 日开始，美联储"爆表"边际速度急剧下降，除了 5 月 6—13 日这一周达到 2128.07 亿美元以外（MBS 增加了 1783.81 亿美元），最近两周基本维持在 600 亿—700 亿美元的水平（图 2）。

美元走软最重要的外部原因是欧元的走强，在较大程度上是欧元撬动了美元的走软。美元指数中欧元占比 57.6%，欧元走强主要原因是欧洲疫情防控取得了重要进展，疫情得到了缓和。依据霍普金斯大学提供的数据，最近一段时间德国、西班牙、意大利等新增病例均在几百例，与之前的每日新增病例几千例相比，缓和了很多，欧洲国家

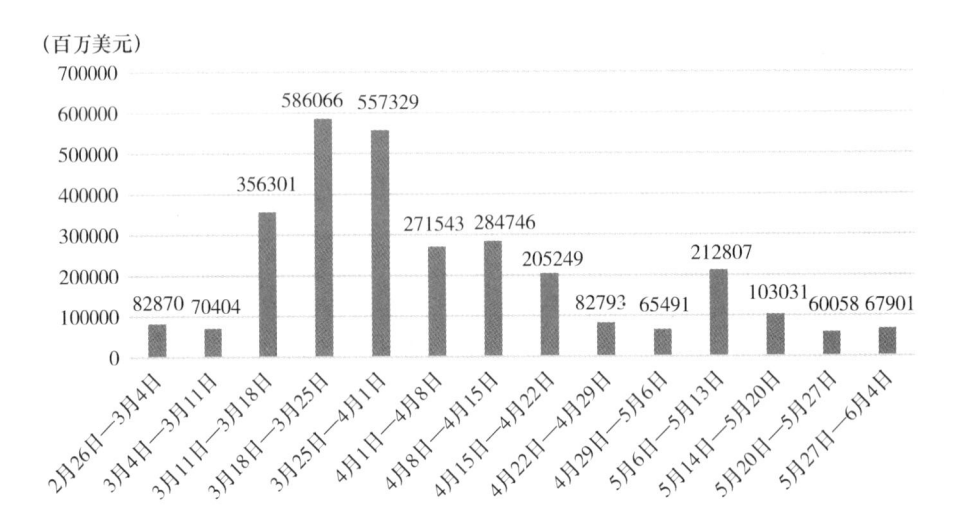

图 2 美联储总资产的阶段性扩张数量（新增加部分）

资料来源：美联储，H. 4. 1. Factors Affecting Reserve Balances。

出现了大规模的解禁和部分复工。同时，6 月初欧盟委员会宣布了 7500 亿欧元的经济刺激计划，德国等也正在酝酿进一步的经济刺激计划等。应该说，疫情好转叠加欧元区整体和个体经济的刺激计划，提振了欧元对美元的走势（图 3）。

同时，美联储对外围市场"选择性"货币互换规模的增长也缓解了部分经济体对美元流动性的需求。从美联储 3 月 19 日启动货币互换以来，依据纽约分行 U. S. Dollar Liquidity Swap 提供的数据，3 月 19 日互换的头寸为 1624.85 亿美元，截至 6 月 4 日规模达到 4469.654 亿美元，其中欧洲央行持有互换头寸 1449.764 亿美元，这也有助于欧元相对于美元走强。

美元走软最重要的内部原因是美联储的宽松政策、一波又一波的财政刺激政策以及 5 月份以来各州的"解禁"和部分复工对避险情绪的减弱。美联储的政策改善了金融市场的融资条件，整个市场金融压

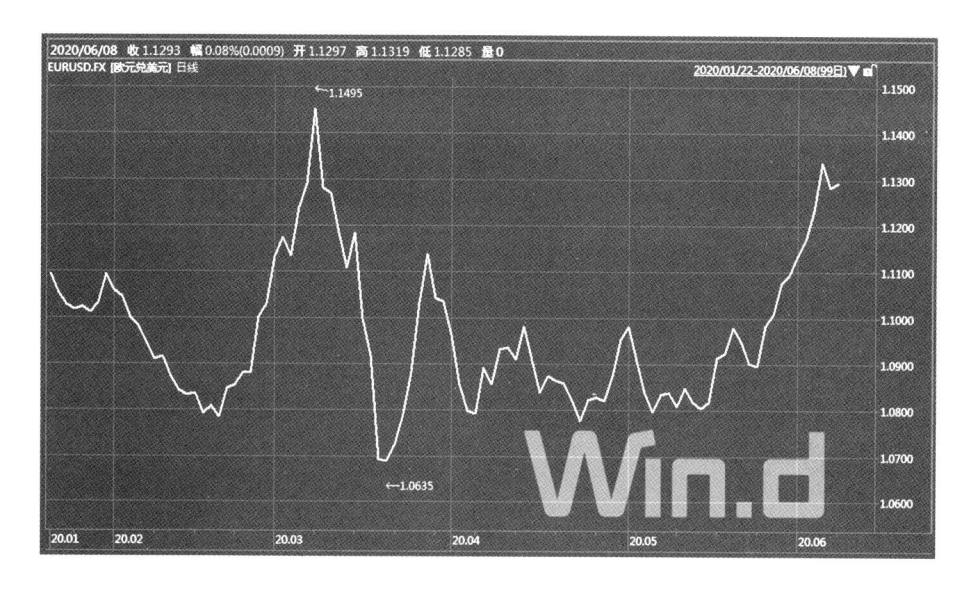

图3　欧元对美元的近期走势

资料来源：Wind。

力指数大幅度下降，并在5月29日再次进入负值区间（图4）。同时，从全球融资环境来看，美元LIBOR与美元OIS的价差在经过3月份的迅速扩大后，截至目前已经大为缓解，基本处于正常水平。

四轮的财政刺激政策以及对未来进一步财政政策刺激的期许，再加上近期公布的5月份非农就业数据（后有调整说明），使得NAS-DAQ指数创了历史新高，美国金融市场权益资产价格大幅度反弹。截至6月8日，DJ指数和标普500指数年初至今的跌幅分别只有5%和1.14%，而NASDAQ指数年初至今上涨了9.38%。

从利率期限结构收益差来看，近期短期和长期国债收益率都有明显的上升，而且美国10年期国债收益率和1年期及2年期国债收益率之差从今年4月份开始扩大（图5）。这说明市场投资者从今年4月份开始对未来美国经济增长的悲观预期有明显的改善。

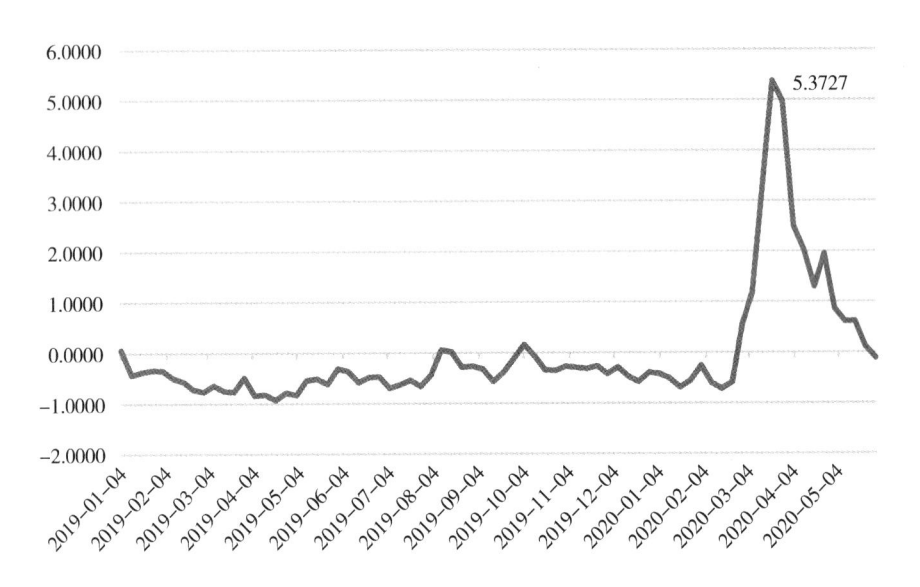

图4　美国金融市场压力指数（2019年1月4日—2020年5月4日）

资料来源：St. Louis Fed Financial Stress Index, Index, Weekly, Not Seasonally Adjusted. https：//fred. stlouisfed. org。

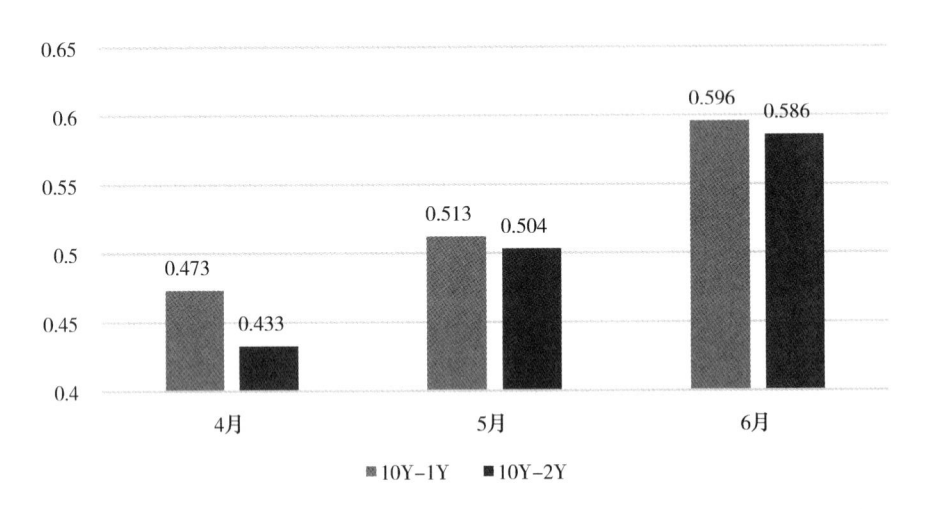

图5　美国国债10年期（10Y）和1年期（1Y）、2年期（2Y）收益率之差（%）

注：月度收益率之差的数据是每日收益率的简单算术平均值。

资料来源：U. S Department of the Treasury, Daily Treasury Yield Curve Rates。

从国际原油等大宗商品的价格来看，油价反弹力度很大。以收盘价计，依据 Wind 提供的数据，ICE 布油从 4 月 27 日的低点 23 美元/桶上涨到 6 月 8 日的 42.89 美元/桶，涨幅高达 86.5%；ICE WTI 原油从 4 月 27 日的低点 12.8 美元/桶上涨到 6 月 8 日的 40.16 美元/桶，涨幅高达 213.8%。以沙特阿拉伯为代表的 OPEC、以俄罗斯为代表的非 OPEC 以及美国等产油国经过激烈的博弈，目前已经达成每日减产 970 万桶的共识性协议，并且每个月都要开一次会讨论，直到 2020 年 12 月份，这期间没有达到减产目标的未来要补上减产份额。6 月 7 日，沙特阿拉伯阿美宣布将 7 月份所有等级的原油对亚洲的出口价格上调 5.6—7.3 美元/桶，国际油价重返 40 美元/桶的关口。减产带来的供需平衡改善以及美元走弱共同推动了国际原油价格走出了惊人的大反转。

从国际金融市场投资者情绪来看，以收盘价计算，依据 Wind 提供的数据，全球恐慌指数（CBOE 波动率，VIX）自 3 月 16 日的高点 82.69 一路跌到 6 月 5 日的 24.52，全球恐慌情绪急剧下降，尽管年初至今的涨幅仍然高达 77.94%。投资者避险情绪的下降，还体现在黄金价格的下跌上。COMEX 黄金和伦敦金现的价格从 6 月初开始有明显的下跌，截至 6 月 8 日，大约一周时间，COMEX 黄金价格和伦敦金现的价格均大约下跌了 2.5% 左右（图 6）。

至此，我们可以总结一下最近一周多以来全球金融市场大类资产价格出现的变化。首先是投资者情绪得到了极大的平复，市场风险偏好上扬，黄金价格下跌；其次是在此基础上，外部欧元走强、内部美元流动性宽松的共同作用导致了美元走软，在货币宽松的背景下，利率期限结构收益之差的扩大推动了大类资产中权益类资产涨、债市跌；最后是美元走弱和减产带来的供需平衡改善共同推动了原油价格

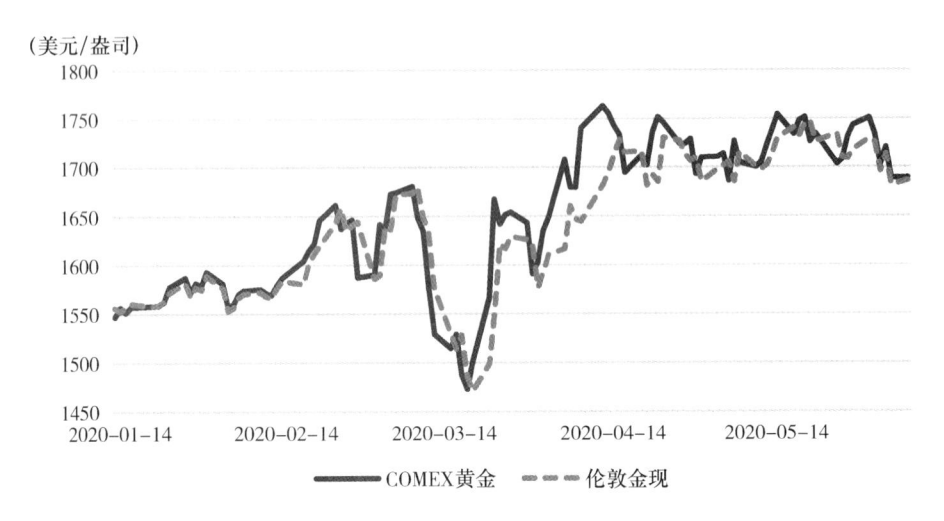

图 6　黄金价格走势（COMEX 金价和伦敦金现）

的大幅度上涨。

因此，投资者市场情绪的平复带来的避险情绪下降（风险偏好上升），加上欧元和美元自身的原因促使了美元走软，以及利率期限结构收益之差的扩大和原油减产带来了权益市场、大宗商品（原油）价格的上涨以及债市价格的下跌。过去一段时间，全球大类资产价格变动走出了异常清晰的格局。

目前全球金融市场大类资产的走势几乎重复了金融大动荡时期的模板，体现出了全球大类资产共振性的轮动，只不过大致是反向的COPY。国际金融市场如此"任性"的大幅度上涨，也隐含了未来可能存在的较大幅度的调整风险。

纳指破1万点：美联储非对称关注资产价格？

6月11日

2020年6月10日，收盘价计，纳斯达克指数收报10020.35点，首次站上1万点大关（图1）。从1971年的100点走到2020年的1万点，纳斯达克指数用了大约50年的时间上涨了约100倍。

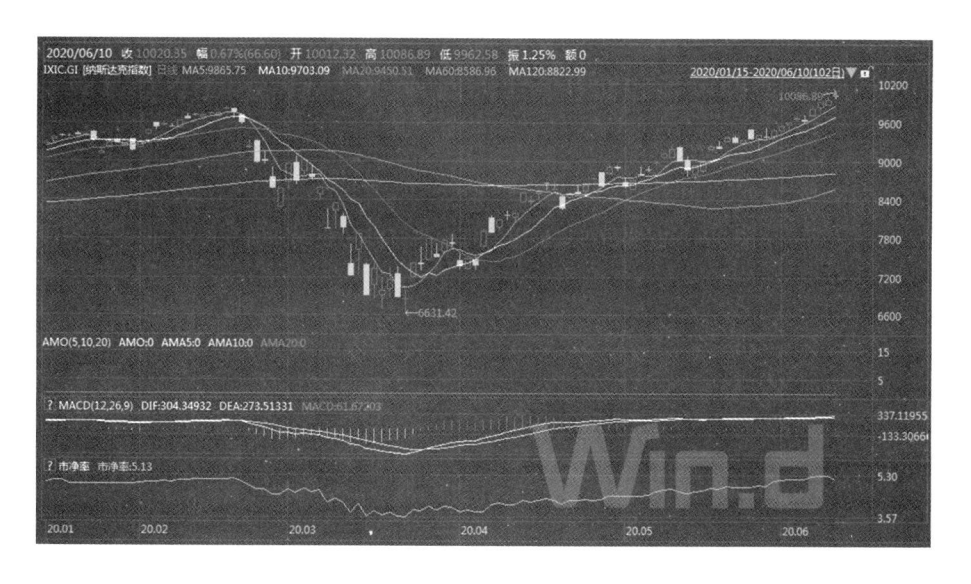

图1 纳斯达克指数近期走势

资料来源：Wind。

纳斯达克指数突破1万点发生在疫情全球肆虐的2020年，是在全球经济和美国经济深度下滑的背景下发生的。美联储6月10日公布的6月FOMC会议决议,预测2020年美国GDP将出现6.5个百分点的负增长,低于市场预期的-5.7%。鲍威尔也宣称美国经济今年二至三季度将出现20%—30%的下滑。同时,由于美国各州的解禁,部分州出现了疫情的反复。在经济下滑超市场预期和COVID-19感染人数即将达到200万的时候(截至北京时间2020年6月11日上午10:34,美国COVID-19感染人数1999900人,资料来源:https://coronavirus.jhu.edu/map.html),纳斯达克指数突破1万点大关,不免让很多市场投资者错愕。

截至6月10日,美国三大股指的市盈率均超过了2015—2019年5年的年均市盈率水平,超过的幅度很小(图2),疫情金融与疫情经济的大脱离程度在进一步扩大。

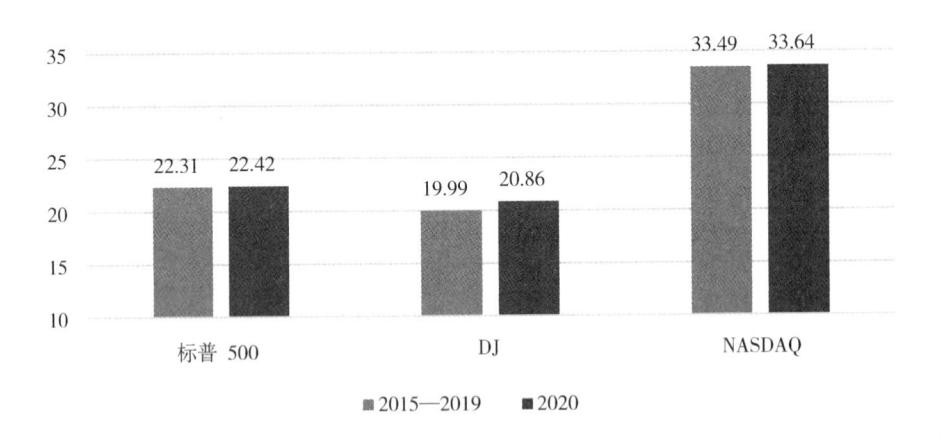

图2 美国三大股指的市盈率(TTM)

资料来源:Wind。

美股为什么出现这种强劲的"V"形反转?根本原因在于美联储的坚定做多在短期中急剧扭转了市场投资者的风险偏好,甚至导致市场上出现了一定程度上的风险"迟钝"或者风险"麻木",尽管美联储会议纪要中强调了企业未来债务偿还风险的严峻性和高度的不确定性。但同时美联储表态,并不会因为资产价格过高而停止对经济的支持。换言之,美联储不会因为资产价格过高而影响自己对经济支持计划的实施。在金融市场流动性问题基本解决的情况下,美联储一方面降低"爆表",同时承诺"在未来几个月至少以现在的规模购买国债和MBS",另一方面从6月8日开始实施"主要街道信贷计划",重点是进一步降低信贷支持额度的起点,这一计划将可以为中小企业提供最高达6000亿美元的信贷规模。美联储也让市场预期在2022年之前都将实施零利率,让整个市场觉得美联储的坚定做多具有可信性,达到政策不对冲疫情冲击不罢休的效果,催生了市场投资者的投资热情。

现在市场开始普遍预期美联储的工具箱还没有用完,这与早期市场上出现的认为美联储政策的"ALL IN"的观点完全不同。早期预期会爆发全球性金融危机的原因之一也是认为美联储的"子弹"打光了,难以阻挡市场资产价格的剧烈下跌。现在市场预期美联储还可以直接买企业债,还可以控制利率收益曲线,等等。20世纪50年代的时候,美联储就直接控制过美国国债的收益率。因此,我们可以看出,一个发达的国债交易市场对一个经济体的基础利率形成至关重要。

应该说,美联储在较长时间实施零利率是推高市场对科技股估值的核心原因。疫情经济加快了以医药技术和信息技术为代表的技术创新和运用。我们看到,在市场上凡是与医药和信息技术相关的公司估值都出现了大幅度的上升。

美联储"非对称关注资产价格"的行为是美国股市持续走高的重

要推手。在金融大动荡时期，美联储不允许资产价格的暴跌，但在疫情经济下允许资产价格过高。2020年的美联储的坚定做多行为刷新了很多市场投资者的三观：资产内在价值观、资产价格观、资产价格泡沫观。一生坚守资产内在价值观的"股神"巴菲特有点折戟2020疫情金融就是一个典型的案例，但这并不妨碍巴菲特是美国历史上最成功的投资者之一的声誉。投资者都会有没看对的时候，尤其是在疫情非常时期更属正常。当前，资产价格与资产内在价值的脱离已经成为市场追捧的热点，造成市场上"你不投资科技股，你就OUT了"的态势，科技股"泡沫"将在疫情经济的背景下持续上演。这并不完全是坏事，2011年纳斯达克泡沫就催生了现在的纳斯达克几大科技股，成为支撑纳斯达克和标普股指的重要力量，体现了在"毁灭"中"创新"的力量。

我们应该看到，美联储这种"非对称关注资产价格"的行为是疫情经济特殊时期的产物。如果美联储坚持足够长时间这种"非对称关注资产价格"的行为，疫情经济下，甚至不排除标普500指数创历史新高的可能性。这种行为在未来会给全球金融市场带来多少伤害尚不清楚。在上述逻辑下，当美联储宽松政策即将退出的时刻，也许就是美国疫情股市"盛宴"散场的时刻。股市价格轨迹永远都是很多个"W"组成的，只不过是这很多个"W"组成的股市走势的长期趋势是向上还是向下甚至不变决定了长期市场是"牛市""熊市"还是"平市"。

追求极限博弈：疫情政策的政治经济学

6月15日

2020年COVID-19疫情大冲击下的全球宏观政策充满了政治和经济的复杂交织，不论从全球最发达国家的宏观政策来看，还是从全球宏观政策的博弈来看，都体现出追求极限博弈的高风险状态。之所以如此，基本逻辑是：美国正处于政治商业周期时期，依据过去的经验研究，经济问题将是影响美国大选结果的核心因素。因此，提高就业就成为美国国内政策的核心。而世界则处于大国之间的高度竞赛期，特朗普"美国优先"的对外政策，在全球疫情冲击下，期望单方面通过各种摩擦来维持和提升美国已有的经济金融实力和全球影响力，在疫情后的全球化竞争中占有更好的位置，而不顾世界经济已经多极化的客观事实。疫情冲击下美国对内和对外的强硬政策缩小了全球疫情经济政策合作的空间，把美国经济社会中的内部矛盾外部化，使得全球政策的合作与博弈异常艰难。

我们梳理2020年全球疫情暴发以来，几个典型的重大事实来观察疫情政策追求极限博弈的现象。

事实1：宏观政策尺度与美元信用。美联储前未所有的迅猛政策挡住了3月中下旬全球金融市场的流动性恐慌，全球金融市场资产价格大多在3月23日前后触底反弹。一波接一波的财政政策和货币政策刺激，体现了政府政策对市场的高度干预，美股出现了巨大的反弹，2020年至今美国金融市场尚没有爆发全球性的金融危机。市场对宏观政策的期许和依赖达到了历史的新高度，政策稍微低于市场预期，就会引发股市的剧烈动荡。美联储天量的"爆表"以及未来还会持续的"爆表"，只为支持美国经济的复苏以及接下来的总统换届大选，但对世界未来通胀、美元储备的减值以及其他经济体带来的汇率波动冲击考虑甚少，或者说几乎不考虑。20世纪60年代，美国以自我为中心的财政和货币政策是导致金本位解体的直接原因。现在美国之所以能够采取这种天量的、以自我为中心的财政和货币政策靠的就是美元国际货币体系，美联储无上限宽松的货币政策必然会带来全球对美元信用的重新评估，但美联储在防止金融市场危机并支持美国经济复苏的无上限宽松货币政策上，并没有因为疫情激增的债务问题及其带来美元信用问题而有所迟疑。因此，美国国内的财政政策和货币政策是在和全球对美元信用评估之间做博弈。因为道理很直接，疫情把美国经济打垮了，美元在全球的信用地位也会下降。与其这样，不如通过强有力的宏观政策干预先保住金融市场，防止金融危机，降低市场快速调整带来的巨大冲击成本。

事实2：大选政治与疫情经济。在全球公共卫生专家早就警告世界将面临一场大流行病疫情冲击并呼吁加强防范的背景下，某些经济体并没有给予重视。换届大选的压力使得某些政治家不愿意投入资金、人力来应对可能出现的巨大风险，直到这种可能的巨大风险变成现实，才开始采取"社交隔离"或者"封城"来应对新冠肺炎疫情的暴发。在疫情尚未彻底可控的情况下，为了塑造大选的经济竞争力，开始"解封"，复工复产，疫情又出现了反复。依据霍普金斯大学提供的数据，在近期每天感染人数超2万人的背景下，继续复工复产，美国政府官员近期表态即使疫情持续，也不会再次通过"封城"

打断经济的复苏。因此，与事实1相结合，美联储避免金融危机的强硬政策和在疫情未来存在重大不确定背景下的复工复产政策，也是大选政治与疫情经济之间的极限博弈。

事实3：COVID-19病源追溯。COVID-19疫情的病源追溯似乎已经成为当下全球的政治经济问题了。在疫情暴发的这几个月中，有关COVID-19疫情病源的追溯成为政治工具，成为某些政治家推诿疫情防控失当责任、寻找攻击对手的工具，导致全球疫情至今拐点未显、争论未止。依据霍普金斯大学提供的数据，近期每天全球感染确诊人数都超过10万人（图1），截至北京时间6月15日上午9时33分，全球累计确诊人数接近790万人。

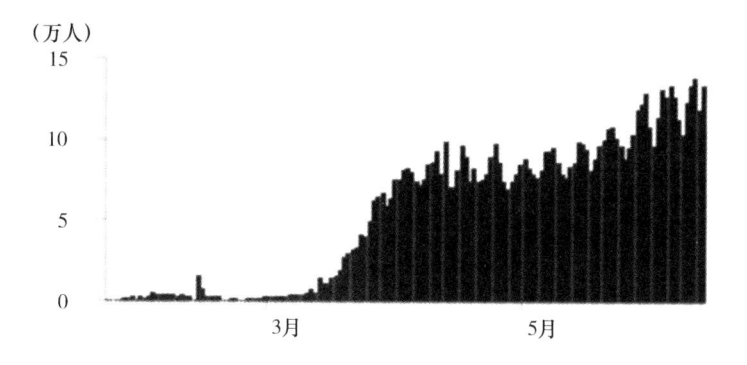

图1　全球COVID-19感染人数（每天）

资料来源：https://coronavirus.jhu.edu/map.html。

在全球疫情严重程度增加的背景下，为了转嫁国内疫情防控政策失误带来的压力，COVID-19病源追溯本应该是全球科学家在未来共同需要应对的问题，现在政治化。这种疫情的政治操弄和博弈，会进一步撕裂全球的地缘政治关系，带来引发新的国际冲突的潜在风险。

事实4：国际油价战。从3月6日沙特阿拉伯阿美宣布单方面增加原油产量，引爆国际金融市场开始，一直到 6 月初，以沙特阿拉伯为代表的 OPEC、以俄罗斯为代表的非 OPEC 以及美国等产油国经过激烈的博弈，目前已经达成每日减产 970 万桶的共识性协议，并且每个月都要开一次会讨论，直到 2020 年 12 月份，这期间没有达到减产目标的未来要补上减产份额。在这 3 个月的国际原油价格战的博弈过程中，国际油价可以打到地板价，甚至出现了原油期货负价格的离奇现象。

国际油价战揭示了复杂的原油地缘政治关系。美国的能源自给战略带来了页岩油的革命，改变了美国过去 60 年能源进口国的历史，解决了美国能源贸易巨额赤字问题，成为能源净出口国。世界能源供给格局的改变，加剧了能源价格的竞争和博弈，地板价和原油期货负价格现象是典型的极限博弈的结果。直到打的产油国都受不了，大家才会坐下来认真谈，才会达成协议，缓和各个产油国之间的矛盾。

事实 5：关键产品的供应链。按照全球分工条件下国际贸易最朴素的原理，同样的产品只能在全世界最便宜的地方生产。但 2020 年 COVID-19 疫情大冲击已经改变了这一朴素的原理，我们看到不少跨国公司修改生产线，专门生产疫情个人防护用品，尽力满足自己所需。在疫情防控困难时期，甚至出现了经济体拦截口罩等防控物资的现象。疫情卫生防控本具有全球公共物品的性质，因为疫情不分国界，只要全球疫情不结束，任何一个经济体都很难独善其身。疫情的反复会带来经济体之间的"再封锁"，导致经济体未来为了自身公共卫生安全而舍弃全球分工的好处，自我生产防护用品。经济国家主义会导致出现更多的进口替代发展战略。

我们也看到某些经济体政府出补贴鼓励海外的企业搬迁回国，把全球经济分工的现象做成了政治现象。对于关键的制造业行业，技术封锁和关税摩擦成为常态。由于某些经济体的政治已经凌驾于经济之上，为了获取某些群体选民的支持，对外实施贸易摩擦，保护该群体的利益。疫情之后，全球产业链应该会出现一定程度的缩短。但对于跨国公司来说，产品生产往往涉及几十个国家和地区，是全球化最大的受益者，也是全球化的支持者，未来的全球化过程中，政治和经济的博弈将更加激烈。疫情后，全球贸易摩擦也许不会减少。如果某些产品的产业链缩短，生产者将更加集中在某个经济体，更容易对外实施贸易保护主义措施。从这个角度来看，疫情后的全球化有可能是"掺沙子"的全球化，全球化的飞轮速度会出现某种程度的进一步下降，也就是研究者所说的世界进入"缓全球化"时代。

从 20 世纪 70 年代布雷顿森林体系崩溃，两次油价冲击，2008—2009 年的次贷危机都凸显了经济和政治问题的复杂交织。2020 年 COVID-19 疫情大冲击将使全球政治和经济的复杂交织达到历史的新高。政治影响经济，经济也影响政治。在这种政治与经济复杂交织的世界经济中，经济上的最优政策往往不会被政治采纳。一旦本应该由全球市场解决的全球经济问题夹杂着复杂的地缘政治因素，博弈就不是市场本身能够解决的，而有些国际政治往往倾向于追求只有输或者赢的二元选择。因此，疫情冲击下的世界经济问题博弈往往就会体现出极限博弈的特征。经济学家认为的经济全球化是一种帕累托改进方案，或者至少是一种卡尔多补偿方案，在未来也会面临来自政治的压力而减少其存在和发展的空间。

极限博弈也说明了世界经济进入实质性的多极化阶段。全球政策出现极限博弈的现象也预示着未来世界格局会发生重大的改变。

买企业债：美联储政策与市场的博弈还没有结束

6月16日

2020年6月11日美股大跌，又出现剧烈调整。DJ指数大跌6.9%，NASDAQ指数大跌5.27%，标普500指数也大跌5.89%。随后美国三大股指经历了3天左右的下跌，6月15日美国三大股指收盘均出现小幅度上涨，且出现了开盘1%—2%的跌幅，收盘出现逆转上涨现象。这与当日美联储直接进场购债直接相关。

疫情金融背景下，美股每一次的大跌都会引发市场关于可能会爆发金融危机的讨论。基本的原因还是疫情冲击带来企业现金流的萎缩，流动性风险最终会演变为偿付性风险，并恶化银行资产负债表。债务风险成为当下金融市场担忧的最大问题。

6月15日美联储开始正式实施市场购债计划。在Secondary Market Corporate Credit Facility（二级市场公司信贷安排）的具体细节中表述：纽约联邦储备银行将在追索权的基础上，向一家特殊目的机构（简称SPV）提供贷款，该机构将购买合格发行人发行的二级市场公司债。这些公司债包括：合格的企业公司债券、以交易所买卖基金（ETF）形式的合格公司债券组合以及跟踪广泛市场指数的合格公司债券组合。纽约联邦储备银行将由特殊目的公司的所有资产担保，财政部对特殊目的公司进行750亿美元的股权投资，以支持该融资和一级市场公司信贷融资（PMCCF）。股权的初始分配将是500亿美元用于PMCCF，250亿美元用于该基金，通过担保杠杆的形式，该机构和PMCCF的总规模将高达7500亿美元。一级市场债券发行人是一家在美国或根据美国法律创建或组织的企业，在美国境内有重要业务，其大多数员工在美国；二级市场合格债券中也包括"在美国或根据美国法律创建或组织的发行人发行的债券"。投资级别最低的债券可以到BB－/Ba3级别。该计划终止：除非美联储理事会和财政部延长贷款期限，否则贷款将在2020年9月30日前停止购买合格的个人公司债券、合格的广义市场指数债券和合格的ETF。

6月15日美联储的购债计划本质上是一项大型企业融资计划，解决大型企业的债务融资问题。美联储直接下场买债，意味着美联储直接进市场和投资者博弈。

近期股市价格的动荡和美国国债收益率的上升也有一定的关系。美国市场收益率的上升主要有两个原因：一是美国加快了国债发行的数量，导致利率上扬（图1）。截至2020年6月12日，美国政府总债务高达26.06万亿美元。从4月份开始，美国政府债务的增加速度出现了急剧的增长，3月12日—4月12日增加了7500多亿美元，4月12日—5月12日增加了超过1万亿美元，5月12日—6月12日增加了8500多亿美元。美国政府债券的快速发行在美联储"爆表"速度快速边际递减的背景下是推高近期市场利率的关键因素。

二是市场上出现了预期美国经济在三季度之后有复苏的可能。近期美国白宫经济顾问库德洛表示美国经济将会出现"V"形复苏。摩根士丹利最近出台的研究报告也指出，疫情冲击的衰退时间很短的原因主要有三点：不是巨大失衡引发的内在冲击、去杠杆化的压力将更加温和以及政策支持是决定性的。这些比较乐观的预期也推高了利率

(亿美元)

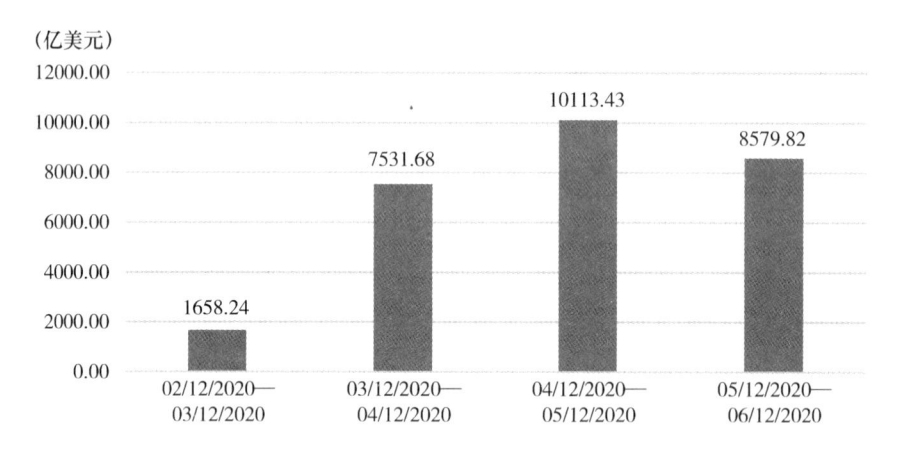

图1　最近几个月美国政府债务总数量的增长

资料来源：美国财政部，Monthly Statement of the Public Debt。

上升的预期。

我们认为，在美国经济明确的复苏信号出现以前，利率上扬预期是有限的，其带来的资产价格波动不是决定性的。低利率将是一个较为长期的状态，低利率是保证美国政府债务得以持续的关键因素之一。从美国政府债务不断增长，但利息偿还并未增长，甚至出现下降的情况来看，低利率是美国政府债务可持续的重要融资环境。截至2020年5月31日，美国政府发行的可交易债券的平均利率水平相对于上年同期的情况已经出现了大幅度的下降，下降幅度高达26.5%，这也意味着美国政府当前的筹资成本比上年同期下降26.5%（图2）。

因此，关键还是疫情对企业现金流造成影响的问题。目前美国股市在两个多月的时间里出现了大幅度的反弹甚至过度反弹的情形，在很大程度上是靠美联储无上限宽松的货币政策和大力度的财政政策刺激的支撑。如果疫情反复，市场的反复动荡将是常态，这在很大程度上将取决于政策和市场投资者之间的博弈。但2020年美股市场重回今年3月23日的低点的可能性应该几乎没有，如果再次达到前期的

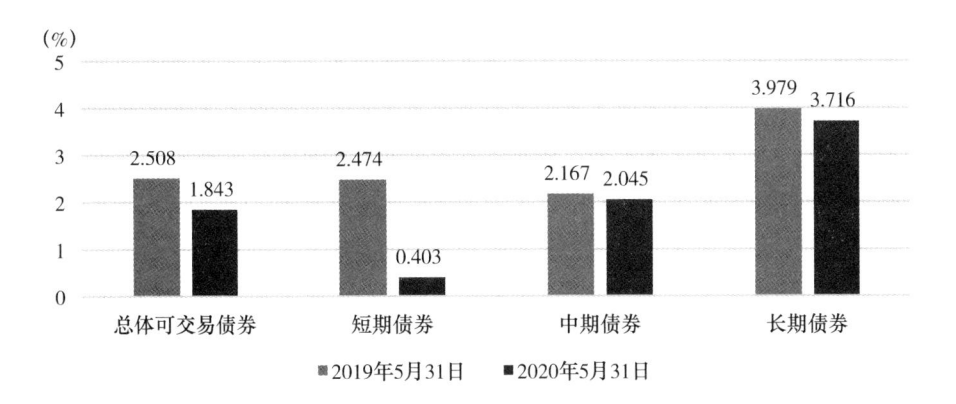

图2　美国政府债券的筹资成本（发行利率）

资料来源：美国财政部，Average Interest Rates on U. S. Treasury Securities。

低点，只有一种可能性：疫情完全失控，所有的政策对市场不起作用。在疫情不出现完全失控的背景下，美股达到前期的低点，相当于否决了美联储及美国财政部出台的所有的宏观刺激政策，这种可能性是微乎其微的。

稳健的人民币汇率有助于
全球产业链的稳定与安全

6月20日

从1995年开始中国进入了制造业顺差、初级品逆差的出口导向型增长模式。至今已有25年的时间，中国成为全球重要的制造业中心之一，"Made in China"就是最好的中国制造标识。在全球经济体中，中国拥有最完整的工业体系，可以生产出品种最多的工业品。随着全球化不断的深化和"碎片化"分工模式的演进，中国已经成为全球产业链上的核心环节。

在全球化的跨国分工模式中，人力、物力、资金和运输等成本、技术以及产业集群的正外溢性无疑是决定产品在何处生产的重要因素，但全球化中的跨国采购、生产与销售都涉及汇率换算问题。因此，汇率的稳健性就成为决定产业链分工的重要因素。

稳健的人民币汇率为在中国的跨国公司和国内进出口企业提供了业务现金流的可预测性，降低了对冲汇率风险敞口的成本，这往往是决定一个企业是否可以获取利润的重要因素。举个极端的简单例子，在中国境内的一家出口企业其美元计算的净利润率为5%，如果人民币大幅度升值5%，相当于以人民币计价的净利润率为0%。可见，在跨国经营条件下，汇率变动成为直接决定跨国公司和进出口企业经营结果的关键因素。为了应对汇率波动的风险敞口，跨国公司和进出口企业会使用合约锁定汇率、互换等方式来降低汇率风险敞口,管理汇率波动风险,但任何一种方式都有存在汇率管理风险的成本,尤其是当汇率波动太大时,对冲汇率风险敞口的措施复杂且成本不小。其中,一种最常用的方式就是选择结算的货币币种,汇率稳健的货币自然就成为交易商的首选。

从中国目前的进出口方式来看,依据商务部网站公布的最新数据,2020年3月加工贸易进出口总额868.8亿美元,一般贸易2066.2亿美元,加工贸易占比大约30%。人民币汇率的波动对于进出口企业来说影响巨大,尤其是对于加工贸易来说,投入和产出都涉及汇率的波动问题。可见,稳健的人民币汇率在防范汇率波动风险上具有重大的优势。

2020年新冠肺炎疫情冲击下的全球金融大动荡导致很多新兴经济体的货币汇率波动过大,这对于产业链的转移来说,存在巨大的汇率波动风险。2020年至今,与亚洲一些经济体比较起来,人民币兑美元汇率的贬值幅度是相对小的。在美元指数年初至今上涨大约1%的情况下,人民币(CFETS)兑美元的汇率大约贬值了1.7%,而韩元、泰铢和林吉特的贬值幅度大约在5%左右,印度卢比的贬值幅度达到6%,印尼盾的贬值幅度相对较小,也在2.1%左右(图1)。此外,巴西雷亚尔和墨西哥比索年初至今对美元的贬值幅度达到了20%左右,出现了大幅度的汇率波动风险。

即使在今年3月6—23日的全球金融大动荡冲击期间,人民币也是全球最稳定的货币之一。这期间美元指数上涨了大约8%,人民币对美元贬值了大约2.4%,而韩元、泰铢、林吉特和新元的贬值幅度都在5%左右,人民币成为美元指数剧烈波动冲击最小的货币,显示了人民币汇率的稳健性。

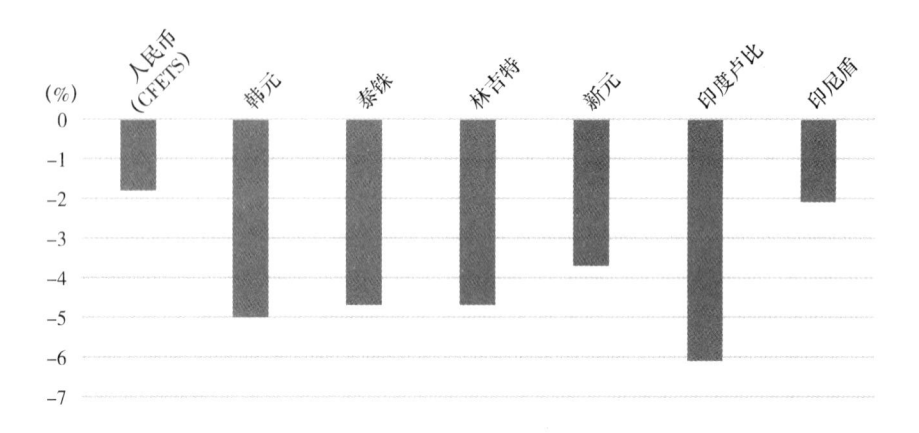

图1 2020年年初至6月19日上午11时部分经济体对美元的汇率变化

过去几年，离岸和在岸人民币汇率保持了很强的相关性，离岸和在岸市场汇率相互影响，在岸市场和离岸市场共同决定了市场上的人民币汇率走势。离岸和在岸人民币汇率走势很强的相关性也为人民币汇率的可预测性提供了便利。

稳健的人民币汇率是一个优势，我们一定要充分认识到这一点。受新冠肺炎疫情影响，部分经济体出于公共卫生安全的考虑，部分产业链或许会发生某些变动。同时，由于全球进入了高强度的技术竞争期，而跨国公司是技术创新的重要推动力量之一。一个稳健的货币是跨国公司选择在何处生产和销售的重要因素，也是保证全球产业链能够安全、正常运转的基础因素之一。从这个意义上来说，稳健的人民币汇率有助于全球产业链的稳定和安全，这对于世界经济复苏与增长来说是极其重要的。

美股已经进入高估值风险调整区

6月23日

一 美国股票市场已经进入高估值风险区

截至北京时间6月22日,依据Wind提供的数据,美国三大交易所股票的市值高达44.54万亿美元,仅比历史年度最高的2019年年底47.17万亿美元差2.63万亿美元。换言之,2020年疫情巨大的冲击仅仅使得美国股票市值比历史年度最高市值减少了2.63万亿美元。美股经过两个多月的"V"形反弹,标普500指数、DJ指数年初至今的跌幅仅为3.5%和8.81%,而NASDAQ指数年初至今上涨了12.08%,6月10日和22日的收盘价已经2次站上了1万点大关。在疫情依然严重的背景下,美国股市在持续上演疫情金融与疫情经济的大脱离。

6月22日标普500、DJ和NASDAQ的市盈率(TTM)分别比过去5年(2015—2019)年度均值的市盈率(TTM)高出17.3%、12.9%和21.1%,其中NASDAQ的市盈率已经突破40倍(图1)。

从股息率来看,依据Wind提供的6月22日的数据,标普500、DJ和NASDAQ的股息率分别比过去5年(2015—2019)年均股息率低6.3%、13.8%和21.9%(图2)。换言之,就长期投资者来说,现在投资美国股市获得的收益率将比过去5年的均值要低10%左右。美国股市的价格已经进入了高估值风险区。

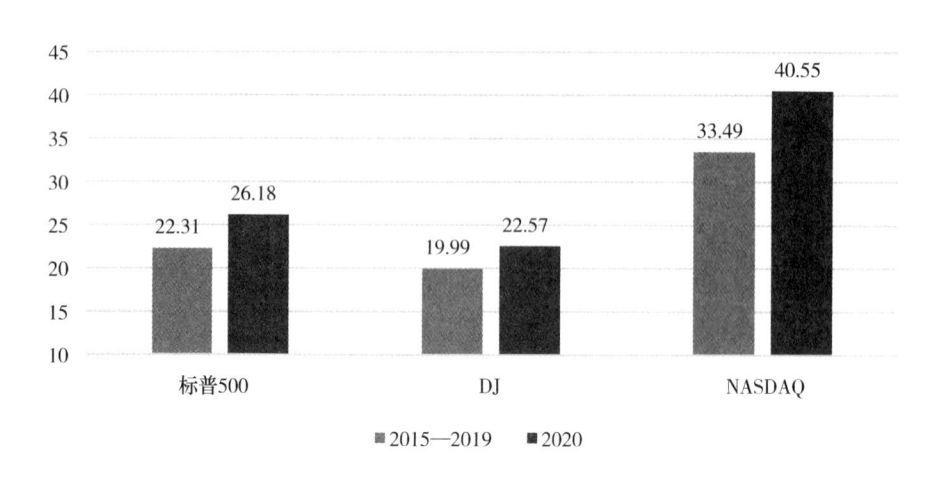

图1 美国三大股指的市盈率（TTM）

注：2020年数据是6月22日的数据。

资料来源：Wind。

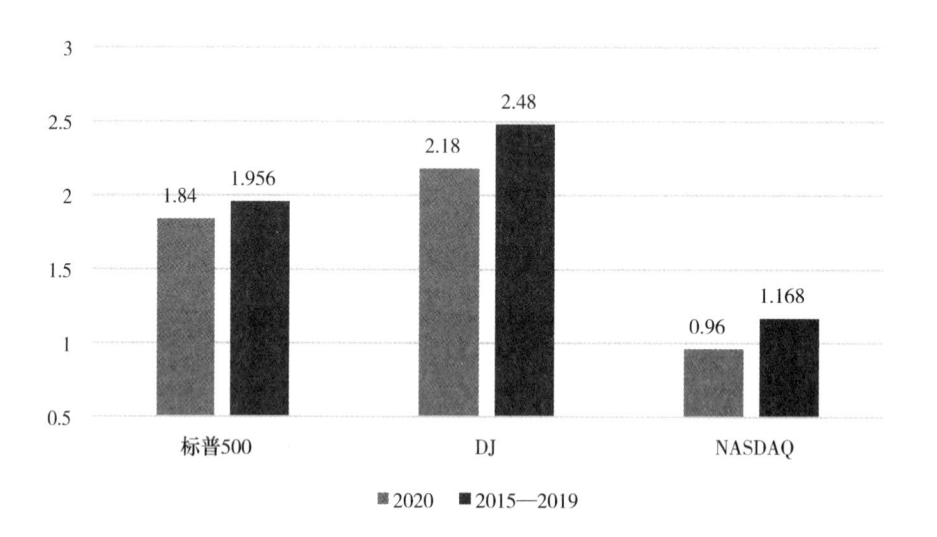

图2 美国三大股指的股息率（%）

注：2020年数据是6月22日的数据。

资料来源：Wind。

当然，NASDAQ 五大科技股无疑是支撑美国股市上涨的重要因素，电子产品和生物制药等科技企业（如 5G 手机、苹果系列产品）的销量确实取得了不错的增长。与年初相比，一般性的股票仍处于下跌 10% 左右的水平。疫情经济下，宽松的流动性和极低的利率带来市场投资者对科技股的过分乐观预期是支撑美国股市上涨的核心因素之一。

二 美联储成为金融市场的大买家

美联储的"买买买"也是支撑整个市场投资者信心的关键因素。尽管目前美联储并未直接进入股市，但对债市的维护达到了历史新高。首先，美联储对 ETF 或者企业债的购买便利了企业债券融资，同时也压低了债券利率水平。其次，美联储对国债的大量购买，在释放市场流动性的同时，也压低了市场无风险利率。因此，美联储购债计划整体压低了市场利率，提高了市场金融资产的估值。

截至 6 月 17 日，美联储资产负债表上的总资产为 7.09 万亿美元，比上一周下降了 742 亿美元，主要是央行互换到期减少了 920 亿美元所致。其中净持有商业票据融资便利 LLC 约 128 亿美元，净持有公司信贷便利 LLC 约 389 亿美元，净持有"主要街道计划"MS 便利 LLC 约 319 亿美元，净持有市政流动性便利 LLC 约 161 亿美元。这就是说在支持经济复苏计划中，美联储新增加了 1000 亿美元，这些项目在过去的美联储资产负债表中是没有的。

除了上述新增项目外，美联储在持续购买证券类的产品。最近三周购买数量波动幅度很大。5 月 27 日至 6 月 3 日一周购买证券和 MBS 分别为 253.28 亿美元和 4.84 亿美元，而 6 月 3 日至 6 月 10 日的一周购买证券和 MBS 的数量下降为 160.5 亿美元和 100 万美元。购买数量的急剧下降也许是 6 月 11 日美国三大股指分别重挫 5% 以上的重要原因之一。在 6 月 10 日至 6 月 17 日的一周,美联储又开始大规模购买证券。这一周证券类和证券类中的 MBS 分别为 1020.77 亿美元和 831.46 亿美元(图 3),这也许是美国股市从 6 月 12 日又开始小幅度上涨的重要原因。如果真是这个原因,美国股市已经呈现出"药不能停"的状态,美联储这种行为或将引发金融市场上的道德风险。

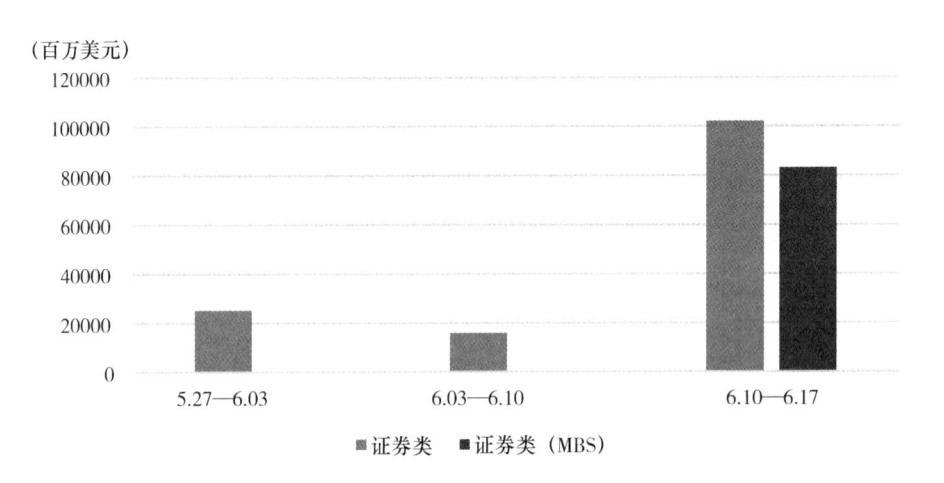

图 3 美联储总资产的证券类扩张数量(新增加部分)

资料来源:美联储,H.4.1. Factors Affecting Reserve Balances。

三 复工复产预期调查能否支撑盈利前景存在重大不确定性

依据美联储网站 6 月 16 日公布的工业生产和设备使用率的数据,5 月份工业总产量环比增长了 1.4%,因为许多工厂在 COVID-19 停产后至少恢复了部分生产。即便如此,5 月份的工业总产量仍比 2 月份疫情大流行前的水平低15.4%。制造业产出在3月和4月大幅下降，5月环比增长3.8%；大多数主要行业出现增长，其中机动车辆和零部件增长幅度最大。总体上，5月份工业总产值水平比上年同期下降了15.3%。5月份工业部门的产能利用率环比上升了0.8个百分点，达到64.8%，比长期（1972—2019年）平均水平低15.0个百分点。

美联储芝加哥储备分行6月10日发布了 Chicago Fed Survey of Business Conditions。芝加哥联储商业状况调查（CFSBC）活动指数从4月份的-72增至5月份的-32，表明经济增长仍远低于预期。CFSBC制造业活动指数从4月份的-95上升到5月份的-21，CFSBC 5月份非制造业活动指数从上月的-61增至-37。应该说5月份的数据有明显的改观，但仍然明显低于正常水平。在几个主要调查问题中，首先，受访者对未来12个月美国经济的展望有所改善总的来说是乐观的。大多数受访者预计经济活动会增加，59%的人预计到2021年年底经济活动会恢复到原来的水平。其次，受访者对未来12个月招聘速度的预期也有所提高。再次，受访者对未来12个月资本支出速度的预期增加，同时资本支出预期指数转为正值。最后，劳动力成本压力指数上升，非劳动力成本压力指数上升，但两项成本压力指数目前均为负值。

从目前的复工复产情况与疫情的发展来看，美国采取了平衡疫情成本和经济成本的办法。按照目前的情况看，一方面复工七至八成；随着复工复产的推进，从6月15日开始美国新冠感染人数出现了增加的态势，6月21日有所下降，但当日新增感染人数仍达到2.62万人（图4）。

美国新冠疫情拐点未显，感染人数在持续增加，经济复苏计划的实施何时可以带来经济的复苏尚存在不确定性。这也是美联储主席鲍

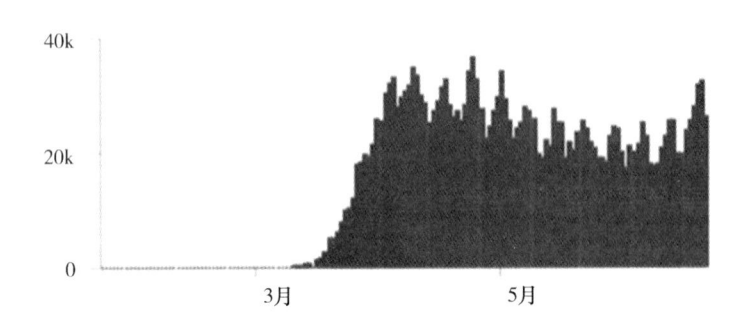

图 4　美国新冠感染新增人数（每天）

资料来源：https：//coronavirus.jhu.edu/map.html。

威尔强调的，未来的经济增长存在很大的不确定性。但股市走出了不确定预期中的不断大幅反弹趋势，最后难免会出现恐高情绪带来的抛售行为。

四　强势美元显露出一定的疲态，股市虹吸效应有一定程度的减弱

近期货币互换数量存量的减少，美联储资产负债表出现了阶段性的回调，也代表了外围市场对美元流动性需求有所下降。与5月27日的美元货币互换峰值约4489亿美元相比，截至6月18日这一数额下降为约2795亿美元。美元指数从5月25日前后一直跌倒6月10日前后，出现了大约3.7%左右的较大跌幅。截至6月23日，美元指数仍然在97—98的区间运行。

美元这么高的指数，在零利率下仍然属于强美元。与3月9—20日流动性恐慌阶段的美元迅速走强不同，强势美元已经显露出一定的疲态，这对于其他经济体的金融市场和外汇市场来说是好事，强美元

带来的资本流动程度会下降，美国股市带来的虹吸效应也会相应下降。

美元的走势主要看欧元，也包括一定程度的日元走势。欧洲尽管疫情防控取得了较好的业绩，但经济复苏不及预期。最近欧洲央行、德国以及日本都在酝酿实施大规模的财政刺激计划，这有助于美元走弱。

但同时，我们也要看到货币的强弱与经济体之间的当前状态密切相关。美国目前新冠感染人数超过230万人，但部分重要的新兴经济体的新冠感染人数也在快速增加。截至北京时间6月23日上午11时，新兴经济体中巴西新冠总感染人数突破110万人，墨西哥和印度突破42万人，俄罗斯突破59万人，土耳其和墨西哥突破18万人，南非也突破10万人。这些经济体也会采用降低政策性利率的办法来促进经济复苏，一方面与美国的利差幅度存在缩小的趋势；另一方面在现行的美元主导国际货币体系下，这些疫情严重冲击下的重要新兴经济体对美元的需求也会助推美元指数上升。

因此，综合来看，未来一段时间美元还会在相对强的位置运行，强势美元显出了一定的疲态，但虹吸效应已经减弱。

五 美联储政策的转变能否达到市场投资者的预期存在不确定性

美联储近期承诺了继续"爆表"，每周购买一定数量的国债和企业债，这对于美国金融市场的信心是极其重要的。尤其是购买企业债，对于大企业融资至关重要，但不能长期靠这种宽松的办法来替代市场内生的盈利能力。我们已经看到美联储政策的某种程度的想要转变：从提供金融市场流动性转向支持实体经济信贷。这就是目前正在推行实施的"主要街道信贷计划"。"主要街道信贷计划"是未来一段时间美联储促经济复苏的核心计划。同时，市场传闻美国在酝酿1万亿美元的基建刺激计划。应该说，美联储目前很想转变政策方向：从救市政策走向经济信贷计划。但事实是，美联储只要降低购债规模和速度，市场就会出现明显的调整。美联储还处于双线作战的状态：一方面实施经济刺激信贷计划，一方面通过"买买买"来维护金融市场。整个金融市场的情绪处于一种复杂的状态，没有明确的方向。这一点可以从黄金价格走势得到一定的证明。黄金价格处于1750美元/盎司左右的高位反复运行了两个多月的时间了，没有选择明确的方向。

NASDAQ指数不断攀高，美国股市科技股的狂欢与实体经济的复苏艰难形成了鲜明的对比。整个市场呈现出一定程度的零利率下的流动性陷阱与资本市场狂欢并行的格局。整个美国股市已经处于高估值的风险区，任何一个导火线的引发，股市的调整就可能随时发生，科技股过高估值的泡沫何时破灭也许只是时间问题。

金融助力中国经济更高水平的开放与增长

6月28日

依据中国人民银行网站公布的2020年1—5月份社会融资规模增量数据，中国资本市场上非金融类企业境内股票融资1924亿元，企业债券融资近29989亿元，占新增社会融资总规模的18.3%；截至5月底，非金融类企业境内股票融资和企业债券融资存量占社会融资规模存量的12.6%。可见，今年1—5月份新增融资规模的直接融资占比得到大幅度提高，未来中国资本市场发挥直接融资的功能将得到进一步发展。

目前，中国股票市场和债券市场市值已经占据全球第二，中国经济总量也是全球第二，中国已经是全球的经济大国和金融大国了。疫情大冲击下的2020年，中国很可能成为全球唯一正增长的大经济体；同时疫情冲击下中国加速了金融的对外开放，金融助力更高水平开放与增长的新发展模式日渐清晰。

长期以来，中国经济中一直存在总储蓄与总投资不平衡的问题。在开放条件下，储蓄大于投资直接表现为经常账户顺差，中国经济也因此累积了超过3万亿美元的外汇储备，占全球外汇储备的约1/4。如此庞大的外汇储备，一方面证明了中国出口导向型增长模式的成功；另一方面也说明整个宏观经济储蓄与投资之间存在失衡，这种失衡证明了国内金融体系的效率还有待加速提升，提高储蓄资金的使用率，更好地完成储蓄到资本形成的转化，推动经济增长。

金融体系的发展史验证了银行主导型的发展模式在克服金融市场信息不对称、参与公司治理结构、杜绝搭便车行为、维护金融系统稳定性等方面具有优势；但在市场竞争、企业外部控制、公共信息分享以及鼓励企业创新方面存在明显的不足。现代金融的发展更侧重于金融的功能观，希望把金融中介的基础功能和金融市场的基础功能有机统一起来，形成金融市场与金融中介既相互竞争，又相互补充的、有效率的金融体系，同时强化功能监管，防止出现系统性的金融风险，实现效率与稳定性相互平衡的现代金融体系。

这样的金融体系只有在开放条件下才能够实现。因为开放意味着全球竞争，意味着全球现代金融运作和管理经验的分享，这会提高金融系统的效率；开放也意味着一国金融市场与全球金融市场的联动性和共振性会加大，这也对现代宏观审慎监管的国际合作提出了新要求。

疫情冲击下，中国在金融开放上的步伐显著加快，资本市场呈现出前所未有的开放态势。2020年6月23日，最新版的全国和自贸试验区外商投资准入负面清单公布，取消证券公司、证券投资基金管理公司、期货公司和寿险公司外资股比限制。这是自2019年9月QFII、RQFII全面取消额度限制后，中国资本市场实施的更大的、更实质性的开放战略。未来将会进一步优化沪港通机制，扩大投资范围和标的，丰富内地和香港特区全方位、多层次的务实合作，进一步完善沪伦通业务，拓宽EFT的互联互通，支持巩固香港的国际金融中心地位。

2020年上海国际金融中心的建设取得更大的发展，向以人民币金融资产定价为基础的国际金融中心迈进，"上海金""上海油""上海铜"等以人民币计价的金融资产在持续扩容。上海国际金融中心还将在人民币可自由兑换和资本项目可兑换方面先行先试，建设更高水平的在岸金融市场，推进与其他国际中心的全球金融业务合作和全球金融治理合作，形成在岸国际金融中心与离岸国际金融中心既有分工又有协作的金融中心发展模式。

中国资本市场正在加快提升市场化、法制化和国际化的营商环境，中国资本市场将逐步成为创新金融运行规则和标准的试验场。加快完善信息披露、发行、退市等基本制度，对财务造假行为实施"零容忍"的打击力度，实施保护投资者利益的证券代表人诉讼机制；要强化上市公司的分红机制，倡导并实质性推进"重融资、重回报"具有"双重"属性的证券市场制度安排，把证券市场真正作为依托企业发展的投资者财富管理平台，吸引更多的国内外投资者参与中国证券市场的建设和发展，为打造一个规范、透明、开放、有活力有韧性的中国资本市场提供基础。这为本土机构和国外机构利用中国金融高质量发展的机遇，打造国际性的、以人民币计价的资产管理的一流投资银行和财富管理机构提供了新契机。

科创板制度的创新、创业板制度改革并试点注册制、新三板改革等重大举措正在抓紧落地实施，服务于不同企业属性和要求的多层次的资本市场格局基本已经形成。证券市场发挥鼓励企业创新的作用日益凸显，逐步兑现金融市场挖掘和实现风险红利的功能。

中国是全球疫情防控最好的国家之一，这必然给予全球投资者极大的投资信心，吸引更多的全球资本流向中国市场。疫情冲击下，中国资本市场加大了开放力度并提升了速度，随着更多的国际机构入驻中国市场，中国证券市场会逐步成为全球投资者理想的投资选择场所。

"金融活,经济活;金融稳,经济稳。"金融高质量发展将助力中国经济更高水平的开放与增长,有助于发挥好资本市场促进资本形成的制度优势,发挥资本市场服务于实体经济发展的制度优势,逐步校正国内储蓄与投资的失衡,促进中国经济在更加平衡的路径上健康发展。

美国股市靠政策刺激来提高风险偏好?

7月2日

2020年疫情经济与疫情金融的大脱离刷新了投资者的估值观。美股已经事实上进入了高估值风险调整区。截至7月1日,标普500、DJ市盈率(TTM)分别比过去5年(2015—2019)年度均值的市盈率(TTM)高出17.4%、13.2%。其中,6月22日的NASDAQ的市盈率已经突破40倍(图1)。依据收盘价计算,7月1日NASDAQ指数再创新高,收报10154.63点,比今年3月23日的金融大动荡的低点上涨了48.01%。

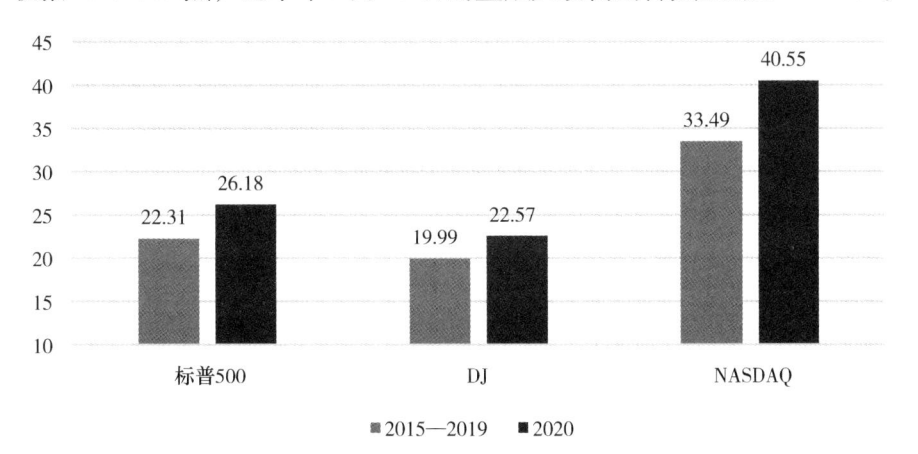

图1 美国三大股指的市盈率(TTM)

注:2020年标普500和DJ指数的数据是7月1日的数据。NASDAQ的数据是6月22日的数据,7月1日没有NASDAQ的数据。

资料来源:Wind。

IMF 在 2020 年 6 月的 "Global Financial Stability Report Update: Financial Conditions Have Eased, but Insolvencies Loom Large" 中指出了当前金融市场和实体经济的发展出现了脱节，存在巨大脆弱性，并可能对复苏构成挑战，也就是说 IMF 认为，疫情经济与疫情金融的大脱离可能会带来资产价格今年第二轮的剧烈调整，危害经济的复苏。

近期美联储又出台了一些措施。6 月 25 日，五个联邦监管机构敲定了一项修改沃尔克规则，禁止银行实体投资或赞助对冲基金或私募股权基金的规定（June 25, 2020, Financial regulators modify Volcker rule），按照有些研究，大约可以释放 400 亿美元的流动性进入金融市场。

7 月 1 日，美联储公布了 Agencies provide largest firms with information for next resolution plans，美国联邦存款保险公司和美国联邦储备委员会向 8 家最大、最复杂的国内银行机构提供了指导它们下一步处置计划的信息，这些计划将于 2021 年 7 月 1 日到期。在这之前，美联储决定至少在今年第四季度之前，33 家接受压力测试的银行将被禁止回购股票，也不能增加派息，来维持银行资本的稳健性。7 月 1 日的处置计划是描述大公司在发生重大财务困难或破产时迅速、有序地解决破产问题的策略。包括触发性框架、预测能力、报告/上报信息、解决方案规划基础设施四个基本方面的详细评估。

7 月 1 日，美联储公布了 FOMC（June 9 – 10, 2020）会议纪要，主要讨论了两个主题：1. 前瞻性指导和大规模资产购买计划在支持实现最大就业和价格稳定目标方面的作用；2. 根据国外和历史经验，在收益率曲线上设定利率上限或设定目标，这些方法可用于支持远期指导和补充资产购买计划。此外，也就负利率做了简要讨论。进一步的具体内容包括：美联储继续维持目前每周的国债和企业债的购买数量，购买会采取适度的方式，支持企业融资和就业；研究了第二次世界大战期间和之后美联储采用的收益率上限或目标（YCT）政策，以及日本银行和澳大利亚储备银行目前采用的政策，这说明收益率上限政策开始进入美联储政策的备选单；基本否定了采取负利率的偏好，认为负利率并不是一项具有吸引力的政策工具。但总体上，未来仍需要很宽松的货币政策。

北京时间7月2日，美国国会众议院批准了规模1.5万亿美元的基建立法议案。在这之前的四轮财政刺激已经投入了2.9万亿美元。特朗普能否批准新法案存在不确定性，但特朗普政府也正在准备规模达到1万亿美元的基础设施建设提案。不论如何，美国出台新一轮的财政刺激计划应该是大概率事件了。

关于资产价格的大幅度反弹，FOMC纪要中的表态和IMF的表态完全不同。FOMC纪要陈述了广义股票指数走高（Broad stock price indexes moved higher），并没有相关的风险警示。这说明，美联储愿意看到股票指数走高，7月2日特朗普也对鲍威尔表示非常满意。

自3月23日开始，美国保金融市场的政策是坚定的。疫情冲击下一轮接一轮的刺激政策、防范银行体系风险的政策密集出台。对金融市场政策的呵护时间将取决于疫情防控的时间。美联储和市场投资者之间的博弈还会持续，通过政策刺激来维护市场投资者信心。只有投资者信心不被疫情击倒，市场的风险偏好就不太会发生逆转，资产价格就会保持在相对高位，静态的企业资产负债率就能保持在相对健康的水平。金融市场投资者信心能否在政策的刺激下持续保持，这对于现阶段零利率下的强美元战略至关重要。美联储不偏好负利率，一个重要的原因就是会危及强美元的持续。在疫情持续冲击和债务不断攀升的背景下，美联储愿意看到强美元有助于美国金融市场、有助于美国经济复苏和强化美元的国际地位。

  当前,美国疫情拐点未现,甚至有反复加重迹象,近期很多州推迟了重启计划。美国的财政货币政策能否持续换来市场投资者的信心是美国宏观政策考虑的关键,政策和市场投资者之间的博弈还会持续比较长的时间。但美国这种无节制的政策会加大全球金融进一步失衡,带来外部市场的动荡,给未来世界经济的复苏发展埋下隐患。

2020全球金融大动荡及未来金融变局的思考

7月6日

2020年突如其来的新冠肺炎疫情大冲击是一场全球性的大灾难，对人类社会发展造成了极大的伤害。截至7月5日，全球新冠感染人数接近1128万人，而且疫情拐点未出现。由于各个经济体疫情防控差异巨大，疫情大冲击将带来全球经济体经济实力的大分化，改变全球的政治经济甚至地缘政治格局，加速"百年未有之大变局"的演变。

美国是全球金融中心，美元是全球性主导货币。美国的金融危机是全球性的金融危机。到目前为止，美国新冠肺炎感染人数是全球最多的。3月9—23日的全球金融大动荡也是由美国金融市场引发的，导致了全球金融市场大类资产共振性剧烈下挫，让全球性金融危机的爆发立于悬崖之上，一触即发。尽管到目前为止尚未爆发全球性的金融危机，但全球性的金融大风险犹存。

一　冲击的性质：突如其来的、外生的全球性系统风险

与历史上1929—1933年"大萧条"和2008—2009年次贷危机两次大冲击不同，2020年是新冠肺炎疫情突然的外生冲击，保持"社交距离"、"隔离"、"封城"以及"大封锁"这些关键词描述下的社

会经济生活状态恶化程度远超过美国历史上两次大危机时期的经济社会生活状态的恶化情况，对全球经济社会生活秩序产生了严重的系统性冲击。

金融市场对于任何冲击都是最敏感的。随着3月初全球疫情的扩散，市场避险情绪上扬。3月6日沙特阿拉伯的石油价格战引爆了美股的重挫。3月9日、12日、16日和18日美股在不到两周时间里出现了4次熔断，美国三大股指直挫到3月23日才触及这个阶段性的底部。美国三大股指DJ、NASDAQ和标普500本轮金融大动荡的最大跌幅分别为37.1%、30.1%和31.9%。从3月6日到3月20日，DJ股指缩水1.5万亿美元，NASDAQ股指缩水3.1万亿美元，标普500缩水近6万亿美元。短短两周时间，美国三大股指缩水超过10万亿美元，比2019年美国GDP的45%还要多。

在3月23日之前，美联储已经出台了力度不小的对冲措施，但还是没有挡住股市的急剧下挫（表1）。直到3月23日美联储宣布实施无上限宽松的货币政策，才挡住了美国历史上最剧烈的股市下挫。

表1　美国应对疫情大冲击和金融大动荡的宏观政策（截至3月23日）

时间点	政策
3月3日	紧急降息0.5个百分点（emergency rate cut）
3月15日	进一步降息0.75个百分点，联邦基准利率0—0.25%区间；同时银行贴现窗口借贷利率下降1.5个百分点，银行准备金降至0
3月17日	美联储开始购买商业票据
3月18日	启动为货币市场共同基金的融资计划
3月19日	启动央行美元货币互换
3月20日	扩大资产购买计划至市政债券
3月23日	7000亿美元的购债规模，开启无上限宽松；同时出台针对企业和消费者3000亿美元信贷计划

美联储坚定做多的核心原因有以下几点：首先，在政治上，特朗普不愿意任由金融市场崩溃，影响自己的大选。今年是美国总统大选年，特朗普能否连任和美国经济状况直接相关。其次，全球进入了经济增长的高度竞赛期，美国也不愿意再来一次大危机冲击带来过久的衰退。1929—1933年"大萧条"宏观政策的不作为带来美国经济长达4年的衰退，2008—2009年的次贷危机宏观政策反应的滞后带来了1年多的衰退，直到2009年2月奥巴马签署《2009年美国复苏与再投资法案》（ARRA法案），美国经济才开始步入复苏。再次，在经济周期问题上，疫情冲击使得美国经济进入深度下滑。NBER在2020年6月8日发布的报告（NBER Determination of the February 2020 Peak in Economic Activity）中认为，美国经济在2020年2月出现月度经济活动高峰，这一峰值标志着2009年6月开始的扩张结束，经济衰退开始。这一扩张持续了128个月，是1854年美国商业周期史上最长的一次。从技术上说，这是一种事后推断，并不能事前确定在没有新冠肺炎疫情冲击时美国经济会进入内生性的衰退。6月15日，芝加哥储备银行就发表了不同的看法，如果疫情控制出现好转，情况则不同（Measuring the Decline in Economic Activity During the Covid – 19 Pandemic, Scott A. Brave, Ross Cole）。目前市场上也有关于美国经济有可能"V"形反弹的观点。因此，不管是疫情冲击导致美国经济从今年3月份出现急剧的衰退，还是5月份经济数据随着"解封"出现了好转，都说明这是一次外生的系统性冲击。对于外生性的系统性冲击，美联储不愿意看到再次出现20世纪70年代的原油外生冲击带来的经济衰退。复次，疫情外生性冲击一旦演变为金融危机，带来大量企业和金融机构的破产引发持久性的衰退，美国社会将面临金融危机、经济危机和社会危机的三重压力。最后，次贷危机后的"沃尔克"规则减少了美国金融系统中的"有毒"资产，整个金融体系尚属健康。同时，居民和企业杠杆率尚处于比较正常的状态。任由市场恐慌性调整会引发金融市场过度超调的巨大成本，这也是美国经济和社会无法承受的，也会对全球经济带来灾难性的后果。

因此，在面对疫情外部大冲击时，美联储选择了坚定做多，美国金融市场到3月23日全面阶段性触底，全球其他股市基本同步阶段性触底。资产价格触底和美元流动性的逐步改善，使得全球外汇市场的压力也得到了一定的缓释。

二 美股"V"形反弹：宏观政策的看跌期权导致疫情经济与疫情金融的大脱离

2020年疫情大冲击导致了全球经济深度衰退，美国经济一季度GDP增长率为-5%。但美国股市在今年短短5个月的时间里，走出了几乎完整的"V"形反弹。截至北京时间7月5日，依据Wind提供的数据，NASDAQ指数年初至今上涨了13.76%，DJ指数和标普500指数分别下跌了9.5%和3.12%。年初至今美国三大股指中标普500指数和道琼斯指数的跌幅已经大幅度收窄，而NASDAQ已经创新高，突破1万点大关。

随着美股大幅度的反弹，图1给出了美股三大指数2015—2019年年均的市盈率（TTM）和2020年7月2日市盈率（TTM）的对比。可以看出，美国三大股指的市盈率已经较大幅度超过过去五年的均值，标普500指数、DJ指数和纳斯达克指数的市盈率基本分别比过去五年高出17.9%、13.7%和25.6%。三大市场的股票市值达到了44.68万亿美元，仅比2019年年底的年度市值高峰47.16万亿相差约

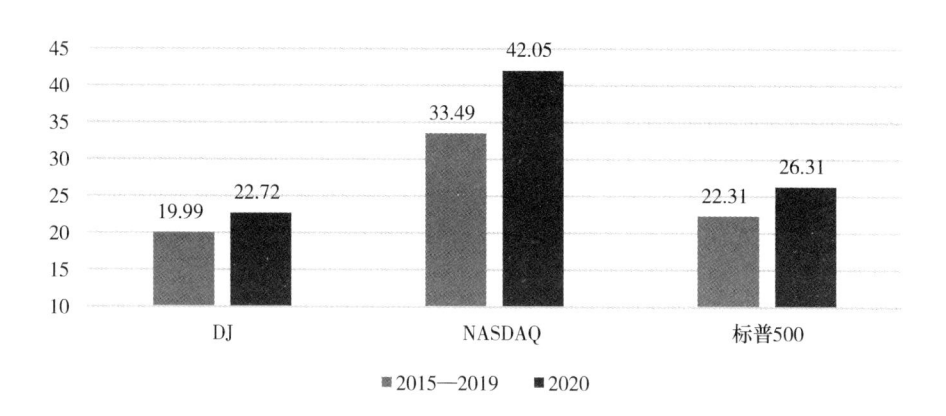

2.58万亿美元，比2018年年底的市值要高出大约9.5万亿美元。

图1 美国三大股指的市盈率（TTM）

注：2020年数据是7月2日的数据。

资料来源 Wind。

考虑到市盈率水平和疫情冲击带来企业未来现金流的不确定性，美股已经进入了高估值风险区域。NASDAQ多次创新高，疫情经济与疫情金融持续上演大脱离。IMF在2020年6月的《全球金融稳定报告》中也指出，金融市场和实体经济的发展出现了脱节，存在巨大脆弱性，以至于市场出现了美国股市可能出现疫情金融二次探底（暴跌）的看法。

关于资产价格的大幅度反弹，7月1日FOMC公布的6月9—10日的会议纪要中的表态和IMF的表态完全不同。FOMC纪要陈述了广义股票指数走高（Broad stock price indexes moved higher），并没有相关的风险警示。这说明美联储默许股票指数走高，并没有对美国股市价格的走高感到有压力。

股市资产是财富，不一定非要和当下整个经济的走向密切挂钩，股价也许更多包含的是投资者对未来的期许。股市规模越大，股价代表的财富增值对于提升居民消费、降低企业杠杆率和促进企业投资创新的正向作用越明显，这也是现代货币政策如此关注股市等资产价格的重要原因。

但股价长期脱离经济基本面的状况是难以维持的。目前市场上对美国股指上涨的观点主要是，投资者预期到2021年甚至2022年企业盈利会有大幅度提升，印证了"买股票就是买企业的未来"这句话。从这个角度来看，美联储的货币政策和美国财政部的财政政策要做的工作就是撑到投资者这种乐观的预期坚持到快要逆转的那个时候政策刺激下的经济真的出现了明显好转，完成了美国宏观政策"卖给"美国金融市场的"市场看跌期权"不被执行，那么就算成功。

上述这个时间转化窗口的长短以及是否顺畅将直接取决于疫情防控时间的长短和政策"兜底"的可信性。美国新冠疫情感染人数从6月初出现了第二波明显的上涨，从6月初的每日2万人上升到目前的5万人。截止到北京时间7月5日上午8时30分，美国新冠肺炎感染人数超过280万人（图2）。疫情出现二次反弹，但美国股市至今尚没有出现明显的调整。

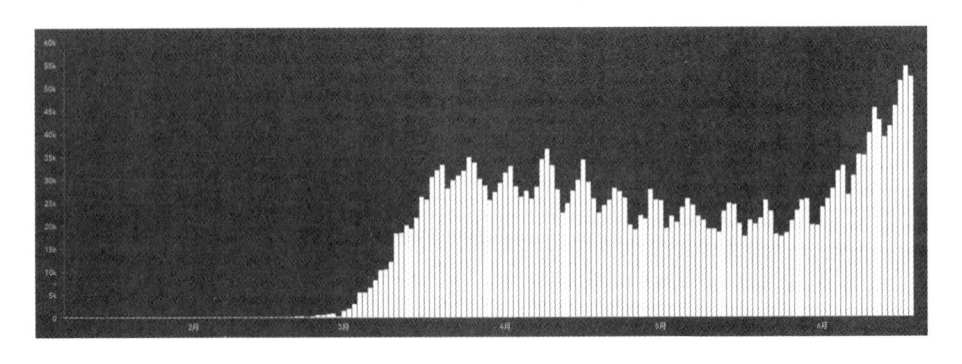

图2　美国新冠肺炎感染新增数量（每日，人）

资料来源：https://coronavirus.jhu.edu/map.html。

美国之所以出现疫情经济与疫情金融之间的大脱离，根本原因在于美国宏观政策的"看跌期权"发挥了作用。美联储的市场"兜底"政策助长了市场投资者的信心，在政策信心与疫情冲击之间的博弈中，金融市场的"V"形反弹说明政策信息起到了明显的作用。从美国对冲疫情冲击的宏观政策来看，美国两党之间也体现除了冲突下的合作，美联储和财政部之间也在紧密配合，对金融市场进行了强大的干预。换言之，美国宏观政策"卖给"美国金融市场这张历史上最大的看跌期权是利用了美元霸权，利用了全球资源来设计构造的，这将会导致全球金融进一步失衡。

三 疫情冲击下的全球金融失衡：超越经常账户失衡看全球失衡

次贷危机后，世界经济已经开始调整，总体在朝着平衡的方向发展，但世界三大增长极之间的贸易关系一直呈现出不平衡状态。其中美国的经常账户逆差有明显缩小，2019年仍然高达5769亿美元，但比历史高点的2006年下降了1866.7亿美元（图3）。

从美国经常账户逆差来源来看，美国的贸易逆差来自全球三大增长极，而且逆差的来源相当集中。在北美地区来自墨西哥（大约贡献了美国逆差的10%）；在欧洲区域来自欧盟（大约贡献了美国逆差的15%）；在东亚区域来自中国和日本（大约贡献了美国逆差的70%）（图4）。这三个区域的GDP总量占全球GDP总量的75%左右，三个区域彼此相对均衡，形成了世界经济的核心区。欧盟主要是德国和法国对美国保持着较大的顺差，2000—2009年德法占据了欧盟对美国贸易总顺差的76.4%，2010—2019年这一比例提高到96.6%。

（百万美元）

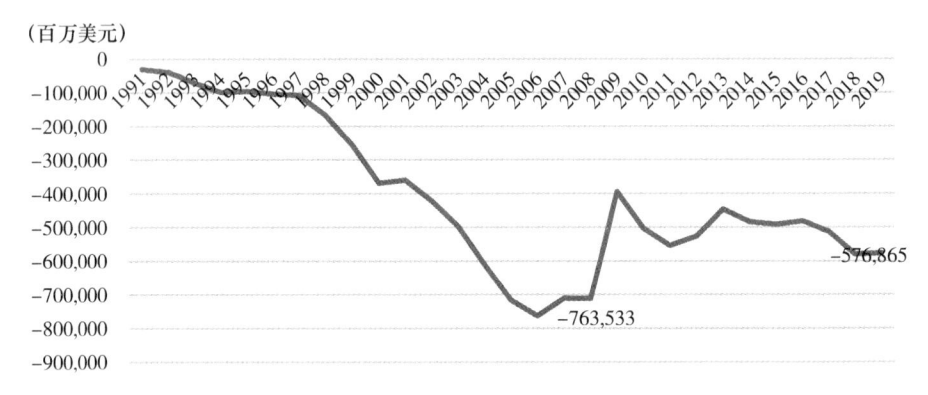

图3　美国经常账户赤字（商品和服务）

资料来源：BEA, U. S. International Trade in Goods and Services – Exports, Imports, and Balances, Last updated June 4, 2020。

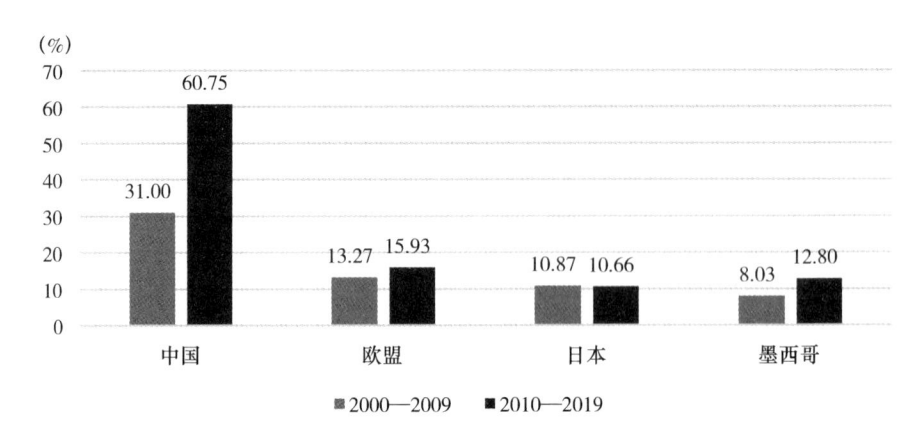

图4　美国经常账户赤字（商品和服务）主要来源

资料来源：Table 3. U. S. International Trade by Selected Countries and Areas – Balance on Goods and Services, U. S. International Trade in Goods and Services, April 2020。

全球的核心经济区就形成了这样一种生产消费模式：美国对东亚、欧盟、墨西哥均是逆差，美国依然是世界消费中心。欧盟对中国是逆差、对日本是顺差；中国对美国、欧盟都是顺差。中日之间贸易基本保持平衡。在上述贸易循环模式中，如果墨西哥、欧盟和东亚的资金流入美国，恰好能够抵补美国经常账户赤字，那么就构成了完整的国际收支平衡，美国经常账户下的赤字由资本账户上的流入来抵补，全球就形成了一种外围国家生产 - 美国消费的循环模式。

问题的关键是：由于全球金融资产数量的急剧膨胀，资金流入流出量远远大于与经常账户平衡要求的净流动，甚至出现跨境资金流动的总数量大到以至于经常账户失衡的余额是可以忽略不计的情形，从而导致了巨大的金融失衡。全球金融失衡就是指金融流动性需求与流动性供给之间存在错配，这种错配既包括总量上的不匹配，也包括结构性的不匹配。因此，我们需要超越经常账户不平衡来看待全球失衡及其潜在的风险。

依据 BEA 最新公布的数据，2020 年一季度美国经常账户赤字 1042 亿美元，金融账户交易净流入 2011 亿美元。换言之，相对于经常账户的赤字，美国从外部净借入了接近 1 倍的资金。而在这之前的几年，美国金融账户的流入都抵补不了经常账户赤字，需要靠资本账户下的投资收益等来平衡国际收支（图5）。

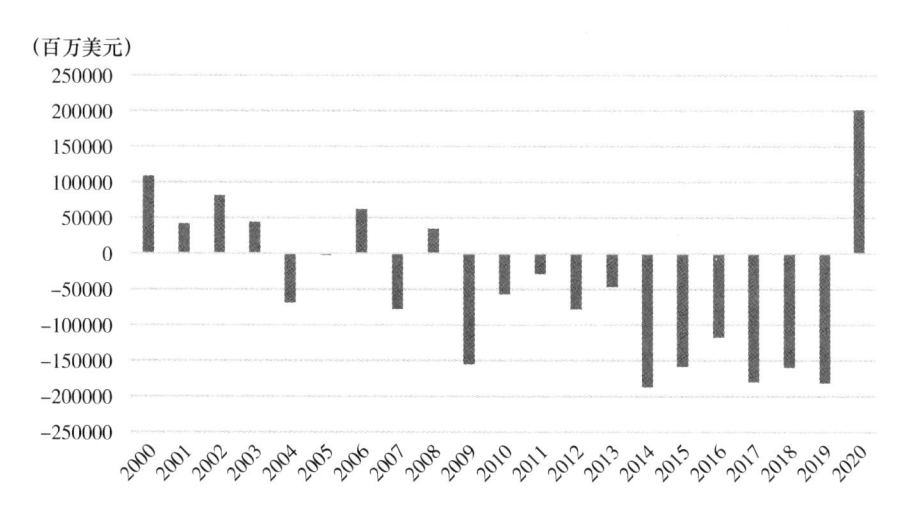

图5 美国金融账户借入和经常账户赤字之间的差额

资料来源：BEA, U. S. International Transactions, Updates to U. S. International Transactions。

疫情冲击导致今年一季度美国金融账户流入数量是经常账户赤字数量的近1倍，国际资金流动发生了从2009年以来的逆转。这种逆转伴随着外部美元流动性的紧缺，导致部分新兴经济体外汇市场的剧烈动荡。我们看到今年部分新兴经济体的货币，如墨西哥的比索、土耳其的里拉等出现了大幅度的贬值。

本质上，全球金融的不平衡是美元霸权体系内生的产物，也是全球生产-消费不平衡的结果。从这个角度来说，美国是在用全球资源对冲疫情大冲击带来的金融风险。美国之所以能够在新冠感染人数全球第一的背景下，出现大规模的资金流入，主要原因有以下几点：一是美元霸权体系下使用美元的惯性带来的避险货币属性；二是美国维持了零利率下的强美元策略；三是政策刺激金融市场引领了全球金融市场的反弹；四是部分新兴经济体外部债务重，疫情防控不力，引发了资本外流。可见，美元的回流进一步加剧了全球金融失衡，为未来全球金融市场的进一步动荡埋下了隐患，引发全球金融格局的进一步变动。

四 关于未来全球金融变局的思考

新冠肺炎疫情的冲击使得全球失衡的矛盾进一步显现，全球经济与金融的竞争进入了高强度的竞赛期，中美博弈成为决定全球变局的关键因素。未来全球金融变局怎么走？将取决于两个关键问题：1. 中国作为全球生产中心是否会发生重大改变？2. 美国无节制使用美元霸权是否会带来美元信用的快速衰减？

对于第一个问题，我们认为中国作为全球生产中心不会发生大的改变，但存在边际意义上的调整。这主要是由于中国人均GDP已经突破 1 万美元大关,国内大市场进入了加速发展阶段。2020 年 5 月 14 日中央政治局常委会会议指出:要深化供给侧结构性改革,充分发挥我国超大规模市场优势和内需潜力,构建国内国际双循环相互促进的新发展格局。5 月 23 日,习近平总书记在看望政协委员时再次指出:逐步形成以国内大循环为主体、国内国际双循环相互促进的新发展格局。强调国内大市场,对内是提高居民生活水平的新发展战略;对外就是走相对平衡的发展之路。

除了中国经济发展战略的主动调整以外,还有四个因素会带来中国作为全球制造业中心边际意义上的调整。一是疫情冲击使得部分经济体疫情之后会重视公共卫生安全,会加强本国或者本地区的公共卫生产业链的构建或者完善,全球有关公共卫生领域的产业链会出现区域的或国家的"内敛化",这类卫生公共物品的来源将更加多元化。二是部分发达经济体,包括美国、德国、日本等会进一步强化制造业的发展,尤其是高技术领域的制造业发展,新一轮的技术竞争将更激烈。既想留住就业岗位又想引领技术进步成为这些发达经济体制定未来制造业政策的出发点。三是比中国劳动力成本更低的经济体会承接部分从中国转移出去的制造业产业。四是发达经济体逆全球化的政策会带来部分跨国公司向本地收缩,或者部分研发、生产的核心环节向本地收缩。

中国作为全球制造业生产中心是过去几十年经济全球化市场选择的结果。中国是全球疫情防控最好的经济体之一,会有更多的投资资本流入中国,随着中国出台更多的外资负面清单和更高水平的开放,产业在全球的漂移最终将取决于市场的选择,政策的摩擦会带来暂时或者局部的逆市场行为,但长期中取决于市场是否有持续的投资收益。中国的经济增长正在走高质量增长的道路,中国的政策理念是重视实体经济的发展，中国制造业中心的位置在未来很长的时间都不会发生实质性的改变。

对于第二个问题，我们认为美元信用短期中发生巨变的可能性不大。目前国际上对于美元信用最关心的问题是美国无节制的债务问题会导致美元信用的骤减。

对于这个观点，我们需要从三个方面来客观分析。首先，从技术上说，就是美国有没有持续的债务偿还能力。随着全球进入低利率时代，经济学家萨默斯认为低利率是全球经济"大停滞"的核心标志，低利率导致的一个结果就是美国债务在不断增长，但债务利息偿还数量在下降，这就意味着美国可以通过滚动负债来管理美国的国家债务。

图6是美国政府公共债务存量和利息支付的趋势。2005年美国政府公共债务大约8万亿美元，利息支付大约3500亿美元；2019年美国政府公共债务大约22.7万亿美元，利息支付大约5700亿美元。2005—2019年债务存量上升了14.7万亿美元，利息支付只上升了2200亿美元。由于筹集成本的变化，债务存量上升和利息支付上升并不是完全同步的，这主要得益于次贷危机之后的低利率筹资环境。依据美国财政部网站最新的数据，2020年预算的利息支付大约3370亿美元，这一数据比2019年要低2000多亿美元，但美国债务存量将比2019年至少上升4万亿美元。2020年7月2日，美国公共债务存量已经达到26.45万亿美元。因此，如果低利率环境保持足够长，美国债务仍然具有持续的偿还能力。

我们也要注意另外一个现象，信用在很大程度上具有相对性。疫情大冲击已经使其他部分经济体遭受更大的冲击，国家信用会下降更快，这反而会抬高美元债务的信用。

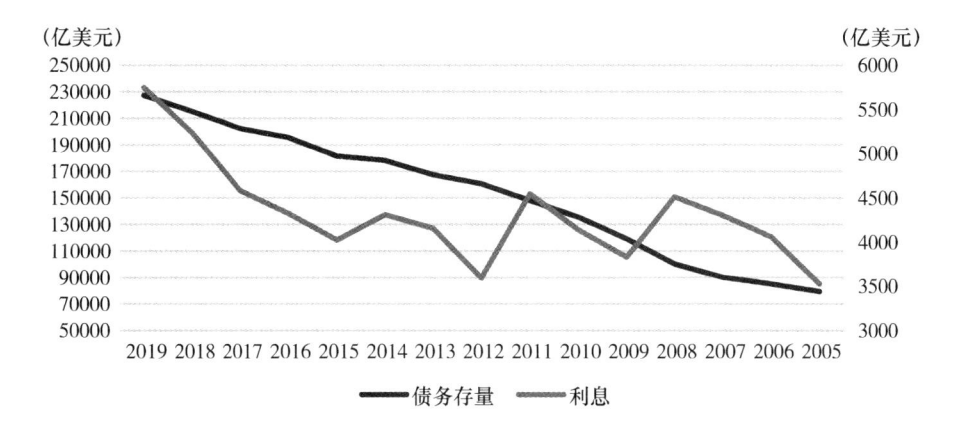

图6　美国公共债务存量（左轴）与年度的利息支付（右轴）

资料来源：美国财政部，Interest Expense on the Debt Outstanding；Debt Outstanding。

其次，我们必须要尽力读懂美国抗击疫情的经济战略政策选择。我们认为，疫情冲击下美国的经济战略是：强美元与经济复苏之间的对冲使用。当然，美国最强势的策略是"强美元＋经济强劲上涨"。在美国历史上克林顿时期就出现过，那是美国经济增长最好的时期之一，那个时期，我们看到美国经济保持较高增长，黄金价格是下跌的。美国现在疫情出现大幅度反弹，有近一半的州延迟开放或者重新关闭公共场所，尽管5月份非农就业出现了480万的新增就业数据，但失业率仍在10%以上。这种状况下，短期经济强劲复苏增长的可能性并不大，那就要采用强美元策略来对冲，来维持美元霸权、吸引资本回流。

2020年3月18日美元指数上100以来，至今仍然在97以上。欧洲复苏的艰难、部分发达经济体零利率甚至负利率、美国黄金持有数量的增长、部分新兴经济体疫情加重、外汇市场的动荡以及美国人为制造各种摩擦加剧了世界局势的动荡，这些都有利于美元走强。美元依托于美元霸权带来的流动性问题、资产避险属性也有利于美元走强。同时疫情冲击下全球援助借贷大多是在 IMF 的安排下完成的，这实际上还是在原有的国际货币体系框架下运行的，这也有助于扩大美元的影响力。

最后，规避金融体系出现系统性风险也是美国当下的国家战略。为了使流动性风险尽可能不演化为偿付性风险，美国对冲疫情大冲击宏观政策的持续性与结构性都体现出前所未有的力度。美国是先货币政策挡住流动性危机，后财政政策支持疫情防控和经济复苏；货币保持极度宽松，财政保持持续刺激，这大概是美国应对疫情冲击宏观政策的节奏。

从金融市场来说，美联储成为美国金融市场的大买家，支持金融市场融资和流动性；财政刺激政策已经实施四轮，总计耗资 2.9 万亿美元。北京时间 7 月 2 日，美国国会众议院批准了规模 1.5 万亿美元的基建立法议案，特朗普能否批准新法案存在不确定性，但特朗普政府也正在准备规模达到 1 万亿美元的基础设施建设提案。不论如何，美国出台新一轮的财政刺激计划应该是大概率事件了。

同时，美国出台了一系列改善金融机构环境和强化资本稳健性的政策。6 月 25 日，五个联邦监管机构修改沃尔克规则禁止银行实体投资或赞助对冲基金或私募股权基金的规定，大约可以向市场释放 400 亿美元的流动性，也让商业银行参与股票等金融资产的买卖，金融体系再次回到混业经营模式。7 月 1 日，美国联邦存款保险公司和美国联邦储备委员会向 8 家最大的国内银行提供了指导它们下一步处置计划的信息。美联储决定至少在今年第 4 季度之前，33 家接受压力测试的银行将被禁止回购股票，也不能增加派息，来维持银行资本的稳健性。同时，支持实体经济发展的"主要计划"采用了财政注资 SPV 的形式，可以降低放贷银行承担的信用风险。

为了提升消费、刺激需求，美国向居民发放支票，累计数量达到3000多亿美元，去避免失业收入下降带来的消费急剧萎缩。同时采用政府加杠杆来降低企业债务风险（防止流动性风险走到偿付性风险），去尽力匹配劳动力的供给与需求，重建消费和投资信心，从而反过来去维护金融体系不出现重大问题。

另一个数据也显示，美元信用短期中不太会出现重大逆转，疫情期间，依据SWIFT提供的数据，美元在近期全球交易结算中的比例提高了2个多百分点，达到43%—44%，欧元下降了2个多百分点，仍然有31%—32%的市场份额。BIS 6月发布了关于《美元融资：全球视角》的研究报告，指出"美元全球复杂的借贷网络在降低国际资本流动和风险分配成本方面产生了巨大的好处，但也导致了来自美国或全球其他地方的冲击传播和放大的脆弱性"。报告也提出可以进一步减少某些脆弱性的监管和结构性政策选择，包括监管机构可以及时在货币层面将美元纳入其流动性风险管理提供指导、深化国内资本市场改革、增加自我保险或增加双边、区域或全球流动性支持机制来减缓与美元相关的风险等，这些方法都存在政策和治理上的挑战。

从基本面来看，美国的经济、技术和军事仍然位居世界前列，基本掌握着全球航运的关键节点。看来，美元是美国的，问题是世界的，还会持续比较长的时间。

但这并不意味着全球金融格局不发生变化。世界金融格局在近些年来已经在悄然发生变化。中国的崛起改变了世界经济金融的格局，目前中国经济总量和债市和股市市值都居于世界第二。过去十年人民币国际化的持续努力，人民币逐步成为世界货币中的小部分，慢慢有了些世界货币的感觉。依据IMF储备货币构成的最新数据，2020年第1季度，人民币在储备货币中数量为2214.8亿美元，占据了10.96

万亿储备美元中 2.02% 的市场份额，这是一个巨大的进步。在国际储备货币中，美元占 61.99%、欧元占 20.05%、日元占 5.70%、英镑占 4.43%，人民币是全球第五大储备货币。

人民币国际化并不是要和美元比，更不是短期中不切实际地去对标美元，更多的是和自己比，是坚定地做好自己。中国只要抓好疫情防控成功这个窗口，随着资本市场深层次改革的推进，高质量开放的深化，会受到更多国际投资者的青睐，资本市场也会取得快速发展。当中国经济总量和资本市场规模不断扩大后，为世界提供高质量的产品和高质量的金融服务越多，就会有越来越多的市场选择使用人民币。

在全球金融变局中，我们不期待惊喜，也不需要惊喜。中国在全球金融格局中的变化将是扎实依托实体经济创新和发展、依托国际贸易交易结算、依托更能管理和创造财富的中国资本市场、依托稳定的人民币币值来赢得世界声誉。以理性的心态去慢慢体会和感受中国金融在全球金融位置上的上移。未来十年我们会看到中国金融的巨大变化，也是人民币国际化的关键期。未来十年人民币在国际储备、交易中的份额接近 10% 就是巨大的成功，才能真正形成美元、欧元、人民币有些"三足鼎立"感觉的国际货币体系。